基于现代汉语副词视角的话语标记研究

巫洁 著

苏州大学出版社
Soochow University Press

图书在版编目(CIP)数据

基于现代汉语副词视角的话语标记研究 / 巫洁著
. --苏州：苏州大学出版社，2023.11
ISBN 978-7-5672-4601-0

Ⅰ.①基… Ⅱ.①巫… Ⅲ.①现代汉语-副词-研究
Ⅳ.①H146.2

中国国家版本馆 CIP 数据核字(2023)第 224751 号

书　　名：	基于现代汉语副词视角的话语标记研究
著　　者：	巫　洁
责任编辑：	肖　荣
装帧设计：	吴　钰
出版发行：	苏州大学出版社(Soochow University Press)
社　　址：	苏州市十梓街 1 号　　邮编：215006
印　　装：	广东虎彩云印刷有限公司
网　　址：	www.sudapress.com
邮　　箱：	sdcbs@suda.edu.cn
邮购热线：	0512-67480030
销售热线：	0512-67481020
开　　本：	700 mm×1 000 mm　1/16　印张：15.75　字数：275 千
版　　次：	2023 年 11 月第 1 版
印　　次：	2023 年 11 月第 1 次印刷
书　　号：	ISBN 978-7-5672-4601-0
定　　价：	49.00 元

凡购本社图书发现印装错误，请与本社联系调换。服务热线：0512-67481020

前言

话语标记是语法和语用的接口，是语法化、话语分析、元话语分析共同关注的热点课题。本书以现代汉语副词作为研究话语标记的视角，有三个基本目标。首先，为话语标记研究做出补充、修正，包括对程序义由来的正确认识、形成话语标记的要素分析、对话语标记形成机制的辨析考证、对话语标记作用的重新思考，以及对话语标记功能框架的调整。其次，勾勒出副词类话语标记的整体面貌，包括界定标准、分布特点、形成机制、功能框架。再次，以话语标记研究观照副词研究，深化对副词句法、语义方面的思考，包括典型副词范围的确定、评注副词的主观性再分类等。

在研究方法上，将理论探讨和个案分析相结合。以语言学中的经典理论为基础，梳理不同流派，厘清相关观点，辨析不同流派和观点的适用性，选择合适的理论对副词类话语标记做出解释；采用计量统计的方法分析个案，以数据作为论证依据，使论证更具有科学性。

本书主要包含以下内容：

第一，界定方面，以饰句副词和话语标记的区分为切入点，提出对话语标记意义的讨论必须持历时视角，程序义来源于概念义的虚化（转移），具有程序功能但是概念义完整的表达并非话语标记。这是第二章的主要内容。

第二，分布方面，不同小类的副词充当话语标记的能力不同，这和副词概念义主观性较弱、难以发生语法化有关。关联副词中的"就"充当话语标记是特例，促成这一特殊现象的是主动省略用法。这是第三章的主要内容。

第三，形成方面，须区分狭义—扩展的语法观、狭义—扩展的语法化原则这两组视角。副词类话语标记的形成是特殊的语法化，之所以是语法化，是因为输出项具有语法性、演化特征符合典型的语法化特征；特殊性则表现为演化的结果不是语法功能的增加而是语用功能的增加。基于语法化理论对副词类话语标记的形成进行个案研究，发现语法化理论能令人满意地解释话语标记的形成，副词类话语标记的发展都遵循概念义的淡化、辖域的增加、主观性的增加等规律。这是第四、五章的主要内容。

第四，功能方面，副词类话语标记对增强连贯性没有积极作用。语篇功能包括话题功能和话轮手段，人际功能有严肃表达和随意表达两种表达倾向。副词语法化的程度或趋势与功能的多样性正相关，副词语义对人际功能的发挥有限制性。强调语气、明确性表达、客观性表达、肯定性表达对应人际功能中的"严肃"表达；揣测语气、模糊性表达、主观性表达、否定性表达对应人际功能中的"随意"表达。这是第六、七、八章的主要内容。

第五，话语标记观照下的副词研究方面，以充当话语标记的能力大小排序，得出副词的主观性排序与"典型副词"的范围；以主观性和客观性为标准，得出评注副词的主观性分类框架；提出话语标记的释义问题。这是第九章的主要内容。

副词和话语标记之间存在着多元联系，本书致力于刻画副词类话语标记的功能和形成过程，从历时角度揭示了副词与话语标记的关系，得出了副词类话语标记的个性特征，以期深化对汉语话语标记特别是来自副词的话语标记的认识。

目 录

第一章 绪 论

1.1 问题的提出 / 1

1.2 研究对象 / 3

1.3 国内外研究现状及评价 / 4

1.4 理论基础 / 25

1.5 语料来源 / 35

第二章 从语音、句法、意义看副词类话语标记的界定

2.1 副词考察范围的确定 / 36

2.2 话语标记的界定 / 38

2.3 副词类话语标记成员的确定 / 48

2.4 本章小结 / 50

第三章 话语标记在副词小类中的非均质分布及原因分析

3.1 话语标记在副词小类中的非均质分布 / 51

3.2 不同副词类别充当话语标记能力有别的原因 / 53

3.3 本章小结 / 61

第四章 对副词类话语标记形成机制的辩证分析

4.1 不同理论对话语标记形成机制的解释 / 62

4.2 副词类话语标记的形成机制是特殊的语法化 / 74

4.3 本章小结 / 80

第五章　副词类话语标记形成的个案分析

- 5.1　否定类话语标记"不"的形成 / 81
- 5.2　否定类话语标记"没有"的形成 / 94
- 5.3　关联类话语标记"就"的形成 / 100
- 5.4　语气类话语标记"当然"的形成 / 108
- 5.5　时间类话语标记"然后"的形成 / 116
- 5.6　程度类话语标记"尤其"的形成 / 123
- 5.7　本章小结 / 127

第六章　对话语标记作用和本质的重新思考

- 6.1　对话语标记作用的不同解读 / 129
- 6.2　连贯派的局限性 / 130
- 6.3　连贯派与关联派的异同 / 132
- 6.4　问题与反思 / 133
- 6.5　元话语理论对话语标记功能的解读 / 135
- 6.6　顺应论对语言使用的解释 / 138
- 6.7　本章小结 / 143

第七章　副词类话语标记功能框架的构建及要素分析

- 7.1　话语标记的功能分布 / 145
- 7.2　对已有功能框架的调整 / 152
- 7.3　副词类话语标记的功能框架 / 153
- 7.4　构建功能框架的要素分析 / 154
- 7.5　本章小结 / 158

第八章　副词类话语标记功能的分类讨论

- 8.1　副词类话语标记的语篇功能 / 159
- 8.2　副词类话语标记的人际功能 / 193

- 8.3 副词类话语标记功能总结 / 199
- 8.4 本章小结 / 201

第九章　话语标记研究观照下的副词研究

- 9.1 副词的主观性排序及"典型副词"的范围 / 203
- 9.2 评注副词的主观性分类 / 210
- 9.3 话语标记的释义问题 / 215
- 9.4 本章小结 / 219

第十章　结　语

- 10.1 研究结论 / 221
- 10.2 价值与创新 / 222
- 10.3 问题与不足 / 223

参考文献　 / 224

第一章 绪 论

1.1 问题的提出

在现代汉语中，存在这样一类表达：它们在词类划分中属于副词，但是承担的句法功能并不是做状语，不用于修饰动词性成分，甚至可有可无，删去后也不影响句意的表达。如：

(1) 梁文道：对，他们就是所谓"更高、更快、更强"，帮我们跑出人类的水平了。

窦文涛：<u>当然</u>，现在大家也不太承认博尔特是人类了，他一般网上就说是外星人入侵地球了。（电视访谈，《锵锵三人行》，时间：2008-08-22）

(2) 陈鲁豫：那很奇怪，两人在一起也算是合作，连个招呼都不打。

刘谦：<u>没有</u>，因为她躲在休息室里面，然后我在下面，就是在跟导演沟通这些动作，然后到她，她就下来做，做完就又回去这样，神出鬼没，我根本就，就走掉了，根本没有机会跟她讲到话……（电视访谈，《鲁豫有约》，时间：2011-06-14）

(3) 记者：但是你知道，人的很多时候的本能，都是对自己的困难也好，不完美也好，都是去遮掩的。

魏玲：对，我知道，我也是在挣扎，有时候我会觉得，我是不是心理有什么问题，<u>然后</u>，有时候倒真的想开了，就好像看过一篇电视，她是一个农村女，而且那么大庭广众之下，说出来她是一个农村来的，很大胆地说出来以后，大家不但没有嘲笑她，而是给她一种鼓励的掌声。（电视访谈，《面对

面》，时间：2010-06-13）

（4）"我真没有想到，"尔旋说，由衷地激赏地看着她，"你演得太棒了！<u>尤其</u>，你怎么能有那么多眼泪？"

"我……"她愣了愣，"我也没想到，眼泪说来就来，我想，我是情不自已，这一切……真的使我感动。你……相信吗？我真的哭了。"（小说，琼瑶《梦的衣裳》）

这4个画线的表达式在传统的词类划分中分别属于语气副词、否定副词、时间副词和程度副词，但已经（部分）失去副词的范畴特征：

（1）它们位于主语之前，语义辖域不再仅作用于动词。

（2）语义发生虚化，副词原来的语义"表确信""表否定""表承接""表突出"基本不再体现。

（3）意义成为非真值条件性的，删去后命题的真值不发生变化。

同时，这些表达式发展出了新的特征和功能：

（1）发音常常变得快速而含混，且与后续话语之间存在停顿。

（2）语义中加入了说话人元素，变得更具主观性。

（3）功能趋向于为调整话题及抢占、延续话轮服务。

像这样的表达式，以副词研究的一般手段来进行研究恐怕难以揭示其本质，因此需要结合其他角度对其做综合的考察。汉语学界很早就注意到了这种特殊的表达现象，将其称为"插入语"，但插入语早期没有受到重视，因为它们不充当句法成分，在形式语言学中不甚具备研究的价值，因而被视为辅助成分、补充成分，甚至被认为是冗余成分。

随着语言研究功能主义的兴起，篇章、语用、认知等研究视角越来越受到重视，以希夫林（Schiffrin，1987）《话语标记》（*Discourse Markers*）的问世为标志，学界对这些表达式的界定初步有了共识，无论在国内还是西方语言学界，"话语标记"都成了定义以上这些表达式的最通行的术语。

话语标记是语用层面的，副词是语法层面的；话语标记是功能类别，副词是词汇类别。表面看起来，话语标记和副词似乎没有相交的可能，但是上文的4个例子中，副词和话语标记确实发生了重合。那么，这4个画线的表达究竟应该视作副词还是话语标记？在某个句子中判定副词和话语标记的标准分别是什么？副词和话语标记之间是什么关系？副词为什么能充当话语标记？想要弄清这些问题，是本次研究的缘起。

1.2 研究对象

在词类划归中属于副词，却发挥话语标记作用的表达式，是本次研究的对象，我们将其定义为"副词类话语标记"。

虽然"话语标记"是目前最为通行的术语，但基于研究视角、界定范围的不同，实际上这一术语仍未统一，即便在"话语标记"术语下，成员类别与数量也相差甚远。也就是说，话语标记究竟是什么，目前仍未有定论。

总的来说，基于研究中是否加入历时视角，形成了两种基本分歧：（1）above all（最重要的是）、"这样说吧""综上所述"这样的具有程序功能、概念义完整的表达式是否能算作话语标记？（2）"所以""当然"这样的连词、副词用作话语标记是共时层面分工不同造成的，还是历时层面发展演变造成的？关于分歧（1），弗雷泽（Fraser）、冯光武等人认为这些表达式的语义是程序性的而不是概念性的，应视作话语标记，而特劳格特（Traugott）、方梅等历史语义学家认为话语标记的形成是一种语言演变现象，其语义会被"漂白"（bleach），即概念义应该变得虚化、淡化，上述表达式概念义充实，没有发生语义漂白，不应视作话语标记。关于分歧（2），希夫林（Schiffrin，1987：325）提出，某个表达式发挥的是话语标记功能还是语法功能，取决于它所在的语境，默认了两种功能是不同分工造成的；雷德克（Redeker，1991：1169）则认为根本没有必要区分某个表达式究竟是副词用法还是话语标记用法，副词用法属于概念成分，话语标记用法属于语用成分，而连贯性表达中总是同时具有概念成分和语用成分。这两位学者都以功能为绝对的研究导向，因而不关注话语标记的形成问题。特劳格特（Traugott，1995a、1995b）、布林顿（Brinton，1996、2018）、海涅（Heine，2013、2019）、方梅（2000）、董秀芳（2007）等则认为话语标记的形成是语言演变现象。

这两个分歧带来的最终思考是：话语标记到底有没有概念义？或者说，有概念义的副词能否视为话语标记？我们的回答是：话语标记没有概念义，其形成是语言演变现象，副词经历语法化后，命题层面的概念义发生虚化，转移到了元话语层面，成为说话者元语用意识的标记，用于组织、调整言语交谈。

综上所述,本书的研究对象是副词中经历了语法化,概念义发生虚化,(部分)失去副词范畴特征,用于凸显交谈中的元语用意识,从而组织、调整言语交谈的那部分成员。

1.3 国内外研究现状及评价

1.3.1 关于话语标记的研究

列文森(Levinson)首次注意到了英语中的well、but、so这类词的特殊性,指出它们的作用是表明前后话语之间的关系,并且具有非真值条件意义。虽然列文森没有对这类词下一个定义,但是他的论述使人们注意到了研究这类词的重要意义,自此关于话语标记的研究开始迅速发展(冉永平,2000a)。然而,即便话语标记研究已经经历了几十年的发展,"话语标记"这个术语至今仍没有统一,类似的表达还有话语联系语(discourse connectives)、话语小品词(discourse particles)、语用联系语(pragmatic connectives)、语用标记(pragmatic markers)、元话语标记等,其定义也因研究角度的不同而各异。话语标记研究可以划分成共时研究和历时研究两大类。共时研究以意义、功能探讨为重点,历时研究以形成机制为重点。

1.3.1.1 话语标记的界定

第一,国外相关研究。

希夫林(Schiffrin,1985)可以说是第一位对话语标记进行系统研究的学者,她感兴趣的是话语对话语连贯的作用,认为话语标记是依存于前言后语、划分说话单位的界标,本质上是话语的语境坐标。在此研究视角下,她把一般认为不属于话语标记的oh、now等插入语,甚至某些非语言表达(如手势)也划入话语标记范围。希夫林对话语标记的界定是建议性的:(1)必须在句法上与句子分离;(2)必须通常位于话语的初始位置;(3)必须有一系列韵律轮廓(韵律独立);(4)必须能够在全球层面的话语中运作;(5)必须能够在不同的话语层面上运作。希夫林对话语标记的定义是比较宽泛的,没有涉及内涵、外延的确定。

弗雷泽(Fraser,1990、1999、2006b、2009)非常坚定地认为话语标记

必须连接两个语段（虽然有时候语段可以省略），表明语段2和语段1的关系，那些位于句首的表达（他称为"评论语用标记"）被排除在话语标记范畴之外，而这些表达被绝大多数其他研究者认为是话语标记。因此，弗雷泽界定的话语标记的范围较为狭窄，仅把话语标记视作4种语用标记中的一种。弗雷泽（1999）花了大量篇幅来说明什么是话语标记、什么不是话语标记。其后，他（2009：297-299）总结了作为话语标记需要满足的3个条件：（1）词汇表达式。这意味着以下成分被排除在话语标记范畴之外：充当句法成分的连词、副词；某些韵律特征，如停顿、重音、语调；非语言表达，如咕哝声和手势等身体语言。（2）在连接的两个语段中，话语标记必须是第二个语段的一部分。（3）对概念意义没有贡献，表达的是程序意义，表明连接的两个语段的解释之间存在特定的语义关系。

布莱克莫尔（Blakemore，1992：138-142）没有对话语标记（她称为"话语连接词"）下具体的定义，只是提到话语标记没有概念意义，只有程序意义，并提出至少有3种方式与话语所传达的信息相关：（1）可以推导下文的会话含义（如so、therefore）；（2）可以通过提供更好的证据来加强现有假设（如after all、moreover、furthermore）；（3）可能与现有假设相矛盾（如however、still nevertheless、but）。

布莱克莫尔感兴趣的主要是话语标记怎样在关联论的基础上对话语连贯发挥作用，什么是话语标记、什么不是话语标记不是她研究的重点。因此，从对话语标记的界定来看，布莱克莫尔的研究作用有限，从她的话语标记成员列表中可以发现她讨论的话语标记大多是语义显示强烈逻辑关系的那些表达式。

特劳格特（Traugott，1995b：6）认为在语法化理论中应该有话语标记的一席之地，她对话语标记的定义是：出现在句子左边缘，通常是分离的，通常是一个独立的呼吸单位，带有特殊的语调和重音模式。后来，特劳格特和达舍（Traugott & Dasher，2002：156）修正了这一定义，提出"话语标记语出现在从句的句法边缘位置，是右边还是左边，部分取决于所讨论语言的词序""在英语中往往出现在左边缘""在日语中可能出现在右边缘"。

特劳格特主要是在语法化理论的框架下研究话语标记，她感兴趣的不是话语标记的划分，而是话语标记在修正语法化理论中扮演的角色。她没有清晰地说明什么是话语标记、什么不是话语标记，对话语标记的定义比较含糊。但是，特劳格特指出，很多研究者（包括弗雷泽）将饰句副词和话语标记混为一谈是不妥的。

布林顿（Brinton，1996）对话语标记（她称为"语用标记"）的界定依旧不是定义性的，准确来说是对话语标记特征的整理。她列出了话语标记的12个特征，是所有研究者中涵盖面最广的。经过十多年的发展，有些特征的准确性被质疑，于是布林顿（Brinton，2018：9）修正了这12个特征。

语音和词汇特征：

（1）通常是"小"项，尽管它们也可能是短语或小句，有时在语音上被简化。

（2）可以形成一个单独的声调组，但也可以与前面或后面的内容形成一个韵律单位。

（3）不构成传统的词类，但与副词、连词或感叹词最为接近。

句法特征：

（4）或者处于句法结构之外，或者松散地依附于句法结构。

（5）优先出现在小句边界（最前或最后），但通常是可移动的，也可能出现在句中。

（6）在语法上是可选的，但同时具有重要的语用功能（从某种意义上讲，语用上是非可选的）。

语义特征：

（7）很少或没有命题/概念意义，意义是程序性的和非组成性的。

功能特征：

（8）通常是多功能的，具有一系列语用功能。

社会语言学和文体特征：

（9）主要存在于口头语篇而非书面语篇中；口语中的话语标记和书面语中的话语标记在形式与功能上可能不同。

（10）在口头语篇中是一种常见而突出的语言现象。

（11）在文体上受到负面评价，尤其是在书面语或正式话语中。

（12）男性和女性会以不同的方式与频率使用语用标记。

布林顿对话语标记的界定是最具体、操作性最强的，从语音到句法再到社会语言学特征都有所涉及。

海涅（Heine，2013：1209）对话语标记下定义时强调，这个定义是基于典型性而不是基于充分性和必要性做出的：（1）语法上独立；（2）通常与话语的其他部分在语体上相分离；（3）意义是非限制性的（不是一个子句的命题含义的一部分）；（4）意义是程序性的而不是概念性的；（5）是非组合性的，通常很短。

海涅指出，根据以上界定，可以得出大多数的话语标记，但并不能囊括所有的话语标记。他对这5条界定标准做了一一分析，对每一条标准，研究者都有不同的意见。另外，还有一些话语标记的特征没有被包含在这5条标准中。

第二，国内相关研究。

在国内，话语标记最早是以插入语的身份被感知的，因为它们不影响命题真值，且不充当句法成分，所以被认为是辅助成分甚至是冗余成分。随着修辞研究以及语用学的发展，这些辅助成分的意义、功能得到了研究者的重视。然而，和话语标记一样，插入语的界定同样没有形成共识。

张成福、余光武（2003：54）认为插入语是"用来补足句意或表现说话人态度的，有时还具有语篇连接功能或表达语用意义的作用"的那些表达。总体而言，对插入语的界定是功能指向的，功能大致包括三大类，即连接功能、评价功能和传信功能。除此以外，还有以修辞角度讨论功能的，如李华（2001：32-33）提出插入语除了有组合语篇的功能外，还有组合信息、表情、显示言语特征、显示语体特征的修辞功能。

早期话语标记被等同于插入语，但是随着研究的深入，研究者普遍认为插入语不等于话语标记。司红霞（2018：43）认为"插入语的语义更为重要也更为明确"，虽然"插入语具有语篇衔接的语用功能和话语标记功能等，但这些是在语义基础之上的附加功能"。除此之外，两者的区别还体现在语体倾向、词性等方面。

我们认为，话语标记属于插入语，具体表现在：（1）话语标记具有插入语的部分功能，即具有连接功能，不具有传信功能和评价功能；（2）话语标记是插入语中形式固定、语义虚化的那部分成员，如"我说""我跟你说啊"都属于插入语，但只有"我说"属于话语标记。

自从廖秋忠（1986）首次提出篇章中的连接成分的概念以后，曾经被视为冗余成分的话语标记开始作为篇章连接成分吸引研究者的注意。在篇章连接观的视角下，连接成分连接的不是句内成分，在句内不产生逻辑关系，它的功能作用在句外，不充当句法成分，与前后内容没有修饰关系。这里的"篇章连接成分"在某种程度上就是"话语标记"。

直到 2000 年，话语标记研究才在汉语学界兴起，这一年出现了两篇具有重要意义的文章：冉永平的《话语标记语的语用学研究综述》和方梅的《自然口语中弱化连词的话语标记功能》。前者系统介绍了西方话语标记研究的有关成果；后者基于话语标记研究方法，对汉语连词的话语标记做出了本土化探索。

冉永平（2000a）重点介绍了西方话语标记研究中句法/语义-语用研究和认知-语用研究方面的成果。他没有明确给话语标记下定义，而是在文中分散地提到：（1）话语标记包括部分副词、连词、感叹词和短语、小句；（2）传递的不是命题意义或语义意义，不构成话语的语义内容，而是为话语理解提供信息标记，从而对话语理解起引导作用的程序性意义；（3）功能主要是语用的，而不是句法的、语义的；（4）在认知上，话语标记语可从局部或整体上对话语理解起着引导作用，帮助听话者识别话语的各种语用关系，从而在认知上对话语理解进行制约。

冉永平对话语标记的界定涵盖了来源、意义、功能，同样可以看作是对话语标记特征的总结。

方梅（2000：462）指出："语义弱化的连词在对话中虽然不表达真值语义关系，却是言谈中构架话语单位的重要的衔接与连贯手段，是一种话语标记。"至于什么是话语标记，她没有提及，只是指出"参看 Schiffrin，1987；Bussmann，1996"。从方梅对弱化连词的表述中，我们还是能看到她关于话语标记的主要观点：出现在对话中；不表达真值语义关系；是衔接和连贯手段。

其后，话语标记研究发展迅速，一大批学者基于不同研究视角对话语标记做了广泛而深入的研究。

刘丽艳（2005：23）从口语交际出发，将话语标记定义为："话语标记是互动式口语交际中所特有的一类功能词（或短语），它们在句法上具有相对独立性，在口语交际中没有概念义，只有程序义，其功能体现了认知主体的元语用意识。"

刘丽艳的定义涉及交际信道、句法、意义及功能，较为全面。

董秀芳（2007：50）是国内从历时角度研究话语标记的代表，她对话语标记的界定:"不对命题的真值意义发生影响,基本不具有概念语义,它作为话语单位之间的连接成分,指示前后话语之间的关系,也就是说,它标志说话人对于话语单位之间的序列关系的观点,或者阐明话语单位与交际情境之间的连贯关系。话语标记也可以表明说话人对所说的话的立场和态度,或者对听话人在话语情景中的角色的立场或态度。"

从董秀芳对话语标记的界定可以看出,话语标记可以分成两大类:一类用于连接成分,另一类用于表达立场,分别对应语篇功能和人际功能。

许家金(2009:8)对话语标记的界定:"所谓话语标记,主要是指出现在现场即席话语中,用以标记话语连贯、传递话语互动信息的语言及非语言手段(如手势、身势等行为手段)。就自然口语中的话语标记而言,韵律特征对其意义的传达有着举足轻重的作用,有时甚至会起到主导作用。从在话语中出现的位置来看,话语标记比较灵活,不依附于某一基本句法成分,从句法上来看是可以取消的。它们可以出现在话语单位内部(即话轮或韵律单位的内部),也可以出现在话语单位外部(即话轮或韵律单位的边界上)。"

许家金从话语的现场即席性入手来讨论话语标记的功能和意义,重点关注其对交流互动的影响,还加入了社会语用学的视角,讨论青少年男生和女生使用话语标记的差别。许家金的研究主要是以功能为导向的,话语标记的形成与句法特征不是研究重点。

殷树林(2012b:95)注意到了以往话语标记定义中的一些问题,提出一个准确的定义必须满足3个条件:(1)用语简洁明了,忌冗长含混;(2)必须揭示概念所反映的对象的特有属性或本质属性;(3)定义项的外延和被定义项的外延应是完全相同的。在这样的条件下,他对话语标记的定义是:"话语标记是有独立语调的、编码程序信息、用来对言语交际进行调节和监控的表达式。"

施仁娟(2014:69)指出话语标记是元话语标记化的结果,她对话语标记的定义:"话语中具有程序功能,能引导对方更好地理解话语的、形式短小、结构相对固定的、能体现主体元话语能力的语言形式。"

施仁娟将话语标记定性为元话语,可以规避定义话语标记过程中的一些难题。关于元话语,她的定义:"表达概念意义之外的意义成分,是用来表示发话人组织语篇、吸引受话人、表示对命题内容和对受话人态度的显性语言手段……在很大程度上影响着受话人对主要信息的理解和接受,并通过一些不直接介入话题内容的词、短语或句子甚至语篇来实现。"

陈家隽（2019：44）不仅从典型特征角度对话语标记做了界定，还指出了话语标记和其他范畴的差异。她对话语标记的界定：（1）语体上，话语标记常见于口语交际（在独白与对话中均有出现），在书面语体中一般出现于角色的独白或对话，或者旁白部分；（2）句法上，话语标记独立于句法环境而自足，不作为前后言语结构中的语法成分；（3）语义上，话语标记具有非限定性程序义，不具备概念（命题）义；（4）结构上，话语标记结构固定紧凑，不灵活可变；（5）语音上，话语标记可以以韵律自足的形式存在于语篇中。

第三，关于话语标记界定研究的分析与评价。

综观以上所有话语标记研究，几乎每一个研究者对话语标记的界定都不同，由此得出的话语标记范畴各有差异，如果再考虑"所属语言不同"这一因素，对话语标记做出统一的、没有异议的界定的可能性就变得更低。大多数学者达成共识的是，话语标记不是一种传统的词类，而是功能的集合，又因为话语标记通常是多功能的，因此对话语标记做出内涵和外延的划分几乎不可能实现。另外，一些典型的话语标记跨语言地存在着，表现出类型学的特征。基于这两点，研究者很少把重点放在定义话语标记上，总是颇感无奈地指出相关表述不是"定义"而是"特征"。在更宏观的视角下，与其说话语标记是研究者们的研究主体，不如说话语标记在语义—语用、句法—语用、认知—语用和历时语用学中扮演着"工具"的角色，为论证或修正相关理论提供论据。在这样的情形下，什么是话语标记、什么不是话语标记变得没有那么重要，重要的是确定典型的、原型的话语标记，揭示它们的典型属性，分析它们的意义和功能，修正相关学科理论，丰富相关语言应用。从以上关于话语标记的界定来看，语义特征是所有研究者共同关注的问题，并且几乎所有研究者都同意话语标记的意义是程序性的而不是概念性的，由此，这一特征可视为话语标记的典型属性。

1.3.1.2 话语标记共时研究

首先是话语标记的意义。

话语标记的意义是游离于句子的，不是一个句子命题含义的一部分，这是大部分研究者的共识。那么，话语标记究竟是否有意义呢？如果没有意义，那么不同的话语标记可以任意替换使用，这显然是荒谬的。如果有意义，它的意义为什么不影响命题？因为话语标记不可任意替换，所以基本上所有的研究者都认为话语标记有一定的意义。至于这个意义究竟是什么，为什么不影响命题，主要围绕着真值条件意义—非真值条件意义、概念意义—程序意义这两组相对的概念展开。

第一，国外研究。

从传统的句法—语义角度，话语的真值是语言学层面的，真值语义的意义是把语言描述和外界世界联系起来。很多学者认为，话语标记属于语用范畴，因此其意义是非真值条件的，即其存现与否不改变命题的真值。持这一观点的学者有里伯（Rieber, 1997）、特劳格特和达舍（Traugott & Dasher, 2002）等。

里伯（Rieber, 1997）基于 Grice 会话含意理论对话语标记的意义做出分析，他指出，说话者说出诸如 but 这样的话语标记时，不是要表达前后内容的转折，but 本质上是一种插入性的施为句，but 前后的内容客观上不构成对比，但是说话者主观上认为构成对比，并提醒受话者注意到这一点。

特劳格特和达舍（Traugott & Dasher, 2002）认为话语标记对真值条件的贡献不大，他们的论述是基于言语行为理论。在言语行为理论的框架里，"真值条件（语义）意义和非真值条件（语用）意义之间的区别被分解为描述和指示之间的区别"（Blakemore, 2002：3）。话语标记之所以被称为"标记"，就是因为它们有别于一般的描述，因此具有非真值条件意义。

随着研究的推进，越来越多的学者放弃了对话语标记真值—非真值问题的纠缠，因为基于逻辑学和形式语义学提出的真假值判断很多时候不适合真实的语言环境。这些学者（弗雷泽、布莱克莫尔等）重点关注话语标记概念义和程序义的区分，而不是真值条件义和非真值条件义的区分。

布莱克莫尔（Blakemore, 1987）早先关注话语标记的真值条件意义和非真值条件意义的区分，但后来布莱克莫尔（Blakemore, 2002）批判了话语标记研究中区分真值条件意义和非真值条件意义的做法，认为真值条件意义和非真值条件意义的区分在话语标记研究中根本没有什么作用，因为有些表达式对程序进行编码，但具有真值条件意义；有些表达式对概念进行编码，但不具有真值条件意义。她提出了程序义—概念义这组区分项，认为话语标记具有程序义。

弗雷泽（Fraser, 1999：931）同样认为话语标记具有程序义：话语标记

"有一个核心含义,即程序性的,而不是概念性的"。但是,对于怎样区分某个意义是程序性的还是概念性的这个问题,他没有做出圆满的回答。弗雷泽(Fraser,1999:944)是程序义说的支持者,但他将程序义和概念义的不同表达归结为句法环境不同,认为"两者出现的环境是互补分布的",然而我们从他给出的例子中没有看出这一区别。如在 John was tired. So, he left early.(约翰觉得累了。所以,他早早离开了。)中,他认为 so 是话语标记,确实,so 在这里可有可无,对概念义没有贡献,处在下一个小句句首,发挥引入下一个小句的程序性功能,可是表达概念义的连词 so 不也有同样的功能吗?该怎样断定这里的 so 是话语标记而不是连词呢?弗雷泽的程序义之说来源于布莱克莫尔,但他对程序义的认识是有偏差的。如果将上个例子改成 John was tired. So, shall we still go to the cinema?(约翰觉得累了。所以,我们还去看电影吗?)那么 so 就排除了连词用法,只能视作话语标记。原因在于,"约翰觉得累了"不是说出"我们还去看电影吗"的原因,完整的推理程序是:约翰觉得累了→他可能不想去看电影了→他不去看电影我们可能会觉得没意思→那么(so),我们还去看电影吗?在这样的语境下,so 才不表达逻辑意义,而仅仅表达基于当下语境得出的一种推理。弗雷泽认为程序义作用于前后两个小句,实际上,John was tired. So, he left early. 完全可以替换为 John was tired, so he left early. 这一个句子,这里的 so 就是连词而不是话语标记。

第二,国内研究。

国内学者对话语标记意义的讨论一般不涉及程序义,通常把程序义作为话语标记的功能来讨论,主要围绕真值条件意义和非真值条件意义以及是否具有概念义讨论。

冯光武(2004)对话语标记的界定沿用了弗雷泽的体系,把话语标记视作语用标记的一种。他介绍了伊梵蒂多(Ifantidow,2000)提出的判断一个话语单位是否有真值条件意义的方法,即将含有这一话语单元的句子放入一个条件句,如果它不受此条件管领,它就没有真值条件意义。这一方法很有启发性。

进而,他提出检验某个表达式是否有概念义的方法是看能否被指责说了假话。但是,这一方法只适用于基本话语层面的表达,实际上所有元话语层面的表达都无法判断真假,并且话语标记的形成是动态的过程,原本属于基

本话语层面的表达经由语法化后就上升为元话语层面。如"老实说",在基本话语层面,它可以被判断真假:

(5)"老实说,我一点都不喜欢爬山。"
"你没老实说,我看你有很多爬山的照片。"(自拟语料)

这一指责针对的是基本话语层面的"老实说",这时的"老实说"当然是有概念义的,但它并不是话语标记(冯光武称为"说话方式标记语")。当它发挥话语标记功能的时候,就变成元话语,无法判断真假。因此,说有些汉语的语用标记(话语标记)有概念义是站不住脚的。

李心释、姜永琢(2008:27)认为话语标记的非真值意义、程序意义、语用意义是同一事件的多个面,即处于元话语层面表现出来的意义。他们认为,从基本话语到元话语,不能说意义发生了弱化,话语标记的形成不是语义弱化带来的结果,而是"基本话语中一部分语言形式在功能上的转移,即应用于一个更高层面而显现的特征"。

李心释、姜永琢结合关联理论、元话语理论、语法化理论,将话语标记在这些理论学说中不同的表现串联起来,指出其本质是一样的:从语法化理论来看,从表概念义到语用义是主观化的结果;从关联理论来看,从表概念义到程序义是从解码到推理的结果;从元话语理论来看,凸显元语用意识的话语标记是部分功能从基本话语转移到元话语层面的结果。他们对话语标记的认识比较深刻,且带有综观的视角。

第三,关于话语标记意义研究的分析与评价。

话语标记的意义是程序性的而不是概念性的,这一观点自从被布莱克莫尔提出以后,得到了几乎所有研究者的认同。但对于到底什么是程序性意义,并非所有研究者的理解都一样。如 in other words(换句话说)(弗雷泽,1996:188)、"从另一个角度看"(冯光武,2004:26),这些表达式常处于句子开头,能够引导听话者推理后续的小句,具有程序性,虽然它们的意义对命题的真值没有影响,但其概念义是完整的。这样的表达式,弗雷泽、冯光武视作话语标记,而布莱克莫尔、特劳格特认为不是话语标记,出现这样的分歧与程序义的界定有关。布莱克莫尔(Blakemore,2002:82)否认非真值条件意义 = 程序义,因此意义是否为真值条件对界定是否为程序义不起作用。那么一个表达式怎样才算是编码程序义而不是概念义呢?她(2002:

85）指出："一个表达式不编码概念义，是说它没有编码一个经历了将逻辑形式发展为推理过程的成分。"也就是说，编码程序义，是指本身有逻辑意义的不再表示逻辑意义而表示推理（逻辑依赖性降低），这与方梅（2000）提出的弱化连词发展为话语标记是一个意思。以"尤其"为例，当它连接的前后成分之间没有了"在同类或全体中突出、递进"这一逻辑关联，它就成了用于推理的话语标记，而不再是用于表达逻辑关联的程度副词。

关于编码逻辑形式和编码推理过程的区别，布莱克莫尔（Blakemore，2002：85）指出，如果编码推理的表达式可以不完整的形式独立成句，当听话者对这个不完整的句子做推理时，如果做出的理解（假设）都是由这个表达式发展出来的，即听话者做的假设中包含这个表达式，那么这个表达式编码的是概念义；如果听话者做出的推理可以和这个表达式无关，那么这个表达式编码的是程序义。也就是说，概念义是显性的，程序义是隐性的，是基于语境得出的。

布莱克莫尔定义的程序义是作用于语境的，听话者需要在特定的语境下做出种种假设，话语标记的程序义为做出关联性最大的假设提供帮助。而弗雷泽等人定义的程序义作用于前后小句，他们主要以真值、非真值条件来界定话语标记，这就不可避免地会使话语标记与某些具有概念义的饰句副词和连词相混淆。

其次是话语标记的功能。

按理论基础来划分，话语标记的功能研究大致可以分成连贯派（以话语连贯理论为基础，以希夫林为代表）、关联派（以关联理论为基础，以布莱克莫尔为代表）和顺应派（以顺应论为基础，以维索尔伦为代表）。

第一，国外研究。

希夫林（Schiffrin，1987：24）认为话语标记的功能是增加话语连贯性。她指出话语标记是通过下面的方式实现其功能的：（1）将话语定位在其话语模型的一个或多个话语平面上；（2）将话语索引给说话者、听话者或两者；（3）将话语索引到先前或后续话语。希夫林开创性地提出话语标记具体在5个层面上发挥作用。

雷德克（Redeker，1991：1168）指出话语标记的作用是使听话者注意到即将到来的话语与直接语篇上下文之间的某种联系。她（1991：1162）认为希夫林的论断存在一些问题，并在此基础上对希夫林的5个层面做了修正，她提出话语标记在3个层面发挥作用。

埃尔曼（Erman，2001：1340）指出，作为话语标记，它们最突出的功能是创造连贯。她认为话语标记的基本功能是将文本向前"移动"，确保听话者获得连贯的画面，并能够理解所传达的内容；话语标记也用于指导听话者解码信息。

雷德克和埃尔曼都属于连贯派，她们的问题和希夫林具有共性，就是都不排斥话语标记能够作用于概念结构。

布莱克莫尔（Blakemore，1987、1992、1996、2002）是关联派的代表，她认为话语标记的功能在于引导、限制听话者推理话语所需的语境，即话语标记作用于语境，引导听话者以最小的心力来获取最大的语境效果，从而实现最佳关联。关联派认为话语标记不能在概念结构发挥作用。

维索尔伦（Verschueren，1999）是顺应派的代表，他指出话语标记是凸显元语用意识的标志，元语用意识是监控、校准使用语言的过程的意识，所以话语标记就是用于监控、校准使用语言的过程的手段。

第二，国内研究。

刘丽艳（2005：32-52）指出，话语标记没有概念功能而有程序功能，因而将三大功能修正为语篇组织功能、语境顺应功能和人际互动功能。（1）语篇组织功能包括形式连贯功能和内容连贯功能；（2）语境顺应功能包括对语言语境的顺应、对现场语境的顺应和对背景语境的顺应；（3）人际互动功能包括非中心交际活动中的和中心交际活动中的互动功能。在这三大类别下又分别设立若干小类。

陈家隽（2019：58-61）认为话语标记只有人际功能和语篇功能。人际功能包括：（1）提示说话人态度；（2）体现交际互动功能。语篇功能包括：（1）话语组织功能；（2）话语关系功能；（3）语篇修正功能。

周明强（2022：24）将现代汉语话语标记功能分成话语组织功能和人际功能，默认话语标记没有概念功能。在话语组织功能下设5个次类、22个小类；在人际功能下设4个次类、19个小类。

第三，分析与评价。

讨论话语标记的功能，大概有两个方向：一个是讨论怎么发挥作用；另一个是讨论在哪些方面发挥作用。

关于怎么发挥作用，主要有2个阵营、3种观点：连贯派认为通过增加话语连贯发挥作用,关联派认为通过增加关联性发挥作用,这两者为一个阵营,都认为话语标记有助于听话者理解话语;顺应派认为话语标记只是监控话语使用的手段,不一定有助于听话者理解话语,属于另一个阵营。

关于在哪些方面发挥作用,连贯派和关联派又形成两种观点:前者认为可以在概念结构发挥作用,后者否认在概念结构发挥作用。相较而言,连贯派是比较传统的学说,虽然希夫林对话语标记的功能研究具有始创意义,不过缺陷也很明显。她(1987:190)不区分某个表达式作为话语标记和作为语法词类时语义的不同,认为"and、but、or 在话语中扮演的角色和在语法中扮演的角色是平行的""and、but、or 语言学上的属性和它们出现的话语槽(discourse slot)相互作用,产生话语功能"。这意味着话语标记能作用于概念结构。对这一观点,其他大部分学者是否认的,现在较一致的看法是话语标记并不作用于概念结构,而是作用于语篇层面和人际互动层面。希夫林出现这一问题的根源是过于在平面上讨论问题,没有加入一点历时发展的视角。如果加入发展的视角,就可以发现某个表达式用作话语标记时一些功能发生了转移,从语法转移至语用,从基本话语层转移至元话语层。并不是某个句法环境(她所说的"话语槽")单方面促成了这些功能的转移,词义的演变也是一个重要的因素,这两个因素缺一不可,而希夫林忽视了第二个因素。自从关联论提出后,连贯派渐渐走向式微,关联派成为影响力最大的学派,目前国内研究者大多都属于关联派。顺应论出现时间最晚,不过包容性更强,对汉语话语标记研究的解释力更强。

1.3.1.3 话语标记历时研究

话语标记历时研究主要围绕着话语标记的形成机制展开,主要观点有语法化、特殊的语法化、语用化和主观化。

首先是国外研究。

第一,话语标记的形成是语法化。

莱曼(Lehmann,1985)提出以语法化的参数来判断语法化程度的高低,并列出了语法化过程中会伴随出现的现象。语法化参数和伴随现象能用来了解动态的语法化过程是如何进行的,并可作为鉴别某种语言演变现象是否为语法化的参考。语法化参数和伴随现象的提出,引起了学界广泛的关注。

然而莱曼的语法化参数对话语标记的形成缺乏解释力,于是,一批研究者对莱曼的语法化参数进行了修正,使得语法化学说能够涵盖话语标记的形成，代表人物有霍珀（Hopper，1991）和布林顿（Brinton，2010）等。

第二，话语标记的形成是语用化。

"语用化"是基于话语标记的形成不符合语法化过程提出的，是为话语标记量身定制的。持这一观点的研究者有弗兰克-约伯（Frank-Job，2006）、德冈和伊夫-韦尔梅伊（Degand & Evers-Vermeul，2015）。

弗兰克-约伯（Frank-Job，2006：364）对语用化特征的概括是：（1）高频使用；（2）语音减损；（3）句法独立；（4）连续同现；（5）可以删除。

第三，话语标记的形成是特殊的语法化。

持这一观点的学者不否定语用化这一概念，但也不承认语用化是个独立的过程，于是把语用化作为语法化的一个子类来处理（Degand & Evers-Vermeul，2015：65）。持这一观点的研究者有维舍尔（Wischer，2000）、巴斯-温加滕（Barth-Weingarten，2002）等。他们的观点是：语用化和语法化既有相似之处也有不同之处；语用化不是一个独立的过程，可视作语法化的一个子类；话语标记的形成是语法化中的一个特殊的类别。

第四，话语标记的形成是主观化。

持这一观点的代表人物是特劳格特（Traugott，1995、2006），她认为语法化并不包含主观化，主观化是一种独立的语义演化机制，语法化和主观化是相伴出现的，语法化中有很多主观化的体现。

其次是国内研究。

第一，话语标记的形成是虚化。

汉语虚化研究历史悠久，早在宋朝就已经注意到虚化现象（徐时仪，1998：111），在元朝有了比较完整的虚化概念，元朝的周伯琦就说过："大抵古人制字，皆从事物上起。今之虚字，皆古之实字。"（转引自王伟，2004：69）当然，此时的"虚化"并非现代语言学理论中涉及语音、语法等的语言演化现象，而是注重词义演变的训诂研究。不过，对词义由实转虚（概念义的淡化）的认知从那时就已经形成。

汉语研究中，某种程度上虚化等同于语法化，持这一观点的学者有沈家煊（1998）、徐时仪（1998）、张谊生（2000）、方梅（2018）等。沈家煊（1998：41）指出"语法化，也就是实词虚化为语法标记的过程"。徐时仪（1998：108）指出"词义和语义功能的虚化是语言演变中的语法化现象"。张谊生（2000：3）指出"语法化（grammaticalization）也就是实词虚化"。

由于汉语的语法功能多由虚词承担，且缺乏屈折、形态变化，所以实词虚化或虚词向更虚的词类变化，是汉语语法化最重要的表现。因此，在话语标记形成的问题上，汉语学界一般不严格区分"虚化"和"语法化"这对术语，"虚化"实际上就是指语法化。当然，虚化不完全等同于语法化，语法化关注语音、语义、句法功能等多方面的变化，而虚化主要关注语义的变化。在"语用化"这一术语出现之后，一些"虚化"其实指的是语用化。

方梅（2000）以连词语义的虚化现象讨论了话语标记的形成，并且解释了这一现象的认知基础，是较早以历时视角讨论话语标记的研究者，为话语标记的本土化研究打下了基础。她没有明确说明话语标记的形成机制是虚化，虚化也不是方梅文章中的重点。她只是提出，一些连词本来表达逻辑关系和时间顺序等真值语义关系，发生语义弱化后，不再表达真值语义关系，而只是用作辅助话语单位的衔接，这些发生语义弱化的连词，获得了话语标记的功能。由此可以理解为，话语标记来源于连词语义的弱化。她进一步提出"连词语义弱化进而虚化为话语标记"，可见，语义弱化基本等同于虚化，即使不等同于虚化，也是虚化的重要组成部分。

马国彦（2010）讨论的是口头禅的形成机制。他提到，口头禅和话语标记的差别在于虚化程度的高低，因此可以推论话语标记的形成机制也是虚化。他（2010：75）提出"引发虚化或语法化的机制包括高频重复使用、重新分析、主观化、类推、隐喻等"，因为这些机制在口头禅形成过程中均不同程度地起作用，所以口头禅的形成机制是虚化。同理可证，话语标记的形成机制也是虚化。

传统的汉语虚化研究主要关注语义的虚化或弱化这一历时演变，对于虚化的外延、内涵的确定并不重视，即不重视虚化有哪些表现和特征、符合什么条件的能算作虚化。

第二，话语标记的形成是语法化。

语法化研究在我国出现得较晚。马清华（2003a：64）指出，我国现代意义上的语法化研究是从1994年开始的，标志是沈家煊1994年在《外语教学与研究》发表了《"语法化"研究综观》，同年孙朝奋在《国外语言学》发表了《〈虚化论〉评介》。此后，语法化在汉语界产生了巨大的影响，传统的虚化研究发生了质变，开始了由描写向解释的转向。

21世纪以后，在功能导向的语言学发展愈发兴盛的背景下，一批学者，如王伟（2004），高增霞（2004），吴福祥（2005b），刘丽艳（2005），李宗江（2010），曹秀玲（2010），李思旭（2012），周树江、王洪强（2012），施仁娟（2014），陈家隽（2019）等，对汉语中的话语标记形成于语法化这一论题做了论述。

西方的语法化理论并不完全适合于汉语实际，所以很多研究者在实际研究中都指出了汉语话语标记形成过程中的特殊性。如李宗江（2010）认为，由短语或小句（如"我说"）发展为话语标记既不是典型的语法化过程，也不是典型的词汇化过程。李宗江指出，典型的语法化过程中，实词需要经历语义的虚化和主观化，即"说"需要经历从表行为义→表认知义→表篇章义的变化过程，然而话语标记"我说"中的"说"并没有经历表认知义这个过程，其篇章义是直接从行为义在一定的语境中发展而来的。再如李思旭（2012）通过对"别说""完了""就是"的讨论，提出汉语话语标记的形成是先词汇化再语法化，词汇化在前期起作用，语法化在后期起作用。

陈家隽（2019：24-25）认为，语法化标准理论难以解释话语标记形成中的特殊性，从而介绍了话语语法理论中的"增补化"。所谓增补化，就是某个表达式"从句子语法范畴被增补到附加于语法范畴中"的过程，发生增补化后，"附加语的语义—语用作用层面从句法转移到语境，其语义不再受到原句法功能的约束，而由其所在的语境重新定义"。陈家隽指出，话语标记的形成是增补化与语法化连续作用的结果。增补化目前处于起步阶段，关注的研究者并不多，陈家隽的介绍无疑为话语标记研究增加了新的视角。

部分学者对汉语话语标记的形成是否是语法化有简要的论述。如王伟（2004：69）认为，现代汉语口语中的"然后"在演变中体现出了显著的语法化特征：（1）保持本义的同时增加了新的用法和功能；（2）在句法中位置更加灵活；（3）意义进一步虚化。高增霞（2004：110）对话语标记"回头"进行分析时，认为其演化属于语法化的原因是：（1）词汇意义逐步抽象化；（2）句子的限制越来越少；（3）作用的范围越来越广；（4）对小句真值意义的影响越来越小。王伟和高增霞都没有明说语法化的定义以及判断语法化的标准，但是一般认为，在经典语法化理论中，语法化的典型表现有强制化和紧缩（莱曼，1985），这和"句法位置更加灵活"以及"限制越来越少""作用的范围越来越广"恰恰相反。语法化的坚定支持者们，即使不同意莱曼关于语法化典型表现的表述，也只是对"紧缩""融蚀"等问题做回避处理，而不是站在对立面，因为一旦站在对立面，就不得不承认话语标记充其量是一种特殊的语法化。因此，王伟和高增霞出的"符合语法化"的特征，恰恰证明了话语标记不符合典型的语法化特征。曹秀玲（2010：44）给出的语法化的表现：（1）语音由清晰变得短促而含糊；（2）动词失去部分范畴性特征；（3）由表达词汇意义转向表达语用功能；（4）成为不具有句法地位的独立成分；（5）功能部分中和，发生再语法化。上述第（3）点和第（4）点，也恰恰证明了这是语用化，因为除了扩展的语法化观，一般认为语法化的结果必然是语法功能的获得、句法地位的提升。在没有区分狭义、广义的语法和语法化的前提下，认为汉语话语标记形成机制是语法化，始终不能解决这两个矛盾：

a. 输出端属性不一。语法化的结果必然是形成语法项，但话语标记不是语法项，尤其是汉语话语标记，很难说有什么强制性的语法功能，一致的看法是话语标记属于语用范畴。既然如此，语法化如何能形成语用范畴的话语标记呢？

b. 演化特征不符合典型语法化特征。语法化已经是发展成熟的理论，作为理论，就有其理论基础和不同的理论流派，流派不同，语法化的原则、本质特征等就不同。可以说，几乎所有认为汉语话语标记形成于语法化的学者，都不自觉地赞同扩展的语法、语法化观，也就是特劳格特和霍珀的语法化观。虽然事实证明莱曼的论述有诸多问题，也有很多学者对其论述做了反驳，但在默认的情况下，语法化指的是狭义语法化，典型特征就是莱曼提出的语法化伴随现象。既然话语标记的形成不符合典型的语法化特征，怎么能说话语标记形成于语法化呢？

要证明话语标记形成于语法化，必须先区分狭义、广义的语法和语法化。在广义的语法和语法化观下，话语标记形成于语法化才没有问题，论证才能自洽。汉语话语标记形成机制研究相对成熟的标志是开始关注语法、语法化的狭义和广义之分，开始明确以某种语法化观作为论述的理论基础，在特定的语法观的视域下展开讨论。最早在话语标记研究视角下提出语法的狭义、广义之分的是沈家煊，他（1998：1）指出：狭义语法指"构词和造句的规则，包括构词法和句法"，广义语法指"语言结构的全部规则，除了构词法和句法，还包括语音规则和语义规则"。魏兴、郑群（2013：80）分析话语标记"你看"的形成时，有意识地表明了自己的语法化观是广义的语法化,即"语法化不局限于某一语言层面,它涉及语言在句法、语素、语音、语义和语篇上的改变"。在此基础上,他们指出话语标记"你看"的形成可以由语法化来解释,其与语法化的共同特征:(1)语义虚化,抽象性增强;(2)源语义和新语义共存,体现滞留原则;(3)主观性增强,承担语用功能;(4)结构变得紧凑,不对命题产生影响。

随着时间的推进,对汉语话语标记形成机制的讨论明显增加了对语法化理论的认识和反思的部分。如孙雅平(2020)讨论话语标记"不料""谁知",是基于"语法化扩展效应",这在文章标题中就开宗明义地做了说明。

第三,话语标记的形成是语用化。

语用化是为解释话语标记的产生而设立的术语,专指语言成分演变成话语标记的过程。语用化是建立在对语法化的反思之上的,考察汉语语用化研究,似乎有这样一种倾向:不是语法化、词汇化的,就是语用化的,缺乏对语用化存在的必要性的主动探讨和挖掘。认为话语标记的形成是语用化的学者有殷树林(2012a)、张秀松(2020)、姚双云(2020)等。

殷树林(2012a:137)认为话语标记的形成一般都要经历语用化,他的这一论断便是建立在对词汇化和语法化的否定上,遵循这样的逻辑:话语标记的最终形成不是词汇化也不是语法化,且因为它们是话语标记,所以形成过程是语用化。张秀松(2020:36)对"可又来"的语用考察,似乎是默认了话语标记的形成就是语用化这一事实,同样没有涉及对"为什么是语用化"的探讨。姚双云(2020:51)提出"名词向话语标记的演变,实质上是其基本话语层用法向元话语层用法的转移,属于语用化现象",在演变过程中,话语标记的指称义弱化甚至消失,语篇义、人际义浮现,表现出丰富的语用功能。姚双云对语用化理论进行了主动探讨,论证可信度更强。

语用化是为话语标记量身定制的,话语标记的产生是语用化,似乎是理所当然,然而学者们似乎忽视了这样的问题:语用化和语法化一点联系都没有吗?话语标记的产生和语法化毫无关联吗?语用化到底是一个独立的过程还是语法化中的一个子类?其实问题的根本是,与其说应该讨论的是话语标记的产生是不是语用化,不如说应该讨论的是语用化有没有独立存在的必要性。如果忽略演化的结果,单看演化的过程,不得不承认语用化和语法化之间具有相似之处,比如语义虚化。语义虚化是语用化和语法化过程中必经的一环,无论是变得更具语法功能还是更具语用功能,都是建立在语义虚化的基础上的。既然语义虚化是语用化和语法化共同的必要条件,那么,两者必然有交叉点。史金生(2017:5)提出典型的语法化过程包括3个方面:(1)意义虚化;(2)去范畴化;(3)语音弱化。我们看到,话语标记的形成完全符合这3个方面。把话语标记的形成看作语用化,容易把语法化和语用化的联系割裂开来;赋予语用化独立地位,容易掩盖语用化与语法化相似的本质特征。尤其汉语是孤立语,形态变化少,语法化过程中紧缩、融蚀等形态变化(这些常被作为证明语用化不同于语法化的证据)本就不太可能发生,语用化和语法化的差异性更小。把语用化作为话语标记的形成机制,是放大差异性,忽略同质性,不利于从更宽广的角度认识话语标记的形成。

1.3.1.4 汉语话语标记聚类研究

李秀明(2006)、施仁娟(2014)都以元话语相关理论为切入点,对话语标记的相关热点问题做了讨论。于飞海(2006)以话轮转换中的话语标记为研究对象,把话轮转换分成话轮获得、保持、放弃3种,从位置、条件、功能、频率等角度讨论了话语标记的应用。孙利萍(2017)以言说类话语标记为研究对象,对其基本特征、语用功能和形成机制等问题进行了全面探讨。张黎(2017)以丰富的口语语料为依托,整理出了91个汉语口语话语标记,并对这些话语标记做了来源分类、形式分类、功能分类,探讨了话语标记的3种功能。宋晖(2018)聚焦于转折逻辑关系,在总论篇对话语标记的理论问题做了探讨,在分论篇和个案分析篇探讨了几个典型的转折类话语标记的结构,观点较为新颖。刘焱(2019)将批评性话语标记分成面子类、预期类、引发类、明因类4类,分别探讨了其功能、形成机制和动因等。曹秀玲、杜可风(2018)基于言谈互动视角,对汉语言说类元话语标记做了探讨,涉及构造方式、功能与分布、语义取向和范畴特征等。

1.3.1.5 汉语话语标记个案研究

汉语话语标记研究注重对单个话语标记的深入探讨,包括高增霞(2004a、2004b),刘丽艳(2005),马国彦(2010),殷树林(2011),姚双云、姚小鹏(2012),胡建锋(2013),史金生、胡晓萍(2013),魏兴、郑群(2013),盛继艳(2013),李宗江(2014),潘晓军(2016),唐灵童(2017),玄玥(2017)等。这些研究从不同角度对汉语话语标记做了探讨,内容涵盖话语标记的来源、功能、形成等。

1.3.2 关于副词的研究

现代汉语副词研究成果众多，由于本次研究的焦点是话语标记，因此对副词的考察是围绕着"独立""关联""衔接""篇章""元语""语用""情态""主观性"等关键字展开的。

1.3.2.1 与"独立"有关

陆俭明（1982、1983）的两篇文章对副词独用现象提出了富有启发性的见解。其后，罗耀华（2007）进一步对副词独立成句问题做了研究。方梅（2017）指出，饰句副词多数是时间副词，其次是评价副词，饰句副词具有话题链阻断效应，韵律独立的饰句副词具有标记事件进程的作用；其后方梅（2022）又以副词独用现象为视角，讨论了位置敏感和意义浮现问题。

1.3.2.2 与"关联""衔接""篇章"有关

屈承熹（1991：65）提出"可移动副词"包括时间和观点（观点即一般所说的语气）副词，具有篇章组织功能。他是国内较早注意到副词的篇章功能的研究者。张谊生（1996a）进一步列出了副词在篇章中的六种功能类型以及衔接方式。丁建（2011）指出，副连兼类词是副词语法化为连词在共时平面的投射，语境吸收和主观化是导致副连兼类词形成的重要机制。姚小鹏（2011）将汉语副词的连接功能分为典型的、扩展的和演化的；巴丹（2018）在姚小鹏的基础上缩小研究范围，选取副词中的评注性副词为研究对象，仅讨论篇章衔接功能。文桂芳（2021）考察了汉语关联副词的来源及其语义演变路径，进而探讨演变动因与机制，总结演变规律。

1.3.2.3 与"元语""语用""情态""主观性"有关

沈家煊（1993）首次将"语用否定"引入汉语学界，其后沈家煊（1998）以语用法的语法化对语用否定现象做了进一步的解释。史金生（2003：22）进一步对语气副词展开讨论，列出了分类系统，第一层包含"知识""义务"两类，"知识"下设"肯定""推断"两类，"义务"下设"意志""情感""评价"三类，并且基于分类系统提出了语气副词的共现顺序。齐春红（2006）对汉语语气副词做了多角度研究，沈家煊（2009）指出虚词的元语用法是虚词进一步虚化的表现，探讨了"不""好""还"这三个副词的元语用法。褚俊海（2010）对副词的主观化做了系统的讨论，潘田（2010）讨论了语气副词的情态类型，邵洪亮（2013）提出副词"还是"是元语用法，表达主观上的"非断然"选择，"还是"在一定的语境中所具有的弱因果关联功能,与"还是"的"非断然"情态功能有密切关系。

1.3.2.4 综合研究

胡明扬主编的《词类问题考察》(1996)对汉语的词类问题做了全面的梳理,其中李泉的《副词和副词的再分类》、张宝林的《关联副词的范围及其与连词的区分》这两篇文章都和副词的分类相关,对本研究具有重要参考意义。杨荣祥(1999)将现代汉语副词分为11类,对各次类副词的语义特征和功能特征进行了初步的描写。张亚军(2002)考察了典型副词与人类语言中普遍存在的名、动、形三种词类之间可能存在的关系,分析了副词与其他词类的功能差别。孔令达、傅满义(2004)探讨了儿童语言中副词的发展,指出限制性副词的习得优于评注性副词和描摹性副词。张谊生(2010、2014、2017)的3部专著对副词做了多角度研究,兼具研究广度和深度。

1.3.3 关于副词类话语标记的研究

1.3.3.1 成果

现代汉语副词类话语标记研究多为个案研究或小类研究,主要讨论副词类话语标记的功能和形成。沈家煊(1993)《"语用否定"考察》、方梅(2000)《自然口语中弱化连词的话语标记功能》、张谊生(2004)《"不"字独用的否定功能和衔接功能》、沈家煊(2009)《副词和连词的元语用法》等文章虽然不是以副词类话语标记为主题,但是其理论引进和研究方法对后续研究具有重要的指导作用。李思旭(2012)《从词汇化、语法化看话语标记的形成:兼谈话语标记的来源问题》,史金生、胡晓萍(2013)《"就是"的话语标记功能及其语法化》,玄玥(2017)《话语标记"当然"的语法化》,侯瑞芬《再析"不""没"的对立与中和》,杨智渤(2021)《"当然"的填补功能与话语标记用法研究》等个案研究角度多样,涉及话语标记的形成和功能,虽然没有在标题中冠以"副词",但讨论的个案主体其实就是来源于副词。近5年,副词类话语标记研究发展迅速,涌现出了一批硕士学位论文,比如:陈颖(2018)《话语标记"其实"的多角度分析》、唐灵童(2018)《自然口语中"没有"的话语标记功能研究》、杨璐(2019)《评注类语气副词"敢情"与"合着"研究》、王涛(2021)《话语标记"其实"和"事实上"的比较研究》等。这些研究将起源于西方语言学界的话语标记研究与汉语本土的副词研究结合起来,丰富了话语标记研究的内容,同时也深化了汉语副词原有的研究成果。

1.3.3.2 不足

首先是缺乏宏观研究。当下的副词类话语标记研究不能覆盖副词的所有成员，无法揭示类型化的、规律性的内容。语言研究的目标是揭示语言的本质现象或规律，仅凭单一的、有限的研究对象，很难得出可信度高、说服力强的结论。前期研究发现，副词类话语标记与其他类型（如小句类）相比，呈现出某些独特性，如使用范围不局限于口语、元语意识更强、语篇功能更突出、人际功能较弱等。这些特征的揭示和论证，必须基于对整个副词词类的观察和思考。

其次是缺乏对副词研究的反向观照。汉语话语标记研究的理论、框架、方法，几乎都源于西方语言学界，如历时讨论中的语法化、语用化，共时讨论中的语篇功能、人际功能，讨论话语标记，总是越不出这些框架。以下这些问题，仍没有清楚的答案：从源词来看，哪些词更容易成为话语标记？原因是什么？话语标记功能对源词的反向作用是什么？为什么要研究话语标记？话语标记对句法、语义方面的研究有什么补充？

1.4 理论基础

1.4.1 语法化理论

语法化理论是讨论话语标记形成机制的理论基础之一，核心观点是：某个表达式经历语法化后，这个表达式的语法性得到提升或产生新的功能。对副词来说，经历语法化后产生话语标记功能，这就是产生的新的功能。

"语法化"由法国语言学家梅耶（Meillet）在1912年首次提出，其含义是"由自主词（实词）发展到语法词"。（转引自 Lehmann, 1985:303）之后，很多学者进一步给出了不同的定义：

> 语法化是这样一种过程：词汇或短语在某种语境中经常使用，经过重新分析，拥有了句法上和形式上的功能，一旦发生语法化，就会持续发展出新的语法功能。（如果这种新的语法功能是表示强调、断言等，就跟主观化产生了交叉点）（Hopper & Traugott, 2003）

当一个词汇项或结构具有了语法功能，或者一个语法成分具有了一种更

具语法性的功能时,我们称之为语法化。(贝恩德·海涅、乌尔丽克·克劳迪、弗里德里克·许内迈尔,2018)

海涅关于语法化的定义,核心内容是语法性的提升;霍珀和特劳格特(Hopper & Traugott)与海涅的区别在于关注范围更大,他们关注"产生新的语法功能"而不是"语法性的提升"。有些语法项很难比较语法性的高低,比如名词"个"和量词"个"的语法性较容易比较,但是助词"个"和量词"个"的语法性就不太容易比较。从量词发展为助词,就不适合以"语法性的提升"来描述,而"产生新的语法功能"则可以涵盖这一发展变化。因此,霍珀和特劳格特关于语法化的定义更具包容性,也最广为引用。

语法化的定义只是概括、笼统地说明语法化形成的过程和结果,要判断某一个语言演变现象是否属于语法化,还需要具体的标准,这些标准叫作语法化原则,即语法化过程中必然会伴随出现的现象,对此不同的研究者有不同的理解。

第一,莱曼的语法化原则。莱曼(Lehmann,1985)提出的语法化原则产生了深远影响,甚至成为衡量某个语言演变现象是否为语法化以及语法化程度高低的标杆。该原则包括以下6个方面:

(1)损耗(attrition)。即语音和语义内容的逐渐丧失。

(2)聚合化(paradigmaticization)。即将句法结构作为外围形式纳入形态学范式,并导致形成越来越小的、同质的范式。

(3)强制化(obligatorification)。即句法成员之间的选择变得受到语法规则的限制。

(4)紧缩(condensation)。即一个语言成分语法化后,它的辖域会变窄。

(5)融蚀(coalescence)。即黏着性增加,甚至可能与它所管辖的成分融合。

(6)固定化(fixation)。即一个语言成分失去了句法上的自由,只能处在特定的位置。

然而莱曼的语法化原则主要是针对语法化的高级阶段提出的,对话语标记的形成解释力不够,如强制化、紧缩、固定化,都与话语标记实际情况背道而驰;话语标记相比源词更少受到语法规则的限制,更灵活;辖域是扩大而不是紧缩;所处位置更自由。考虑到汉语自身的特点,聚合化无论在什么阶段都不太可能出现。

第二，霍珀的语法化原则。霍珀（Hopper，1991：22）认为莱曼的语法化原则存在缺陷，它们往往在高级阶段的语法化过程中才会发生，在语法化还不明显时，有些形式或结构并没有发生"强制化""固定化"。他也提出了语法化原则，以补充莱曼原则的不足（以下术语的翻译引自沈家煊，1994）：

（1）并存原则（layering）。即新的语法功能产生后，旧的语法功能不是必然会被抛弃，而是可能保留下来，与新的功能共存。

（2）歧变原则（divergence）。即当一个词汇形式经历了语法化，成为一个词缀或词条时，原来的词汇形式可以作为自主性成分保留下来，并经历与普通词条相同的变化。

（3）择一原则（specialization）。即在某个功能领域内，在一个阶段，可能会有各种具有不同细微差别的形式；随着语法化的发生，选择的多样性会逐渐消失，较少的形式会具有更普遍的语法意义。

（4）保持原则（persistence）。即词汇形式经历语法化后，原来的词汇意义的一些痕迹往往会保持下去，并可能反映在对语法分布的限制上。

（5）降类原则（de-categorialization）。即经历语法化的词汇形式倾向于失去或中和名词和动词这两个完整类别所特有的形态标记和句法特征，并承担二级类别的属性，如形容词、分词、介词等。

霍珀（Hopper，1991：32-33）指出，他提出这些语法化原则的目的是识别潜在的语法实例，他希望这5个原则成为研究某种语言的语法化的入口，但前提是已经确定发生了语法化。如果语法化还没有发生，这5个原则不能用来判断某种语言变化现象是不是语法化，而只能判断语法化程度的高低。另外，这些原则不是语法化过程所独有的，它们是语言变化的共同特征。

霍珀的语法化原则弥补了莱曼语法化原则在语法化程度低时的缺陷，充实了语法化原则对较低程度语法化现象的解释力，并且打破了语法化原则只适用于语法项目的限制，使5个原则不仅适用于语法化，也适用于不属于语法化的一般变化。

第三，布林顿的语法化原则。布林顿（Brinton，2010：61-62）的语法化原则是为话语标记定制的，她加入了程序性意义、邀约推论等话语标记范畴特有的内容，与话语标记特征最切合，但相应的适用面也窄一些。布林顿的语法化原则包含以下10个参数：

（1）去范畴化（decategorialization）。

（2）词类从主要是开放的变为主要是封闭的（change from major open to minor closed word class）。

（3）形式变得凝固（freezing of form）。

（4）语义减损（desemanticization or semantic "attrition"）。

（5）从命题意义变为非命题意义（referential propositional to non-referential pragmatic or procedural meaning）。

（6）邀约推论的常规化（conventionalization of invited inferences）。

（7）主观化（subjectification）。

（8）歧变（divergence）。

（9）并存（layering）。

（10）保持（persistence）。

语法化是本研究最重要的理论基础之一，正是语法化理论把副词和话语标记研究串联在一起。以语法化的具体表现来说，副词是源词，话语标记是语法化的目标项：副词的语音发生"融蚀"，音节间空隙被压缩，部分音素发生脱落；语义上发生"耗损"，概念义虚化，由命题层面转移至元话语层面；功能发生转移，由句法功能转变为语用功能。另外，基于"并存原则"，新的目标项形成后源词旧有的功能不会被必然抛弃，两者可以共存，这就形成了某个表达式副词用法和话语标记用法并存的局面。

总之，语法化理论为本书的核心观点之一——副词和话语标记之间具有源流关系，副词是话语标记的来源，副词充当话语标记，不是共时层面分工不同造成的，而是历时演变造成的，对此，语法化理论提供了理论基础。

1.4.2　话语连贯理论

话语连贯理论是讨论话语标记功能的理论基础之一。连贯传统上是说话、写作的基本要求，只要有交流，必然要求连贯，但长期以来人们多是从日常经验的角度去认识连贯，连贯没有在语言学角度获得人们的重视，更没有形成学术理论。韩礼德和哈桑的《英语的衔接》（Halliday & Hasan, *Cohesion in English*, 1976）改变了这一面貌，标志着衔接理论的创立（苗兴伟，2004：58）。此后，研究者开始从语言研究的角度看待连贯，关注人们是用什么手段来表达衔接以及衔接对话语连贯有什么作用。

所谓连贯，韩礼德和哈桑列出了5种衔接类型，即"所指、替代、省略、连接和词汇衔接"（转引自胡壮麟，2018：18）。金茨希和范迪克（Kintsch & Van Dijk, 1978）指出："如果一连串的句子或话语是关于相同的对象、人或事件，那么它们就是连贯的。"（转引自Redeker, 1990：368）传统的衔接与连贯研究主要关注语义层面的连贯，因此不可避免地会产生一系列问题，受到了很多研究者的质疑和批评。如雷德克（Redeker, 1990：367-369）给出例子，指出有些连贯的话语可以不包含韩礼德和哈桑所列出的任何衔接要素，有些连贯的话语可以不包含相同的对象或事件，它们在概念成分上没有相关性，之所以具有连贯性，是因为语用的作用，因此连贯性"总是同时具有概念成分和语用成分"。布莱克莫尔（Blakemore, 2002：159）指出5种形式的衔接机制对于文本的完备性或可接受性来说既不是必要的，也不是充分的。但总的来说，衔接与连贯在语篇研究中具有开创性的意义，使连贯成了一个热门话题。使用话语连贯理论研究话语标记的研究者有希夫林、雷德克、弗雷泽、埃尔曼等。

希夫林是最早系统使用连贯理论讨论话语标记作用的研究者，她（1987：9）一言以蔽之地指出，话语标记是一种语言表达，用于表示话语与直接语境的关系。也就是说，话语标记给人们提供了推断话语表面意义背后含义的线索。这一论断是基于这样的推论：

（1）话语区分于句子的特点是，话语本质上是受上下文约束的，是在特定语境中的。

（2）话语具有潜在的意义和结构；连贯的话语是通过整合话语的潜在成分而产生的。

（3）话语标记不会制造话段间的关系，但其出现在不同的话语槽中，使得该话语槽中的话语具有了某种意义。

（4）话语标记的功能就是提供语境坐标，具体的语境包括说话人、听话人、时间和地点4个维度。提供语境坐标具体包括3个方面的内容：将话语定位在某个话语层面上；将话语索引给听话者、说话者或两者；将话语索引到先前或（和）后续话语。这样锁定某个语境坐标后，从谈话内容提供的任意潜在意义中选择一种意义关系，然后显示该关系。

（5）连贯是话语不同组成部分之间整合的结果，话语标记将"即将到来的话语视为说话者关注信息状态内的先前文本的指令",使两个话语成分整合,从而实现连贯。(Schiffrin,1987:314-318)

这一过程可简单地表示如下:话语标记的话语属性+语言学属性→产生索引功能→提供语境坐标→达到连贯。

另一位使用话语连贯理论研究话语标记的代表学者雷德克提出,话语连贯理论的核心问题是人们如何发出信号并认识到话语中的结构单元,以及他们如何识别这些单元之间的连接链。语言学家传统上通过寻找指示话语关系的语言元素和结构来解决这个问题,而雷德克认为达成连贯除了语义因素外还有语用因素。她指出韩礼德和哈桑(Halliday & Hasan,1976)提出的衔接机制的5个方面不足以解释所有的连贯现象,有些连贯的话语根本不包含这5个要素中的任何一个;同时也指出,把连贯现象简化为指称或主题结构也不能解决问题,"在Kintsch和Van Dijk(1978)的模型中,如果一连串的句子或话语是关于相同的对象、人或事件,那么它们就是连贯的。不幸的是,这既不是一个充分条件,也不是一个必要条件"。她指出,"连贯性总是同时具有概念成分和语用成分",其中的"语用成分"又分为修辞关系和顺序关系。(Rederker,1990:368-369)

弗雷泽认为话语标记标志着它们引入的后一句段和前一句段之间的关系,其中又分成两种类型,一种是将两个句段间显性的解释相联系,一种是将两个句段间的主题相联系。虽然他声称话语标记的意义是程序性的,但他所谓的"程序性"指向的是后一句段,而不是语境,因此本质上研究基础依旧是话语连贯理论。使用话语连贯理论研究话语标记的学派的一个特点是不排除话语标记的概念义。弗雷泽关于话语标记是否表达概念义的论述是模棱两可的,前后说法并不一致。早先时候,弗雷泽(Fraser,1996:4-5)假设语言编码的信息可分为两个独立的部分:命题内容和"其他一切",语用标记对应于"其他一切"这个非命题部分,"语用标记不是句子命题内容的一部分,它们是分开的和不同的","话语标记具有程序性意义";而后,他(1999:931)又强调话语标记"有一个核心含义,即程序性的,而不是概念性的",在这一时期,弗雷泽倾向于强调话语标记的程序义,弱化其概念义。然而再后来,他(2009:307-308)却明确提出,强烈反对关联理论认为话语标记只具有程序义而不具有概念义的观点,认为话语标记可能同时具有概念义和程序义,突出了概念义的重要性。

使用话语连贯理论分析话语标记是较为传统的方法,由于不排斥概念义,在话语标记的界定上存在一些无法解决的问题,不能区分话语标记和饰句副词及连词的差别,因此慢慢走向了式微。

1.4.3 关联理论

关联理论是讨论话语标记功能的另一个重要的理论基础。关联理论发源于斯珀波和威尔逊1986年出版的《关联:交际与认知》(Sperber & Wilson, *Relevance: Communication and Cognition*, 1986),是针对格莱斯(Grice)会话含义学说中的合作原则提出的,是对会话含义学说的颠覆。会话含义学说的中心内容是合作原则,即在话语交际中,交际双方必然遵守一个抽象的总的原则,即合作原则,它具体包含质、量、关系和方式4个方面的准则;当说话人违背了其中一个或几个准则,则产生会话含义,听话人需要付出一定的努力来推导出这个字面义背后的含意。斯珀波和威尔逊认为在交际中并不天然地存在什么合作原则,人们进行言语交际,以追求最佳关联为最大的诉求,而最佳关联和语境效果成正比,和心力成反比,即最佳关联 = 语境效果 ÷ 心力。也就是说,人们总是追求在最大的语境效果中付出最小的心力来实现交际的最佳关联。需要指出的是,关联理论中的语境不同于传统的语境,并非上下文、背景知识等的概括,而是人脑中形成的一系列假设。"语境是一个由大脑中一系列假设构成的心理结构体,话语的理解就是从语境中选择最相关的假设,以使用最小的处理努力来获得最大的语境效果,从而找到话语同语境假设的最佳关联。"(苗兴伟,1999:12)

关联理论跳脱出关注语篇衔接与连贯现象的传统,将视角转换到认知角度,探讨话语连贯现象背后更深层次的心理机制。这一理论被布莱克莫尔用来解释话语标记的功能,她认为话语标记的功能是引导听话者对语境做正确的假设,指明理解的方向,从而扩大语境效果,使听话者付出较小的心力实现最佳关联。她的核心观点是话语标记的意义是程序性的而非概念性的,它们作用于语境,引导听话者以最小的心力来获取最大的语境效果,从而实现最佳关联。

海涅(Heine)同样是使用关联理论研究话语标记的学者,他(2013:1211)提出话语标记语的主要功能是将话语与话语情境联系起来,更具体地说,与说话者-听话者的互动、说话者的态度或文本的组织联系起来。关于话语情境的组成部分,他(2013:1215 - 1216)总结为:"语篇组织、信息来源、说话人的态度、说话人与听众的互动、话语设置和世界知识。"

总体来说，关联理论对语义更具逻辑性的话语标记有较强的解释力，如下例中的连词"但是"和"所以"：

(6)〔背景〕儿子考完试回到家，妈妈询问考试情况。

妈妈：考得怎么样？

儿子：70 分，但是，我同桌考了 60。

妈妈：所以，你考得还不赖呢！（自拟语料）

儿子自知 70 分不算考得好，预设妈妈会责备自己，为了撤销这个预设，以"但是"引导妈妈推理情况还有转折的余地，即同桌考得还不如自己。儿子考 70 分和同桌考 60 分之间没有转折关系，转折关系不体现在命题上，而是体现在对语境的引导上。妈妈说"你考得还不赖呢"当然是有讽刺意味的，她预设儿子不一定能识别出讽刺意味，就以"所以"引导儿子进行推理：后面的话是基于你说的话得出的结论（是顺着你的话说的，可不是我的真实意思）。同样，"所以"的语义不是作用于命题层面，而是作用于对下一语段推理的引导，是程序性的。"但是""所以"这两个话语标记的功能，在关联理论中得到了很好的解释。

关联理论的核心思想之一是：说话者提供的新假设能改变听话者旧有的语境假设，例（6）中的"但是""所以"就是这样发挥作用的。但如果将话语标记换成副词类别，如下例：

(7) 妈妈：考得怎么样？

儿子：70 分，然后，我同桌考了 60。（自拟语料）

话语标记"然后"很难说能为听话者提供什么新假设，因为"然后"表示承接性，与话语随时间的推进而接连出现是天然契合的，听话者根据"然后"只能得知说话者还要继续说话，至于后续话语与前面的话语是什么关系无从得知，"然后"后面甚至可以跟"妈妈，今天我们晚饭吃什么"这样完全无关的话语。也就是说，"然后"的后续话语可以是任意的，并且可以对后续话语做任意的逻辑解读，既然是任意的，也就不再具有引导推理、限制语境解读的功能。因此，虽然关联理论对很多源词语义逻辑性较强的话语标记有很强的解释力，但对源词语义缺乏逻辑关联性的话语标记就较缺乏解释力，并不能解释副词类话语标记中所有成员。

1.4.4 顺应论

顺应论是讨论话语标记功能的另一个基础理论，来自维索尔伦1999年的著作《语用学诠释》（Verschueren, *Understanding Pragmatics*, 1999）。维索尔伦（Verschueren, 1999：58）指出语言具有3种特性：变异性（variability）、商讨性（negotiability）和顺应性（adaptability）。总体而言，顺应论把人类使用和理解语言看作"做出选择"的过程。以使用语言为例，人们基于语言的变异性（多样性），选择某个话语表达，但这个表达不一定是正确的、合适的，又因为语言具有商讨性，所以即便是错误的表达也不一定会妨碍交流的进行，错误的表达最终可能会扩展适用性和意义。

顺应论与关联论最大的不同为，不是在理想化的状态下讨论话语交际，否认话语交际以最佳关联性为追求，强调人们选择话语并不一定能够达到满意的交际目的，认为说话人做出的选择只是顺应当下的表达，而不是必定成功地增加了关联的表达。在这样的理论背景下，话语标记的功能自然不再是增加语境效果。

顺应论认为话语标记是元语用意识（自反意识）的体现。所谓元语用，是指交际者使用语言反映自己关于与他人进行互动和交际各种方式的意识（Culpeper & Haugh, 2014：239. 转引自陈新仁，2020：2），元语用实际上就是对语用的一种监控、校准的意识，可称为元语用意识。顺应论认为人们使用语言的过程中或多或少存在自反意识，也就是监控、校准自己使用语言的意识，在需要强化意识的时候，说话者就会使用一些凸显性的话语标记。问题的关键是什么时候是元语用意识最强的时候，按照常理，在话语交际中涉及话题的转变（包括开启话题、切换话题、延伸话题）时，需要投入更多的心力来控制交谈的走向，因为这时最容易发生话轮的转变，为了掌握话语权，说话者必须使用一定的话轮手段（包括话轮抢占、话轮延续、话轮承接），而使用话语标记就是有效的选择。

1.4.5 元话语理论

"元"（"meta-"）这一前缀原先是哲学中的术语，指"有关另一个概念或术语的概念或术语"（Culpeper & Haugh, 2014：237. 转引自陈新仁，2020：2），由此，元话语理论讨论的是有关话语表达的话语。之所以引入元话语理论，是因为元话语揭示了话语标记的本质，解释了为什么话语标记"基本具有概念义"这一问题。

对于元话语具体包含哪些成分，学界还没有达成共识。我们取的是最狭义的界定，即元话语是指那些"指称语篇组织的一些特征""用来显示语篇的方向、意图和内部结构"（陈新仁，2020：3）的成分。元话语具有以下特征：（1）不是命题的一部分；（2）不具有真值条件意义；（3）在语言三大元功能中属于语篇层面；（4）是元语用意识的反映。

本质上，话语标记就是一种元话语，即用来组织话语篇章的表达。不过话语标记不等同于元话语，两者的区别主要在于是否经历了语法化，即话语标记是语法化了的、概念义虚化的元话语。比如"我跟你说啊"是元话语，但不是话语标记，因为没有发生语法化，概念义完整；"我说"则是话语标记，因为发生了语法化，且表达变得固定化、规约化。

元话语解释了话语标记核心义的问题。对话语标记意义的共识是话语标记基本不具备概念义，"基本"这一表述很微妙：显然话语标记的概念义在命题中不起作用。但概念义对功能的发挥无疑又有限制作用。这部分概念义即被称为核心义。也就是说，大部分学者不承认话语标记有概念义，但也不否定概念义的部分作用。之所以形成这样的局面，是因为话语标记的意义并不是单纯的"虚化"，而是发生了转移。任何话语都可以分成基本话语和元话语两个层面，基本话语表达命题概念，元话语指称话语组织。话语标记的概念义虚化，是指基本话语层面的意义虚化了，但虚化不等于"消失"，其实，概念义是转移到了元话语层面，从而影响话语的组织。由于元话语是组织话语的语言，因此它实质上是在实施一个组织话语的行为，发挥的是行事功能，本质上是一种言语行为。比如副词"尤其"变成话语标记后，意义相当于"我尤其想说的是"，"突出"这一核心义不再作用于基本话语层，"尤其"前后的内容可以不具有比较性；核心义转移至元话语层面，变成对实施言语行为状态的描述。在元话语理论角度，从副词到话语标记经历的变化：

基本话语 > 元话语

陈述事实 > 实施行为

编码概念 > 描述言语行为（">"表示变化趋向）

元话语理论下话语标记的形成与语法化理论是不相冲突的，其内核同样是主观性的增强。总而言之，话语标记的本质是语法化了的、省略的、规约化的元话语，是用于组织话语的语言；从副词演化为话语标记，其概念义从基本话语层面转移到元话语层面，从编码概念转化成描述言语行为的状态。因此，虽然话语标记基本不具有概念义，但语义依然限制着其使用环境和功能的发挥。

1.5 语料来源

本研究语料来源总体可分成两大部分，分别是语料库语料和自造语料。

语料库包含3个：北京大学中国语言学研究中心语料库（CCL）、中国传媒大学媒体语言语料库（MLC）、北京语言大学语料库（BCC）。为避免累赘繁余，出自这3个语料库的不标注语料出处，仅自造语料标注"自拟语料"字样。为保证语料的原始价值，仅对明显有语病者做修改处理。

第二章

从语音、句法、意义看副词类话语标记的界定

界定副词类话语标记,需要分别确定话语标记的界定和副词的界定,然后将两者整合。整合的时候还须考虑:是在副词中找话语标记还是在话语标记中找副词?话语标记研究的传统是采用语用学视角,比较关注语用意义而不太关注构成成分,常从语用功能角度归纳类别,形式上涉及词、短语、小句等,现阶段国内学者较少从词类划分角度系统讨论话语标记。如果在话语标记中找副词,必然会遗漏大量本属于这个类别的内容。因此,我们的方法是在副词中确定话语标记。

2.1 副词考察范围的确定

在副词中确定话语标记的首要问题是确定副词考察范围。词类划分问题一直是国内语法学界重点关注的课题,其中尤其以副词的界定争议为多。中国首部关于语法的系统性著作《马氏文通》立有"状字"类,"状字"类似于现在所说的副词,这是我国最早在语言学框架下对副词的讨论。自《马氏文通》以后,学界对副词的讨论从未停息,然而副词的界定问题至今没有得到圆满的解决。之所以出现这一局面,是因为最早给副词定性套用的西方语言学理论,而汉语中的副词自身具有特殊性,以印欧语系的理论来对汉语副词进行讨论难免会产生一系列问题。

朱德熙(1982:192)把副词定义为"只能充当状语的虚词";王力(1985:18)认为"凡词,仅能表示程度、范围、时间、可能性、否定作用

第二章
从语音、句法、意义看副词类话语标记的界定

等,不能单独指称实物、实情或实事者,叫作副词"。朱德熙是从功能切入,王力则是从意义切入,切入视角不同,得出的定义也就不同。张谊生(2000:54)给副词下的定义是:副词是主要充当状语,一部分可以充当句首修饰语或补语,在特定条件下,一部分还可以充当高层谓语和准定语的具有限制、描摹、评注、连接等功能的半开放词类。这里用了很多模糊语:"主要""一部分""特定条件下",可见,很难用干脆明白、直截了当的标准给副词框定一个范围。

在这样的背景下,不同的学者给副词框定的范围就有很大的不同,确定的副词数量也相差很大。陆俭明(1982:27)指出"现代汉语里副词有500多个,大概不会超过600个"。毛帅梅(2012:5)在考察相关文献后指出,副词数量最少不少于210个,最多不多于1162个。对比两者,最低值和最高值均相去甚远,毛帅梅得出的副词数量的区间比陆俭明的要宽得多。由此可见,副词外延的确定具有很大的争议。

我们给副词做一个界定,重点不是为了探讨其属性、验明其身份,而是为讨论副词类话语标记服务。在选择的视角方面,我们关注的是典型的副词,因此这里不采用宽松的界定标准,而是以收窄为总体原则,尽量排除有争议的副词,收录普遍得到认可的副词。但是由于讨论的是整个副词类话语标记的面貌,视角过窄、材料过简不利于对全貌的展示,因此要兼顾收录的全面性。在材料的选择方面,我们考察的文献收录的副词在300~666个,宽度介于陆俭明(1982)和毛帅梅(2012)之间。选定的文献为:一部副词专类辞书——《现代汉语虚词词典》[①](侯学超,1998);一部虚词专类研究——《现代汉语八百词(增订本)》(吕叔湘,2007);两篇具有典型意义的论文——《副词和副词的再分类》(李泉,1996)、《现代汉语副词的性质、范围与分类》(张谊生,2000a)。其中,《现代汉语副词的性质、范围与分类》不考察"描摹性副词"部分。

话语标记通常表现为语音自足,与前后成分存在间隔,可以用标点符号隔开,这样的词绝大多数为非单音节词,因此我们第一步要做的是排除单音节副词。但也有少量单音节副词可以独用,陆俭明(1982)在考察了486个常用副词后,发现有5个单音节副词可以独用,分别是"甭""别""不"

---

① 下文出现《现代汉语虚词词典》如无注明皆指侯学超主编的版本。

"快""没"。在 CCL 语料库中检验,没有发现"甭"独用的例子,因此不算作可独用单音节副词。这样,确定本次考察的副词范围是非单音节副词 + "别""不""快""没"这 4 个单音节副词。具体做法是取 4 个文献收录的考察范围内的副词的并集,即只要是四者中有其一收录的,都视作副词。数量统计见表 2-1。

表 2-1 本研究考察的副词范围

文献	副词数量	考察数量 (非单音节 + 单音节)
《现代汉语虚词词典》	631	441 + 4
《现代汉语八百词》	300	215 + 4
《副词和副词的再分类》	666	322 + 4
《现代汉语副词的性质、范围与分类》	518	321 + 4

2.2　话语标记的界定

首先需要指出的是,对"话语标记"这一概念至今还未形成共识,不仅对什么是话语标记、什么不是话语标记没有定论,就连"话语标记"这一术语也还没统一。造成这一局面的原因是,话语标记虽然已经摆脱了赘余成分的尴尬身份,但话语标记研究领域还远没有形成某种理论、原则、学说。不同的研究者讨论话语标记,都是基于自身原有的理论基础来进行,理论基础不同,研究视角有差异,侧重的内容自然不一样,由此,每个学派列出的话语标记成员都有差别。

2.2.1　术语的确立

要对话语标记做出界定,首先要弄清话语标记的内涵和外延是什么。布莱克莫尔(Blakemore,2002:1)指出,"话语"强调话语层面而不是句子层面,"标记"强调指示、标记而不是描述。从字面意义来说,话语标记指的是作用于话语层面的指示、标记某些功能的语言成分。但是,"话语标记"这个术语至今还没有统一,类似的表达还有话语联系语(discourse connectives)、话语小品词(discourse particles)、语用联系语(pragmatic connectives)、语用标记(pragmatic markers)、元话语标记等。(冉永平,

2000a：8-9）虽然这些不同的表述在框架的大小、视角的宽窄等方面存在一定的差异，但无疑是对同一范畴的表述。之所以一种话语成分有如此多不同的名称，是因为研究者所持的理论基础、研究方法、研究重点不同。如希夫林（Schiffrin，1987）的"话语标记"说，指出话语标记的核心功能不是由其本身表达的意义提供的，而是它所在的空位（话语槽）提供的，话语标记只是在这一空位上提供了指示、标记的功能，这是"标记"的由来。布莱克莫尔（Blakemore，2002）的"话语连接词"说来源于在关联理论的框架下研究话语标记，重点在于"关联"，即连接说话人、受话人和语境，这是"连接词"的由来。弗雷泽（Fraser，1990）的"语用标记"说，则是基于这样的观点：话语标记只是语用标记的一个子类。虽然名称众多，但随着话语分析和语用学的发展，目前国内趋同于采用话语标记、语用标记、元话语标记这三个名称。虽然这三个名称的辖域和侧重点稍有区别，但学者越来越趋向于将其等同，且"话语标记"的地位得到凸显，因此本书确立"话语标记"为研究术语。

2.2.2 话语标记的特性

由于学界对话语标记的认识至今未统一，因此，对话语标记的界定很难通过"定义"，我们对话语标记的界定是从归纳特征的角度展开的。

2.2.2.1 语音上的特性

第一，韵律独立。

在国内，话语标记最早被感知是以插入语的身份（李秀明，2006：14），插入即意味着存在边界，存在空间上的间隔，因此话语标记在语音上是自足的，前后内容与话语标记之间存在停顿，也就是说，话语标记是韵律独立的。希夫林（Schiffrin，1987：328）提出话语标记的韵律轮廓包括重音后有停顿。布林顿（Brinton，2018：9）提到话语标记的语音通常是短小的，可以独立，都和韵律独立有关。汉语中，副词韵律独立（可以单说）是一个很重要的现象，可以带来其他解读，比如：

（1）他<u>的确</u>不胖。
<u>的确</u>，他不胖。（自拟语料）

"的确"在句子中做副词，强调"不胖"，是对事实的陈述；韵律独立后用在句子开头，就增加了主观情态义，成为对"他不胖"的评价，这是副

词独用现象带来的位置敏感和意义浮现。(方梅,2022:3)我们知道副词发展为话语标记的一般历程是饰谓动词>饰句动词>话语标记,饰句副词的语音表现就是韵律独立,很多韵律独立的饰句副词都是话语标记和副词的中间形态,进一步演化形成话语标记后,韵律独立的特征保留了下来,因此韵律独立是话语标记的重要特征。

第二,快速含混。

莱曼语法化原则中的"耗损"可以表现在话语标记的语音特征上,表现为音节发生一定程度的脱落,发音变得快速而含混。这一特征在汉语的短语、小句类话语标记中表现尤其明显,如"不是""我说""谁知道"等,词和词之间的发音间隙变短,且"是""说""知"的韵尾发生了一定程度的脱落和浊化。许家金(2009:160)指出"话语标记绝大多数情况下是弱读的,这一点可以作为判断话语标记用法的参考标准"。我们不认为话语标记绝大多数都是弱读的,像"的确""其实""特别"这些副词类的话语标记都不具备这一特征。情况应该是短语、小句类的话语标记一般弱读,词汇类的一般不弱读。之所以出现这样的分化,是因为现代汉语中话语标记"不是""我说""谁知道"的源词没有发生词汇化,而话语标记通常都是短小的、以词汇形式存在的表达,这些短语、小句就需要以韵律特征来凸显发生了词汇化的话语标记的身份;而"的确""其实"等的源词已经发生词汇化,充当话语标记不存在障碍,所以无须以韵律特征来彰显话语标记功能。

虽然发音快速含混不是所有话语标记的语音特征,但对短语、小句类话语标记具有重要的标识作用,所以我们将其列为话语标记的语音特征之一。

2.2.2.2 句法上的特性

话语标记不充当句法成分,具有句法独立性,与其他句法成分相分离,关于这一点研究者达成了共识(Schiffrin,1987;Fraser,1999;刘丽艳,2005;许家金,2009;Brinton,2018;陈家隽,2019)。句法独立性表现在两个方面:一是不充当句法成分;二是与其他句法成分没有依附关系。

在插入语观下,话语标记是可有可无的,删去后不影响所在句子的意义,这表明话语标记不充当句法成分,与前后成分不存在修饰关系。在篇章连接观的视角下,话语标记连接的不是句内成分,在句内不产生逻辑关系,它的功能作用在句外,作用在比句子范围大的篇章,所以话语标记也不充当句法成分,与前后内容没有修饰关系。在元语用观下,话语标记是元语用能力的体现，体现了说话者对自己使用语言的过程的监控与调整，属于另一层级的语言，自然也不充当句法成分，与前后内容不存在修饰关系。因此，不论基于哪种视角，对话语标记在句法上具有独立性这一点的看法是一致的。

2.2.2.3 意义上的特性

关于话语标记的意义主要有这两个关键问题：话语标记是否有意义？如果有意义，那么其意义和一般表达式的意义有区别吗？关于第一个问题，绝大部分研究者认为话语标记的意义不是空白的，其功能的发挥受到语义的约束。因此，问题的关键就变成话语标记的意义有什么特殊性。学界对这一问题的认识可分成两个阶段：话语标记的意义为非真值条件意义；话语标记的意义为程序义。虽然自从程序义被提出以后得到了几乎所有研究者的认同（Fraser, 2009；冉永平，2000；刘丽艳，2005；董秀芳，2007；殷树林，2012b；Heine, 2013；施仁娟，2014；Brinton, 2018；陈家隽，2019），但非真值条件意义说依旧具有一定的影响力。因此，目前的共识是，话语标记的意义为非真值条件意义，意义是程序性的而不是概念性的。

2.2.2.3.1 为非真值条件意义

人们首次注意到话语标记，就是因其在句子中可有可无，删去后也不改变命题的真假，因此传统上对话语标记意义的讨论是基于真值—非真值条件，认为话语标记的意义都是非真值条件意义。

第一，判断非真值条件意义的方法。

语言中的真值条件来源于形式语义学，话语的真值是语言学层面的，也就是就一句话所言、针对客观世界做出的判断，真值语义的意义是把语言描述和外部世界联系起来。话语标记的语义不作用于概念结构，不指向客观世界，而是指向语篇组织、主观判断，因此它的存现与否不改变命题的真值。这决定了话语标记的意义一定是非真值条件的，弗雷泽（Fraser, 2009：302）甚至指出在话语标记的定义中包括"对真值没有贡献"是多余的。所以，关于话语标记的语义是非真值条件这一点，几乎是所有研究者的共识。下面我们以两种方法做检验。

判断某个表达式是否有真值条件意义，方法之一是判断其删去后句子是否成立。如下例中的"然后"不能删去，具有真值条件意义，不能视作话语标记。

(2) 季节变换，先是春季，<u>然后</u>是夏季。

*季节变换，先是春季，是夏季。（自拟语料）

"然后"提示时间上的先后顺序，表示夏季在春季的后面，不可省略，省略后，夏季与春季并列，没有了时间上的先后顺序之分，春季等于夏季，这显然是不正确的。想要句子（2）为真，"然后"就不能删去，"然后"的存在是句子（2）为真的必要条件，为真值条件意义，这里的"然后"应视作时间副词。

例（3）中的"然后"可删去，不具有真值条件意义。

（3）北京的气候，冬天很冷，<u>然后</u>，有时会下雪。

北京的气候，冬天很冷，有时会下雪。（自拟语料）

"冬天很冷"和"有时会下雪"之间没有时间上的先后关系，"然后"在这里没有时间限定性，可以删去，"然后"的存在不是例（3）为真的必要条件，不具有真值条件性，因此视作话语标记。

方法之二是把该词放进"如果……那么……"的条件句中，若"那么……"的推出不需要该词的参与，那么这个词的语义对句子真值没有影响，为非真值条件意义。伊梵蒂多（Ifantidou，1993：198）以话语标记"我说"为例：

（4）<u>我说</u>，明天我们可以去踢球。

这个句子可以分解如下：

A. 明天我们可以去踢球。

B. 这句话是我说的。（自拟语料）

把这个句子放入条件句：

（如果）明天我们可以去踢球，（那么）真是太高兴了。

*（如果）明天我们可以去踢球，这句话是"我"说的，（那么）真是太高兴了。

推出"真是太高兴了"是基于"明天我们可以去踢球"，而不是基于"这句话是我说的"，"我说"是否存在不影响句子真值，对句子真值没有贡献。

可以把句子放入否定对话中进行检验。

(5) A. 甲：<u>我说</u>，明天我们可以去踢球。
　　　　乙：不，明天还得工作，踢不了球。
　　B. 甲：<u>我说</u>，明天我们可以去踢球。
　　　　乙：*不，这句话你没说过。/不，这句话不是你说的。（自拟语料）

B组乙的回答在对话中不成立，否定这个句子的时候，只能对"明天我们可以去踢球"做否定，而不能对"我说"做否定，因为"我说"不参与句子真值的构建。

可以对比以下对话：

(6) 甲：你什么时候说过明天去踢球了？
　　乙：昨天下班的时候，<u>我说</u>，明天我们可以去踢球。
　　甲：不，这句话你没说过。/不，这句话不是你说的，是丙说的。（自拟语料）

此时，对乙的否定可以针对"我说"，"我说"为真值条件意义，不是话语标记。

以上述方法检验可知，话语标记均不影响命题的真值，都为非真值条件意义。

第二，非真值条件意义标准的局限性。

话语标记的意义无疑为非真值条件意义，那么，是否所有非真值条件意义的表达式都是话语标记呢？即具有非真值条件意义是否能成为界定话语标记的标准呢？答案是否定的，很多不影响命题真值的表达式并不是话语标记。

真值—非真值条件意义对人们理解话语并没有多少意义，因为"真值条件语义的领域不是自然语言语义，而是命题思想或概念"（Blakemore，2002：81），人们理解话语主要不在于理解其真值—非真值性，话语中也存在着很多表达不能以真假来判断，如：

(7) 做冰激凌，首先我们拿一块面包，这个面包可以是圆的，可以是方的。<u>另外</u>，我们再打一个冰激凌球，轻轻放到上面。

(8) 吴女士：半年前，我在这站上候车，站牌就挂在一个过街桥的南侧，结果过去两个387都不停。我正在着急呢，一个过路的人跟我说，站牌在这儿，停车在桥北边呐。我就赶快赶到桥北，<u>果然</u>，那儿没有站牌，但在那儿停车。

以上述两种方法来检验"另外"和"果然"，可知它们的语义都不影响命题真值，似乎应该归为话语标记。但是，这样的表达式不影响命题真值并不是因为它们的语义为非真值条件，而是对这样的表达式无法判断其语义是真值条件的还是非真值条件的，因为"另外"是说话人用于组织表达的手段，"果然"是用于显示态度的表达，它们都不是对客观世界的描述，因此无法以真假来判断。其实，它们是区别于一般话语的另一层级的一种话语，即"元话语"。李秀明（2006：13）指出：元话语是关于基本话语的话语，是指对命题态度、语篇意义和人际意义进行陈述的话语，它是"不增加命题信息的质量，明示语篇之间的衔接关系和展示交际者主体之间的互动关系的话语形式"。张谊生（2010：164）提到："元话语也就是关于话语的话语，包括所有不涉及话题内容的话语部分（Williams，1981）。"所有的话语标记，不管原初形式是什么，只要发挥了话语标记功能，它们就都成了元话语，所以它们不影响命题的真值。部分原初形式为饰句副词、小句类型的元话语，如"另外""果然""我来告诉你"，虽然不影响命题真值，但显然不能归为话语标记，因为它们的概念义是完整的。

所以，对这些无法以真假做判断的表达，真值条件—非真值条件意义的区分就显得毫无意义，以真值条件—非真值条件意义为标准来界定话语标记，可能使得大批处在句子开头、不具有真值条件意义、概念义完整、具有话语连贯功能的元话语被错误地纳入话语标记范畴。

2.2.2.3.2 为程序性意义

以真值条件—非真值条件意义作为判断话语标记的标准具有局限性，于是，布莱克莫尔（Blakemore，1992）在关联理论的框架下提出了概念义和程序义的区分。她假设话语理解涉及两个不同的过程——解码和推理，它们分别对应概念信息和程序信息，提出话语标记表达的是程序义而不是概念义。

第一，概念义和程序义的区分。

布莱克莫尔认为话语标记的意义是作用于语境的，这里的语境指的不是具体的语篇语境，而是人类基于对世界的认知在大脑中形成的各种假设。听话者需要在特定的语境下推理出话语的意义，话语标记为听话者做出关联性最大的假设提供帮助。具体应该怎样区分概念义和程序义呢？布莱克莫尔（Blakemore，2002：85）给出了解释："说一个表达没有编码一个概念，是说它没有编码一个经历了将逻辑形式发展为说明的推理过程的成分。"可以这么理解：逻辑概念是一种"强表达"，表达的是一种显性意义，推理是一种"弱表达"，表达的是隐含的意义，当本具有逻辑概念的表达式没有表达逻辑概念时，听话者就只能将其当作推理的工具而不是解码的工具，此时它的意义就是程序义。由于这些表达式和话语标记会发生混淆主要发生于这些表达式用作饰句副词时，所以布莱克莫尔（Blakemore，2002：83-86）专门针对这一情况给出了3种判断饰句副词是否为话语标记的方法，下面以"果然"和"尤其"为例说明饰句副词和话语标记意义的不同。

首先，编码概念义时作为饰句副词和作为饰谓副词时表达的意义没什么不同，而编码程序义时作为话语标记的意义和饰谓副词不同义。

(9)〔背景〕小明最近学习很勤奋，另两个同学讨论小明的考试情况。

A. <u>果然</u>，小明这次考得很好。

B. 小明这次<u>果然</u>考得很好。（自拟语料）

(10)〔背景〕一人在表扬另一人的演技。

A. 你演得太棒了！<u>尤其</u>，你怎么能有那么多眼泪？

B. *你演得太棒了！你怎么<u>尤其</u>能有那么多眼泪？（改编自琼瑶《梦的衣裳》）

例(9)中，A、B两组句子语义几乎等同。例(10)中，A句的"尤其"前后内容不具有可比性，"尤其"用于延伸话题，而B句中的"尤其"作为饰谓副词表示"与……相比而突出"，由于句子中没有可比项，所以句子不成立。所以，例(9) A句中的"果然"表达的是概念义，是饰句副词，例(10) A句中的"尤其"表达的是程序义，是话语标记。这一方法是简单有效的。

其次，话语标记没有组合性，而饰句副词有组合性。如"果然"可以组合成"果然如我所料""果然像我想的那样"等，组合后依然是充当状语，但"尤其"如果组合成"我尤其想说的是"等，那么就不能再视作话语标记。

再次，当这个表达式独立成句时，听话者做出的推理假设如果包含这个表达式，那么编码的是概念义；如果做出的推理假设不包含这个表达式，那么编码的是程序义。这一方法不适用于汉语，因为汉语副词多为短语语法化、词汇化而来，独用后有"恢复了原来的动词性"（赵元任，转引自陆俭明，1982：38）的倾向，语义变得和副词不同。

虽然布莱克莫尔从认知的高度阐释了程序义和概念义的区别，但如果从具体操作来说，传统的语义分析就可以将两者区分开来：表达逻辑关系的是概念义，打破了逻辑关系的是程序义。

第二，关联理论下的程序义标准的局限性。

首先，部分程序义空白的表达式也可视作话语标记。

布莱克莫尔关于话语标记的界定范围非常狭窄，为了证明其程序义说，她选择的话语标记是 so、but 这样逻辑概念明显的表达，对于"然后""可能"这样的话语标记，程序义标准是缺乏解释力的，因为"然后"表示的承接性与话语随时间的推进天然契合，"可能"这样的模糊表达对推理无甚作用，具体在"第一章 绪论"的"关联理论"中已论述，这里不再赘言。也就是说，"然后""可能"的程序义可视为空白、无意义，可它们确实是汉语中常见的话语标记。

其次，并非所有具有程序功能的表达式都能视作话语标记。

需要指出的是，这个不是布莱克莫尔的问题。她在界定程序义时其实分两个步骤：先确定其具有增强语境假设、引导推理等功能；再排除其概念义。很多表达式由于处在句子开头，被赋予了程序功能，如"我跟你说""顺便说一下"等，这些表达以布莱克莫尔所述的 3 个方法来检验，编码的其实都是概念义而不是程序义。所以，程序义和程序功能是不一样的，布莱克莫尔对此是做了区分。但后来的研究者似乎忽略了这个问题，把很多具有程序功能却编码概念义的这部分表达也视作话语标记，如 incidentally（顺便提一句）、above all（最重要的是）、in other words（换句话说），"这样说吧""从另一个角度看""综上所述""另外""据报道""通常情况下"。造成这样的结果，也许和定义程序义的理论高度及排除概念义的陈旧方法的落差有关。布莱克莫尔在界定程序义时，是站在认知的高度，将其和人的推理、假设相联系，但她可能也意识到了以关联理论解释话语标记多少有些虚无，不能解决一些现实的问题，因此在区分饰句副词和话语标记时，她回归到了传统的句法—语义分析方法上来。或许就是因为区分饰句副词和话语标记的方法较为传统、陈旧，没有达到以关联理论分析话语标记功能同样的理论高度，致使排除概念义这一步骤没有得到应有的重视，从而使其他研究者对程序义产生了一定程度的误解。

第三，历时视角下的程序义的真实由来。

在历时视角下，研究者同样认为话语标记表达的是程序义，不同的是，他们认为程序义的形成是一种语言演变现象（语法化），"从历史上来看，语用标记的程序义来源于具有完整概念意义的词汇、短语和小句形式"（Brinton，2018：24）。"意义在语法化的过程中会逐渐减弱。然而，所有早期阶段的证据都表明，原初意义是经历了重新分配或转移，而不是失去意义"，即"一个意义下降了，另一个意义提升了"。（Hopper & Traugott，2003：94）显然，在话语标记的形成过程中，"下降"的是概念义，"提升"的是程序义。这样，程序义的由来问题就变得清晰：概念义和程序义的关系，不是共时层面上的一隐一现的关系，而是历时层面上的此消彼长的关系；程序义不是所处的位置赋予的，而是概念义的淡化（转移）造成的。也就是说，概念义的淡化（转移）是生成程序义的必要过程，没有发生概念义的下降，就不可能发生程序义的提升。由此，那些概念义完整、具有程序功能的表达式（如饰句副词"果然"），并非真正获得了程序义，而只是位置临时赋予它们程序功能，不能视作话语标记；只有那些概念义淡化（转移）了的表达式，才有可能真正获得程序义，才能被视作话语标记。

语法化是一个渐进的过程，概念义不会突然全部淡化，程序义也不会突然全部取代概念义，某个表达式获得程序义，通常会经历既有概念义又有程序义的阶段（Traugott & Dasher，2002：40）。由此，程序义的产生和话语标记的形成是沿着这样一条路线（图2-1）。

图 2-1 程序义的产生和话语标记的形成

话语标记的程序义是由概念义的淡化所凸显的，即只有那些概念义淡化（转移）引起程序意义凸显的成分才是话语标记，概念义淡化（转移）是判断话语标记的必要条件。

2.3 副词类话语标记成员的确定

副词考察范围以及话语标记的界定特征已定,接下来要做的就是在副词中寻找具有话语标记功能的那部分副词。话语标记的 3 个属性,语音和句法上的特性都和独立有关,意义上的特性是对句子真值不产生影响,编码程序义而不是概念义。现在的问题就变成在副词中找出那些对句子真值不产生影响,编码程序义而不是概念义、韵律、句法独立的成员。

第一个办法:根据前人对副词次类的划分,找出符合话语标记界定标准的次类。但问题是副词的次类划分并没有统一,如:吕叔湘(2007:15)将副词分为范围、语气、否定、时间、情态、程度、处所、疑问 8 类;杨荣祥(1999:85)将副词分为总括、统计、限定、类同、程度、时间、重复、累加、情状方式、语气、否定 11 类;张谊生(2000:61-62)将副词分为描摹、评注、关联、否定、时间、频率、程度、范围、协同、重复 10 类。不管是分类标准还是次类数量都不统一。再者,由于副词内部情况复杂,就算同属一个次类,在是否能充当话语标记上表现也不一样,如程度副词中的"尤其"可视作话语标记,"更加"不可视作话语标记。可见,根据副词次类判断是否具有话语标记功能行不通。

第二个办法:基于话语标记的属性特征,在语料中判断每一个副词是否为话语标记。理论上这个办法得出的话语标记当然是最准确、最全面的,但事实上语言永远处在发展过程中,很多表达式都既可以视作副词也可以视作话语标记。同一个表达式,也许在某个语料中充当的是副词,在另一语料中充当的却是话语标记,要判断其究竟是否为话语标记,理论上应该找出所有的语料,但显然收集全部语料根本不可能实现。因此这个办法也行不通。

我们采用的办法:先找出可能具有话语标记功能的副词,再在语料中验证是否为话语标记。胡壮麟(2018:16)提到,韩礼德将语言的纯理功能分为概念功能、语篇功能和人际功能,话语标记不参与概念意义的构建,具备语篇功能和人际功能两种功能。语篇功能即衔接功能,对应到副词功能上,即为关联功能和篇章衔接功能;人际功能即表达说话者的态度、立场的功能,对应到副词功能上,即为评注功能和情态功能。为使论证更加客观公正，选取副词关联功能、衔接功能相关论文3篇：《关联副词的范围及其与连词的区分》（张宝林，1996）、《汉语副词连接功能研究》（姚小鹏，2011）、《现代汉语关联副词研究》（段轶娜，2005）；副词评注功能、情态功能相关研究4篇：《现代汉语语气副词研究》（齐春红，2006）、《现代汉语语气副词情态类型研究》（潘田，2010）、《现代汉语副词连用顺序和同现研究》（史今生，2011）、《现代汉语评注性副词篇章衔接功能研究》（巴丹，2018）。对这7篇论文中收录的副词，按下面两步进行验证：

（1）在本研究确定的副词范围内验证，凡4种文献有1种收录的，视为副词类话语标记的候选者，数量为286个。这一操作的目的有两个，首先是确保考察对象是副词，其次是剔除不可能有话语标记功能的副词，缩小考察范围。

（2）将286个候选者，在中国传媒大学媒体语言语料库（MLC）、北京大学中国语言学研究中心语料库（CCL）、北京语言大学语料库（BCC）中搜索，凡韵律独立、删去后不影响句子真值、概念义淡化、意义为程序性的，视为副词类话语标记，数量为14个。这一操作的目的是剔除虽然具有语篇功能和人际功能，但还没语法化为话语标记的副词。

另外，发现副词考察范围内还有没被7篇论文收录的可看作话语标记的副词2个（"没有""可能"），再加上2个单音节话语标记"不""别"，以及1个偶然发现的单音节话语标记"就"，最终得出本次考察的副词类话语标记共19个，见表2-2。

表2-2　副词类话语标记的来源

类别	副词类话语标记
用于衔接	然后、首先、同时、尤其
用于评注	好像
用于衔接兼评注	当然、的确、反正、或者、其实、确实、甚至、实际上、特别
其他（否定副词）	没有、可能
单音节副词	不、别、就

2.4 本章小结

确定副词类话语标记成员是本研究的基础工作，方法得当与否影响整个研究结论的科学性，整体分为三个步骤：首先确定副词考察范围，其次确定话语标记的界定标准，再次确定副词类话语标记成员。

确定副词考察范围时，将2部虚词类词典和2篇有影响力的论文收录的副词的并集视为副词，即只要是这4个文献中任意一个文献收录的副词，均视为副词。这样做是使考察范围尽量大，尽量无遗漏。

界定话语标记时涉及语音、句法、意义三方面的标准。具体表现为语音方面，韵律独立，发音快速含混；句法方面，不充当句法成分，与其他成分相分离，没有修饰关系；意义方面，对命题真值不产生影响，概念义虚化，表达的是程序性意义。

确定副词类话语标记成员时分三步：

第一步，框定可能有话语标记功能的副词范围。以3篇与副词语篇作用相关的论文和4篇与副词人际功能有关的论文为考察对象，将其中收录的副词在副词范围中搜索，检查是否为副词。这样做有两个目的，首先是缩小副词的考察范围，其次是确保考察对象是副词。这一步得出的话语标记候选对象为286个。

第二步，将286个候选对象在语料库中搜索，最终得到话语标记14个。

第三步，单独考察"别""不""快""没"4个可独用副词，发现"不""别"可作为话语标记。另外，在候选对象之外又发现3个话语标记："没有""可能""就"。

最后，得出本次研究确定的副词类话语标记数量为19个。

第三章
话语标记在副词小类中的非均质分布及原因分析

3.1 话语标记在副词小类中的非均质分布

虽然关于副词小类划分还有很多争议,但是"各家所分次类中,大体都有'程度副词''范围副词''时间副词''否定副词'这些次类"(张谊生,2000:58),"时间副词、范围副词、程度副词、否定副词是现代汉语中副词的核心成员"(张亚军,2002:43),此外,随着语气、情态研究的推进,语气副词(评注副词)也基本得到了学界一致的认可。本研究选定的关于副词来源的4个文献,有3个列出了副词分类,分类情况如下。

(1)《现代汉语八百词》分8类:范围、语气、否定、时间、情态、程度、处所、疑问。

(2)《副词和副词的再分类》分7类:程度、范围、时间、否定、方式、语气、关联。

(3)《现代汉语副词的性质、范围与分类》分10类:描摹、评注、关联、否定、时间、频率、程度、范围、协同、重复。

李泉(1996:376)指出,由于处所副词数量极少,且和范围副词分布相同,因此把处所副词并入范围副词。另外,张谊生(2000a)文中的评注性副词相当于语气副词,描摹性副词相当于方式副词,频率副词在李泉文中并入时间副词,协同副词、重复副词在李泉文中并入方式副词。我们认同将协同副词和重复副词并入方式副词,但认为时间副词和频率副词在语义上的区别还是比较明显的,因此支持把频率副词单列。《现代汉语八百词》中的情态副词可归入语气副词和方式副词,疑问副词可归入语气副词。经过拆分、合并,本研究确定的副词范围一共包含8类,其中有5类具有话语标记功能,3类不具有话语标记功能,见表3-1。

表3-1 副词小类充当话语标记能力分布

能否充当话语标记	副词类别	数量	举例
可充当话语标记	语气（评注）副词	5	甚至、当然、反正……
	时间副词		首先、同时、然后
	关联副词		就
	否定副词		不、别、没有
	程度副词		尤其、特别
不可充当话语标记	方式（描摹）副词	3	大力、毅然……
	范围副词		全、都、光……
	频率副词		常常、偶尔、老是……

本研究中的副词类话语标记涉及语气、否定、时间、程度、关联这5类。语气类在所有副词类话语标记中占比具有突出优势,仅单项占比就超过了一半,其他4类则数量相差不大。话语标记在副词小类中的分布情况见表3-2。

表3-2 话语标记在副词小类中的分布情况

序号	成员	副词类别	数量	占比
1	甚至	语气副词	10	52.6%
2	当然			
3	的确			
4	反正			
5	或者			
6	其实			
7	确实			
8	好像			
9	实际上			
10	可能			

续表

序号	成员	副词类别	数量	占比
11	首先	时间副词	3	15.8%
12	同时			
13	然后			
14	就	关联副词	1	5.3%
15	不	否定副词	3	15.8%
16	别			
17	没有			
18	尤其	程度副词	2	10.5%
19	特别			

3.2 不同副词类别充当话语标记能力有别的原因

可充当话语标记的副词将在第五章中单独讨论，下面讨论三类副词不可充当话语标记的原因，以及关联副词"就"能充当话语标记的特殊性。

3.2.1 频率副词不能充当话语标记的原因

首先，表量化义难以发生语法化。

量是人类认知世界的最基本的范畴之一。量可进一步细分为空间量、时间量和性状量等。频率对应动量，指的是单位时间内某事发生的次数。邹海清（2006：37）把频率副词定义为对单位时间内事件、行为或状态等重复的次数加以计量表述的副词。下面以频率副词在形式上、句法上和意义上与话语标记的区别具体说明。

第一，形式上，有些频率副词能独用，但和话语标记的独用有根本区别。

(1) 晚上，儿子的哭闹吵得他坐卧不宁。<u>偶尔</u>，他也会向朋友诉苦。

(2) <u>常常</u>，唱歌的人痴情地唱到夕阳西下，唱到把羊儿赶回圈。

虽然"偶尔""常常"这样的频率副词在形式上和话语标记表现一样，可以独用，但在本质上两者有根本区别。话语标记形式独立，是因为处于元话语层面，表现的是说话者对使用语言的监控与调整，它的语义辖域是整个句子，和前后成分不存在依附、修饰关系，所以能够独立。频率副词能够独用，陆俭明（1982）认为和口语里句法成分的易位与句法成分的省略有关，方梅（2022）认为其在特定语境中获得了认识意义或行为意义。陆文和方文都是基于这样的条件：独用的副词大多出现在口语中，且大多出现在应答中。但我们考察语料发现频率副词独用也经常出现在书面语中，如上两例都为书面语。

我们认为，频率副词的独用和强调、前景化有关。张谊生（1996b：89）指出副词连用的顺序，关联副词在频率副词之前。"偶尔"是频率副词，"也"是关联副词，正常语序下"也"应该在"偶尔"之前。"偶尔，他也会向朋友诉苦"的正常表达是"他也偶尔会向朋友诉苦"。副词大多出现在主语之后，"常常，唱歌的人痴情地唱到夕阳西下"的正常表达是"唱歌的人常常痴情地唱到夕阳西下"。这两组句子和"偶尔""常常"前置的句子在概念义上没有区别，之所以把"偶尔""常常"提到句首，且与后面的成分分开，是为了强调"偶尔"和"常常"这两种状态，使"偶尔"和"常常"前景化，成为话题的焦点，提醒听话者注意到说话者的强调。这种独用现象发生在句子层面，没有发生跨层的变化。

有些副词前置后语义辖域变宽，所在话语层级提高，如：

（3）你迟早会受报应的！
（4）迟早，你会受报应的！（自拟语料）

例（3）中的时间副词"迟早"位于主语之后，修饰、限定"会受报应"，表达"你迟早会受报应"这一客观事实。例（4）中"迟早"提到主语之前，强调说话者对"迟早"的判断，主观性增强，表达说话者认为"你会受报应，我觉得这是迟早的事"这一主观评价。这里的时间副词"迟早"前置以后，获得了类似于评注性副词的功能，话语层级被提高。

频率副词的前置独用则不发生这种变化，这和其本质属性有关——频率副词是单位时间内某事发生的次数，可量化是其本质属性。"偶尔"指的是单位时间内某事发生的次数不多，"常常"指的是单位时间内某事发生的次数多，两者均是单纯从数量上进行的衡量。如果说量是人类认知客观世界的基本范畴之一，那么频率是人类认知客观世界的结果之一，这一认知结果是客观世界的真实投射，不以人的意志为转移，人的主观性在这里不起作用。因此例（5）这个句子加上"我觉得"后不成立。

（5）<u>偶尔</u>，他也会向朋友诉苦。

*（我觉得）他会向朋友诉苦这件事是<u>偶尔</u>发生的。

因此，频率副词前置单用，只是为了表达强调和前景化所做的临时的移位，不涉及跨越句子层次的变化，和话语标记的形式独立有本质区别。

第二，句法上，虽然有些频率副词形式上独立，但只是临时移位，其句法功能没有发生改变，在句中依旧做状语修饰谓词性成分，不符合话语标记句法独立的特征。

第三，意义上，频率副词处于基本话语层面，具有真值条件意义，删去后句子真值发生改变。

（6）暑假，<u>偶尔</u>，他会写毛笔字。（自拟语料）

将其放入条件句来检验"偶尔"是否影响句子真值：

（如果）暑假，<u>偶尔</u>，他会写毛笔字，（那么）他的毛笔字进步不会很大。

*（如果）暑假，他会写毛笔字，（那么）他的毛笔字进步不会很大。

删去"偶尔"后，条件句不再成立，说明"偶尔"影响句子真值，具有真值条件意义。

频率副词语义比较实在，编码概念意义，可以用对、错对其进行判断：

甲：暑假，<u>偶尔</u>，他会写毛笔字。

乙：不对！暑假他从来不写毛笔字。/不对！暑假他天天写毛笔字。

话语标记的形成是语法化[①]，某类副词难以充当话语标记的原因，其实就是这类副词难以发生语法化的原因。之所以频率副词的概念义难以语法化，是因为频率实际上是客观量的主观投射，本质具有客观性，而语法化常见的推动力是主观化。客观性的频率副词难以发生主观化，因此难以语法

---

① 关于"语法化"，在第四章具体论述。

化，从而不会发展为话语标记。

其次，表频率义难以成为元话语。

形成话语标记还有一个关键步骤，那就是从基本话语层转化到元话语层，从描述客观世界转化为组织话语。频率副词表达的是单位时间内某事发生的次数，这蕴含两个前提：这件事已经发生了，并且可以重复发生。在元话语层，"说"这个行为在话语标记发出时还没有发生，话语标记就是用来校调"说"这个行为的，因此，对还没发生的"说"，频率副词是不适用的。另外，现场交流的话语具有即时性，某个话语标记对话语的组织作用可以说是"一次性"的，不可能对"说"这个行为进行重复校调，因此频率副词也不适用。

总之，频率副词不能充当话语标记主要与两个因素有关：难以发生语法化；难以成为元话语。

3.2.2 范围副词不能充当话语标记的原因

范围副词也涉及量的概念，是空间量在主观认知的投射。语音方面，双音节范围副词有的可以韵律独立，如"最多""无非""多半"等，但其独立并不是因为句法联系松散造成的位置灵活，而是为了突出、强调重点，这一点和频率副词相同。

与频率副词不同的是，范围副词表达的客观量可以转化为主观感受。如：

(7) 那堆苹果<u>多半</u>是烂的。（自拟语料）

表示客观量时，说话者应该检查过每一个苹果，以烂苹果在总数中占的比例得出"多半是烂的"这一判断。表示主观感受时，说话者不需要检查每一个苹果，看见上层有几个烂的，就可以说"多半是烂的"，此时的"多半"并不真的指数量上超过一半，而只代表说话者的揣测，这时"多半"已经语法化为语气副词。成为语气副词后，"多半"可以前移至句首仅表揣测义，如：

[背景] 一堆苹果放置了很久，没有人处理。

(8) <u>多半</u>，那堆苹果已经烂了。

此时说话者甚至不需要检查一个苹果，仅凭推断就可以这么说，还可以加上"我觉得"等凸显主观判断的成分。

所以，范围副词虽然概念义表达客观量，但可以发生语法化，然而语法化的进程暂时中断于语气副词，也就是还没有进一步从语气副词发展为话语标记。虽然语法化理论认为一旦发生语法化，这一过程就一直会持续下去，但毕竟语法化和很多因素相关，除了主观化，还有使用频率、语义限制、语言接触等。范围副词在主观化上具备了进一步语法化的条件，但在语义方面，毕竟其核心义与量有关，客观性依然较强。因此，虽然副词"多半"可以虚化为揣测义，但揣测的语境是具体的，做出的揣测是有标记的。和同样表揣测义的"可能"相比，"多半"需要更强的事实依据，使用范围小，使用频率低，这造成其进一步语法化的可能性较小。

3.2.3 方式（描摹）副词不能充当话语标记的原因

为行文方便，以下将方式（描摹）副词统称为方式副词。方式副词经常充当状语，修饰动词或动词性词组，在句法上具有副词的典型特征，但是词汇意义很明显、实在，因此，对于方式副词是否应归入虚词中的副词争议很大。侧重于功能的，往往将其归入虚词；侧重于意义的，往往将其归入实词。可以说，方式副词是所有副词小类中概念意义最明显的一类。语义上，话语标记概念义虚化，这跟方式副词的特性截然相反。句法上，方式副词的黏着性较强，与修饰词间存在紧密的限制关系，与其他副词共现连用时处于最后，即最贴近谓语动词的位置。语音上，不具有韵律独立性，因为大多属于不可位移副词，不能前移到主语前成为饰句副词。话语标记的3个属性特征，方式副词无一符合。

在语法化趋向方面，方式副词"主要是用来对相关行为、状态进行描述、刻画的"（张谊生，2000a：59），它指向的是客观世界，主观性程度最低，因此很难发生语法化。

3.2.4 关联副词"就"能充当话语标记的特殊性

首先，讨论关联副词难以充当话语标记的原因。

关联副词在副词次类中比较特殊。张谊生（2018：18-19）指出：严格地讲，关联副词并不能作为一个独立的限制性副词的次类与其他副词次类并列，因为关联副词是从句法功能、逻辑功能、篇章功能的角度划分出来的一种特殊的次类；而且，现代汉语中，几乎每一个关联副词都是兼类副词，纯粹意义的关联副词是不存在的。所谓关联副词，同其他副词之间并没有一个明确的界限，只要某个副词在句子、篇章中起到了关联作用，它就是关联副词。基于此，在前人关于副词次类的分类中，关联副词一般不作为次类列出。

关于关联副词的界定，有宽、窄两种视角：广义上的关联副词包括所有具有连接作用的副词，如把处于小句开头的语气副词"当然""难道"等都视作关联副词；狭义上的关联副词指的是典型的、常用的、既有连接作用又有限制作用的副词。从狭义视角看，李泉（1996：376）指出常见的关联副词有"便""不""才""都""就""却""也""又""越""再"；姚小鹏（2011：17）指出现代汉语里只有"就""才""便""也""却""又""再""还""倒""更"是严格意义上的关联副词；文桂芳（2021：18）提到的典型的关联副词与姚小鹏（2011）一致。张谊生（2000a）关于关联副词的界定采用的是广义视角，但是在对每一个具体的副词归类时没有关联副词这一次类，仅对典型的关联副词做了列举：却、又、就、也、才、还、更、既、再、一。张宝林（1996：397）持的是较宽泛的视角，他在考察了89个词后认为纯粹的关联副词有38个，加上兼属连词的有7个，共有关联副词45个。我们采取狭义视角，认为典型的关联副词是李泉（1996）、张谊生（2000）、姚小鹏（2011）列出的这些，认为张宝林（1996）列出的"反倒""怪不得""幸好"等是具有连接功能的副词而不是关联副词。

下面具体论述关联副词在形式上、句法上和意义上与话语标记的区别。

（1）形式上。关联副词的突出特征是全部为单音节词，前文已述，单音节词很少能独用，因此不符合话语标记韵律独立的要求。

（2）句法上。关联副词作为副词的次类，具有限定与修饰谓语的功能，在句中多做状语。关于关联副词的分布，吕叔湘（1979：45）提出，（关联）副词不能出现在主语前（指没有停顿的），只能出现在主语后；李泉（2002：5）考察了《副词和副词的再分类》中的副词后指出，关联副词可移动性很弱，且关联副词不可单用。关联副词位置比较固定，不能单用，原因是它做状语时与被修饰的成分联系紧密，灵活度不高，黏着性强。因此，关联副词不符合话语标记句法独立的特征。

（3）意义上。虽然关联副词语义较虚，但因其位置较固定，充当句法成分，只能位于主语后，修饰、限定的范围仅限于后面的形容词或动词，不能管辖整个句子，所以意义表达在句子层面而不是元话语层面。虽然有些关联副词无真值条件意义，删去后不改变句子真值，但关联副词编码的是概念义而不是程序义，其概念义表现为一定的逻辑关系。因此，关联副词不符合话语标记编码程序义的特征。

其次，讨论"就"的特殊性。

从以上论述来看，无论是哪一方面，关联副词似乎都不可能发展为话语标记，我们在确定副词类话语标记候选者的 7 篇文献中也没有看到"就"的身影，说明"就"没有发展出语篇功能或人际功能。然而，现代汉语中，"就"确实是个常用的话语标记。

关联副词发展为话语标记最重要的障碍是不可独用，韵律不独立，位置固定而不灵活，因为"如果一个副词是单音节，则属'不可移动'类"，"只能出现在主题或主语的后面"（屈承熹，1991：65）。这意味着关联副词不能前移至主题或主语前面，不能成为饰句副词。在语法化理论中，话语标记形成的共同路径之一是由饰谓副词变为饰句副词，再发展为话语标记。一个副词如果没有变成饰句副词的可能，就没有变成话语标记的可能。单音节关联副词发展为话语标记，需要突破这个壁垒：由韵律不独立变得韵律独立，由饰谓副词变成饰句副词。韵律独立的单音节副词才有可能获得多音节副词"可移动"的功能，从而才有可能成为饰句副词，进而发展成话语标记。

韵律独立指的是与前后内容都存在停顿，可以标点隔开。"就"作为关联副词的后件，在韵律上属于后黏合，即与后文黏着性强、不可分开，与前文黏着性弱。因此，"就"韵律要变得独立，需要的是和后文隔离开。能够使"就"与后文隔开的是一种特殊的表达：省略用法。"就"的省略可分成主动省略和被动省略两种。

第一，主动省略。

（9）有一次，高鹏到门源回族自治县的一个牧马场体验生活，由于生活条件很差和水土不服，他染上了疾病，在草地上躺了三天，最后是牧工们拦截了一辆过路的汽车，把他送往县城医院抢救。后来，当高鹏病好出院时，医生对他说，要是再晚送来一天，<u>就</u>……听着医生沉重的语气，高鹏心中并不后悔，献身高原，献身艺术，生命又怎么能不"磨损"呢？

（10）终于，他将自己隐藏在黑幕中，爬上隔壁工厂女浴室的窗口，瞪大眼睛窥视着自己渴望知道的秘密,表演起一幕极其下流的哑剧。"我知道这是犯罪。"他懊悔地捶打着胸口,"可我那会儿什么都想不到,心里痒得难受,<u>就</u>……" 6月30日铁窗内真是个"流动世界",每天有人出去也有人进来。

(11) 你看,自己同他在一起工作这么长时间,从来也没握过手,可是她刚来,<u>就</u>……这个人多随便呀,就像回到自己家里一样。

(12) 发现了他场上的破绽,就该叫上蒋殿人,当场搬草挖地窖,使他没话好说。可你为了出气,憎恨地主的态度,<u>就</u>……好,蒋殿人毕竟是地主,又那么死皮赖脸,做就做了,群众也不大反感,还有不少人拍手,所以我没多说话。可是你对老东山、孙守财他们,那就错了。

之所以要省略"就"后面的内容,有的是因为说话者基于忌讳等原因认为后面的话不适合说,如例(9);有的是说话者出于某种主观意愿不想说,如例(10);有的是说话者觉得不好意思,说不出口,如例(11);有的是因为某个话题暂时进行不下去了,须插入一个新的话题,如例(12)。这四例都属于主动省略。

第二,被动省略。

(13) 刘力红:没机会了。但是这实际上这样一个服务,我的理解,它是一种替补疗法。就是说,因为你想到别人,你自然,因为你就是这个心嘛,你这样想到别人,你就想多一份别人,<u>就</u>……

梁冬:少想一份自己。

(14) 未等妹妹说完,林喇梅忙说:"你胡说什么?""俺不是胡说。这是俺三个人之间的事,又不让外人知道。俺今晚就同他说,明天<u>就</u>……"

姐姐不让妹妹再说下去了。

这两例都属于被动省略。例(13)中省略的原因是思维没有跟上说话的速度,出现了因思绪中断而产生的停顿。例(14)中省略的原因是话语被禁止继续。

主动省略为话语标记"就"的形成提供了以下准备工作:首先是使"就"变得韵律独立,能够独说。"就"一旦变得可以独说,位置就变得灵活起来,可以前移至主语前成为饰句副词,为进一步发展为话语标记做准备。其次是为"就"发展成饰句副词提供了理论依据:"就"韵律变得独立不是任意发生的随机事件，它是有心理依据的，即在不想说、不适合说的时候以省略来代替那部分内容，它是符合规则的，并不是随意的用法。"就"的主动省略用法是促成话语标记形成的重要因素。

由此，在主动省略这一特殊用法的助推下，原本不具备话语标记特征要素的关联副词"就"得以成为话语标记。

3.3 本章小结

本章以副词小类作为划分话语标记的框架，将有争议的副词小类拆分、合并，得出8个副词小类。方式副词、范围副词、频率副词不能充当话语标记；语气副词、时间副词、否定副词、关联副词和程度副词可以充当话语标记，其中语气副词占比最高，关联副词占比最低。

频率副词不能用作话语标记的原因有两点：表量化义难以发生语法化，表频率义难以成为元话语。

范围副词不能充当话语标记的原因是量化概念客观性较强，使用频率低。

方式副词不能充当话语标记的原因是语义指向客观世界，主观性程度低。

由此，这3类副词难以发生语法化都与概念义的主观性较低有关。

关联副词一般都是单音节词，限制性强，位置不灵活，一般难以充当话语标记，但"就"是特例。"就"成为话语标记的关键是变得韵律独立，促成这一关键变化的是主动省略用法。

第四章

对副词类话语标记形成机制的辩证分析

本书所说副词类话语标记的形成，是指副词转化为话语标记这段过程，而不是指短语/实词转化为副词再转化为话语标记这整个过程。要厘清作为下位概念的副词类话语标记的形成机制，必须先明确作为上位概念的话语标记的形成机制，再在对话语标记形成机制认识的基础上，明晰副词类话语标记的形成机制是否存在特殊性以及特殊性是什么。由此，本章分为两大部分，分别讨论话语标记的形成机制和副词类话语标记的形成机制。

4.1 不同理论对话语标记形成机制的解释

4.1.1 是历时演变现象

首先需要明确的是，副词充当话语标记是共时层面的分工现象还是历时层面的演化现象？如果是分工造成的，那么副词必须具备话语标记的属性。语音上，话语标记韵律独立，副词中的可移动副词符合这一要求；句法上，话语标记独立于句法成分之外，与其他成分没有修饰关系，饰句副词虽然和整个命题联系松散，辖域为整个句子，但毕竟依然存在管辖关系，因此不符合这一要求；意义上，话语标记编码的是程序义而不是概念义，概念义发生虚化，在概念结构不发挥作用，饰句副词不符合这一要求。具体见表4-1。

表 4-1 话语标记和饰句副词的特征分布

	韵律独立	句法分离	意义虚化
话语标记	√	√	√
饰句副词	√	×	×

由此可知，副词不具备话语标记在句法和意义上的属性特征，副词充当话语标记不可能是共时平面分工不同造成的，而是经历了句法、语义的演变后形成的不同功能。

既然是进化、演变形成的，那么这种演化到底是一个什么过程呢？即话语标记的形成机制是什么？对此，学界主要的观点有语法化、语用化和主观化，其中语法化和语用化之间具有对立性。

4.1.2　语法化与语用化之辩

赞同语法化说的研究者认为话语标记的形成是一种语言演变现象，认为语法化理论能够解释话语标记的形成。另外一些研究者认为语法化理论无法对话语标记做出令人满意的解释，于是为话语标记量身定制了一套新的演变机制，即语用化。由此，关于语用化存在的必要性的讨论一直没有停止，讨论话语标记的形成究竟是语法化还是语用化，是围绕着是否有必要独立语用化这一问题展开的。海涅（Heine, 2013：1219）对话语标记的形成机制归纳出了 3 种看法：

（1）是语法化，根本不存在语用化。
（2）语用化是语法化的一个子类。
（3）两者是不同的过程（承认两者都有合理性）。

德冈和伊夫-韦尔梅伊（Degand & Evers-Vermeul, 2015：62）在此基础上归纳出了 5 种关于话语标记形成机制的不同看法：

（1）是语法化，而语用化的概念是多余的。
（2）是一种特殊的语法化，即语用法的语法化。
（3）是语用化，语用化是一个不同于语法化的语言发展过程。
（4）有时是语法化，有时是语用化。
（5）不是语法化，但也不是语用化。

5 种观点中前 3 种基本对应于海涅归纳的 3 种观点，后 2 种为新观点。

要判断话语标记的形成机制属于语法化还是语用化，需要考虑下面几个问题：

（1）是否输出成分是语法属性的，演化机制就是语法化，输出成分是语用属性的，演化机制就是语用化？话语标记属于语法范畴还是语用范畴？

（2）语法化和语用化的典型特征（参数、原则）是什么？话语标记符合这些典型特征吗？

要回答以上两个问题，须先厘清两组相对的概念，即狭义的语法观—扩展的语法观和狭义的语法化原则—扩展的语法化原则。总体而言，狭义的语法观立足于传统的形式主义语言学，认为语法范畴不包括语言使用，不考虑人和语境要素；扩展的语法观立足于功能语言学，将语言使用纳入语法范畴。狭义的语法化原则指语法化的标杆原则，即莱曼（Lehmann，1985）提出的适应于语法化初始阶段的原则，扩展的语法化原则指对莱曼的语法化原则修改后适应于话语标记的原则。

4.1.3 不同语法观下的话语标记

语法观是结果取向的，关注对输出成分不同属性的界定。

4.1.3.1 狭义语法观下的话语标记

首先，根据狭义语法观，作为语法成分，发挥作用的层面最高是句子，也就是说，至少要在句子中充当成分，发挥作用。话语标记的本质是元话语，其语义辖域不在于句子层面，而在于话语层面。话语标记不充当句子成分，作用体现在句子和句子之间，跨越了句法范畴，由此，话语标记不具有语法属性。

其次，狭义语法观下语法的典型特征是具有强制性，不可随意改变，如汉语语序、虚词的使用都有一定的规则；而话语标记的典型特征是位置灵活、无真值条件意义，删去后也不影响命题真值。由此，话语标记不符合语法规则的强制性特征，不具有语法属性。

再次，话语标记的来源形式多样，有连词、副词、短语甚至句子，按照常识，一个语法项所具有的语法功能应该是相对固定、单一的，连词、副词还勉强可以共同归入虚词类别，归纳出某个功能框架，短语和句子则根本不与连词、副词处于同一层面，不可能在同一框架下归纳出语法功能。弗雷泽（Fraser，1999：944）就提到："很难想象一个由连接词、副词和介词组成的子集如何能够形成一个句法类别"。话语标记复杂的来源决定了无法归纳出特定的语法功能，因此也不能视作语法项。

综合以上论述，在狭义语法观下，话语标记不属于语法范畴。

4.1.3.2 扩展语法观下的话语标记

扩展的语法观认为语法应该包括会话和交际,提出语法不仅包括语音、词法和语义,还包括语言形式所产生的推论,即语用学中的主题化等,认为话语标记可以参照传统的语言学分类法来进行描述,把话语标记视为副词等的附属物。(Trautott,1995b)也有研究者认为话语标记其实就是口语对话中的语法标记,与书面语中的语法成分类似,话语标记的功能本来就是语法功能。(Diewald,2006)

在扩展的语法观下,话语标记属于语法范畴,是语法项。

4.1.4 不同语法化原则下的话语标记

不同的语法化原则是过程取向的,关注对话语标记演变过程的动态解释。

4.1.4.1 狭义语法化原则下的话语标记

狭义的语法化原则指的是莱曼提出的语法化原则,包括"耗损""聚合化""强制化""紧缩""融蚀""固定化"6个方面。这6个原则中,符合话语标记特征的只有"耗损"一个,对应语音和语义的减损。因此,如果以狭义的语法化原则为鉴别话语标记形成机制的标准,那么话语标记的形成不符合语法化特征,不应视作语法化。

4.1.4.2 扩展语法化原则下的话语标记

在传统的、狭义的语法化原则下,即便话语标记已被视作语法项,但依然不符合语法化原则的要求,因此,一些研究者提出应扩展语法化的范畴,对狭义的语法化原则进行修改、增删,以使其能涵盖话语标记的形成。扩展的语法化是为证明话语标记的形成机制是语法化服务的,因此,在扩展的语法化原则下,话语标记的形成自然应视作语法化。

4.1.5 语法化说对话语标记形成机制的解释

不同视角下的语法观和语法化原则对解释话语标记的形成具有决定性的影响,认为话语标记的形成机制是语法化的研究者,持的是扩展的语法观和扩展的语法化原则。

4.1.5.1 话语标记是语法项

之所以持扩展的语法观,是因为语法化是语法标记形成的过程,按照通常的理解,讨论语法化必然在语法范畴中,语法化的输出端必然是语法项,这是朴素、基本的判断。要弄清话语标记的形成机制是不是语法化，方法之一是判断话语标记是不是语法的组成部分。现在的问题就变成什么是语法、语法范畴主要包括哪些内容。虽然路易斯（Lewis，2011）指出，话语标记究竟是属于句法范畴还是语用范畴仍然没有定论（转引自 Heineken，2013：1206），但是大多学者认同在一般意义（狭义）的语法观下，话语标记是语用范畴的典型成员，其功能是语用功能，而语法化的本质是某些语言成分经过发展获得了语法功能，如果不扩展语法范畴，语用功能和语法功能之间存在着不可跨越的鸿沟。扩展语法范畴后，话语标记被包含在语法范畴内，其功能也变成了语法功能，从而与语法化本质相对应。

认为语法范畴可以扩大从而包含语用现象，当然需要证据作为依据，这些依据为：话语标记具有高度受限的句法和语调属性，因此，它们是语法的一部分（转引自 Traugott，1995b）；话语标记的语法功能在口语对话互动中不可或缺（Diewald，2006）；非真值条件意义不是仅话语标记有，典型的语法范畴也会传达，而且典型的语法化通常也具有一些语用功能（转引自 Heine，2013：1220）；语用和语法之间不能划清界限，因为传统的语法范畴，如时态、语态和情态表达可能具有语用功能，而语用范畴，如话题和焦点可能有语法功能。（Degand & Evers-Vermeul，2015：74）由此，语法化说的支持者认为话语标记属于语法范畴，甚至很多时候语法和语用无法划清界限。

4.1.5.2 话语标记符合语法化原则

语法化说的支持者强调应该重视话语标记和语法化相同的地方而不是相异的地方，不应该因为一些差异性而将话语标记排除在语法化之外。特劳格特（Traugott，1995b：16）提出："语法化和单向性的假设要求我们超越形态语法的范围，关注语法与话语语用学、认知与交流之间的关系。关注句法自由的丧失和反例，严重低估了我们在语言变化中必须关注的力量。"她坚持认为话语标记的形成是语法化过程，虽然在有些语言中，话语标记的形成涉及句法复杂性的增加甚至是自由度的增加，和莱曼提出的语法化的伴随现象（"紧缩""固定化"）相违背，但是，语法化的本质是去范畴化、语音耗损、语义泛化、语用强化和主观化（Brinton，2010：61-62），在这些方面话语标记的形成都与其相符，如果把话语标记的形成作为非语法化的个案来处理，就会掩盖其与语法化更典型、更本质原则的相似性。海涅（Heine，

2013：1219）提到，话语标记和语法化具有共同点：高频率使用；和它们的源词可以共同出现在句子中。德冈和伊夫-韦尔梅伊（Degand & Evers-Vermeul，2015：75）指出：语用现象同样会受到一些规则的约束，这些约束不亚于传统的语法现象，因此没有理由在语法和语用之间划定界限。布林顿和特劳格特（Brinton & Traugott，2005：22-23）甚至直截了当地指出："从共时角度来看，语法化主要是一种形态—句法—话语语用现象"，"从历时的角度来看，语法化至少是跨语言地反复出现的语义—语用、形态—句法和语音（有时）变化之间的关联的集合"。

4.1.5.3 语法化说观点总结

认为话语标记的形成机制是语法化，要进行三步操作：首先是扩展语法范畴，把部分语用现象（话语标记）纳入其中；其次是扩展语法化原则，使其包含部分语用化（话语标记化）；再次是彻底否定语用化存在的合理性，得出结论：话语标记的形成机制是语法化。主要观点总结如下：

（1）语法和语用无法划清界限，语法范畴的成员具有语用功能，语用范畴的成员具有语法功能，因此语法范畴应该扩展。

（2）话语标记的句法和语调高度受限，因此是语法的一部分。

（3）话语标记的功能在口语交际中不可或缺，因此其功能实际上是语法的而不是语用的，话语标记本质是口语话语里的语法。

（4）话语标记虽然违反传统语法化中的部分原则，如范围的限制和位置的固定，但这些不是关键标准。话语标记的发展与早期的典型语法化是一致的，符合语法化的本质原则，如并存原则、语音语义泛化原则、去范畴化原则，因此语用化没有单独存在的理由。

4.1.6 特殊的语法化说对话语标记形成机制的解释

有一些研究者不否定语用化这一概念，但也不承认语用化是个独立的过程，而是把语用化作为语法化的一个子类来处理。（Degand & Evers-Vermeul，2015：65）

4.1.6.1 特殊性的表现

维舍尔（Wischer，2000：356）指出语法化有两种类型，第一种类型是比较传统的，在命题层面上运作，即将自由的句法单位转化为高度约束的语法单位的过程，也就是符合莱曼提出的语法化过程和参数的那些语法化。第二种类型在语篇或话语层面上运作，话语标记的形成属于第二种类型，即语法化的子类。之所以把两种语言演变历程都划归到语法化范畴之下，是因为这两种演变类型有相同之处，即都经历了重新分类，从较开放的类变成较封闭的类，都由概念意义变成程序意义，且变化过程中伴随着语音的减损。

总体而言，维舍尔持的是扩展的语法化观，认为语法化不应该仅仅是句法上的变化，形态、语音、语义、话语方面的变化都应包含其中。但是她承认话语标记的形成和传统的语法化有不同之处，因此把语法化一分为二，把话语标记的形成视作语法化中的一个子类，以此来彰显话语标记语法化的特别之处。

巴斯-温加滕和库珀-库伦（Barth-Weingarten & Couper-Kuhlen，2002：357）通过对英语中的话语标记 though 的分析指出，话语标记的形成过程和语法化有诸多不同之处，如没有发生紧缩、融蚀、范式化，只有少量的语音耗损，自由度很强，但确实又有很多相同点。因此，他们提出从家族象似性的视角出发，把语法化分成原型的和边缘的两类，话语标记属于边缘的语法化。他们进一步指出："这可以解释为什么在某些情况下只有相当有限的莱曼的语法化标准得到满足。而且，这将使我们能够把注意力集中在与原型语法化的相似之处上，而不是集中在差异上。"

巴斯-温加滕和库珀-库伦与维舍尔的观点相似，都承认话语标记的形成过程与传统的语法化过程既有相同之处又有不同之处，只是维舍尔明确把语法化分成两类，第一种类型涉及命题，第二种类型涉及话语，第二种类型就是为话语标记"定制"的。巴斯-温加滕等人虽然也把语法化一分为二，但只是基于家族象似性分成原型的和边缘的语法化，边缘语法化包含话语标记的形成，但不仅限于话语标记的形成，外延更加宽泛。与特劳格特等人完全否定语用化、扩展语法化不同，巴斯-温加滕、维舍尔等人认为语用化依旧占据一席之地。总体而言，支持话语标记的形成是特殊类型的语法化的学者，还是更多地把关注点放在语法化和语用化的相似性而不是差异性上。

4.1.6.2 特殊类型的语法化观点总结

（1）语用化和语法化既有相似之处也有不同之处。

（2）语用化不是一个独立的过程，可视作语法化的一个子类。

（3）话语标记的形成是语法化中的一个特殊的类别。

4.1.7 语用化说对话语标记形成机制的解释

认为话语标记的形成过程是语用化的学者，也认可语法化和语用化具有很多相似点，但坚持语法化和语用化是两个不同的过程，认为应该基于各自的侧重点来分析。持这一观点的学者都支持狭义的语法观和语法化观。他们认为语法范畴的成员发生的演化属于语法化，语用范畴的成员发生的演化属于语用化，话语标记属于语用范畴，因此其形成属于语用化。

4.1.7.1 语法和语用

部分学者指出语法和语用是无法划清界限的。阿里尔（Ariel，2008：1）指出："语言使用的任何具体实例既不完全是语法的，也不完全是语用的。"他基于斯珀波和威尔逊的关联理论，以编码、推理的区别来区分语法和语用，指出语法的本质是一套关联系统，涉及强制性或选择性、位置的规定性、意义和分布模式，语用的本质是对语法的补充，是以看上去合理的推断（而不是逻辑推断）来丰富编码信息，语法和语用总是交织在一起，对有效的交流来说二者缺一不可。

另外一些学者认为语法和语用可以划清界限。艾杰默（Aijmer，1997：3）用来区分语法和语用的工具是真值条件，认为有真值条件意义的属于语法范畴，没有真值条件意义的属于语用范畴。这种区分显然存在问题，语气副词是虚词，无疑属于语法（句法）范畴，但是很多语气副词删去后不影响命题真值，不具有真值条件意义。

弗兰克-约伯和芭芭拉（Frank-Job & Barbara，2006：360）则区分了语言中的三种意义：

（1）与非语言实体有关的词汇或命题意义。

（2）与语言实体有关的具有句法功能的语法意义。

（3）揭示了参与对话的人之间的关系以及他们的意图和实际行为的语用意义。

这一区分是将意义分成语义、语法、语用三种，但问题是语法意义和其他二者并不处在同一层面，如果说词汇或命题意义是与语言使用无关的纯理意义，语用意义是与语言使用有关的交际、推理意义，两者都和意义有关，那么语法意义是什么呢？语法意义的本质是功能，表现为一系列的规则和特征，语义、语用、语法三者很难放在同一平面来讨论。从弗兰克-约伯等以上的表述可知，他们对语法、语用的区分是语法成分具有句法功能，语用成分具有人际互动功能。对句法功能和人际互动功能又该怎么区分，他们并没有明确说明。

诚然，语法和语用本质上都是为组织、理解语言服务的一系列规则、原则和趋势，在使用语言的具体过程中确实经常交织在一起，任何句子都不可能脱离语境、语用而存在，所有语法范畴中的句法分析都不可能不受到语用的影响。但是，语法和语用毕竟有较大的区别：语法讲的是"规则"，具有强制性，如果不遵守语法规则，话语不成立；语用讲的是"趋势"，具有选择性，如果不遵守语用趋势，话语仍旧成立，只是不合理。"成立"和"不成立"，区别是本质性的。我们认为，至少在遵守的程度上，语法和语用间可以划出明确的界限，必须遵守的属于语法范畴，非必须遵守的属于语用范畴。

4.1.7.2 语用化定义

语用化，从字面意义来看，就是经过一系列变化以后，语言成分变成语用范畴的成员。和语法化论支持者不同的是，语用化论支持者给予语言变化的"结果"特别的关注，即"认为是语法化的，更关注的是历时发展的过程，认为是语用化的，更关注的是变化的结果"（Degand，2015：67）。因为在历时发展过程中，语用化确实和语法化具有诸多相似之处，纠结于语法化、语用化历时发展过程中的参数、特点，终将陷入语用化无存在必要的困境。要说明语用化存在的合理性，必须找出其和语法化的本质区别，这一区别就是语言变化发展的结果不同，或者说是输出内容不同，语法化输出的是语法范畴的成员，语用化输出的是语用范畴的成员。因此，关于语用化的定义，大多是"结果"视角的。

"一个导致了语法标记的产生，主要在句子内部发挥作用，另一个导致了话语标记的产生，主要作为不同话语层次的文本结构。前一个是语法化，后一个是语用化。"（Erman & Kotsinas，1993。转引自 Degand & Evers-Vermeul，2015：67）

"一个句法形式或词，在特定的语境中，改变其命题意义，而倾向于本质上的元交际、话语互动意义的过程。"（Frank-Job & Barbara，2006：361）

认为话语标记的形成属于语用化的学者，赋予语用化全新的地位，使其脱离语法化独立存在和发展。

4.1.7.3 语用化的特征

作为独立的语言发展的模式，语用化必须拥有自身的特征。语用化的特征有两种归纳视角，一种是基于其自身特点做出的归纳，一种是与语法化进行对比后做出的归纳。

弗兰克-约伯和芭芭拉（Frank-Job & Barbara，2006：364）着眼于语用化自身的特点，归纳了语用化的特征：

（1）高频使用（frequency）。在话语交际中话语标记的使用频率很高。

（2）语音减损（phonetic reduction）。话语标记在实际讲话中使用的频率越高，其语音材料就越容易减少，在使用频率和语音体量之间存在着一种联系，更经常使用的成分，无论是语法成分还是词汇，往往都比较短。

（3）句法独立（syntactic isolation）。即话语标记在句法上是独立的。

（4）连续同现（co-occurence in contiguity）。由于话语标记失去了原有的词义，同一语言环境中的这个表达式有可能重复出现，表达原有的词义。

（5）可以删除（deletion test）。删除话语标记后，话语的内容不发生改变。

海涅（Heine，2013：1218）基于语用和语法的区别总结了语用化的特征：

（1）句法独立（syntactic isolation）。

（2）缺少融合（lack of fusion）。

（3）语义—语用范围增加（increase in semantic-pragmatic scope）。

（4）具有选择性（optionality）。

（5）具有非真值条件性（non-truth conditionality）。

（6）具有独特的语法地位（peculiar grammatical status）。

海涅总结的语用化的特征，主要是建立在对莱曼提出的语法化伴随现象的反驳上，如前所述，这些伴随现象是：固定化（fixation）、融蚀（coalescence）、聚合化（paradigmaticization）、强制化（obligatorification）、损耗（attrition）、紧缩（condensation）。可以看到，语用化和语法化存在着4组相反的特征：句法独立—固定化、缺少融合—融蚀、语义语用范围增加—聚合化、具有选择性—强制化。

4.1.7.4 语用化是否具有独立性

语用化和语法化特征存在差异性不是区分语用化和语法化、赋予语用化独立地位的决定性因素，因为仅仅根据话语标记的形成和语法化的伴随现象不相符合而论断其形成不是语法化而是语用化，在逻辑上是站不住脚的。重要的一点是，语法化的伴随现象是针对形态变化丰富的印欧语提出的，对汉语这样缺乏形态变化的分析语来说，这些伴随现象并不是必然发生。而且，这些参数也并没有包含语法化的所有特征，比如，语法化的结果是语法性的增强或者说是新的语法功能的获得，这一结果必然引起新的语义—语用功能的产生，因为在新的语境下，环境必然引发新的诠释；语法化导致语义虚化，泛性增加，必然会引起使用环境的扩展，这两点都和"扩展"有关，但莱曼没有提到，而只是提到了相对立的"紧缩"。因此，莱曼的语法化伴随现象并不能涵盖所有语言的语法化的内涵和外延，而只能视作对一些典型语法化现象的描述，因而也就无法将其视作判断语法化的标准。正因为缺乏有效的"金标准"来定义语法化，所以语法化和语用化之间不可能画出清晰的界限。从结果来看，语用化和语法化有本质区别；从过程看，两者又有相似性（如语义漂白、经历主观化）。我们认为语用化不具有独立性，应视作一种特殊的语法化。

4.1.8 主观化对话语标记形成机制的解释

主观化最早由里昂（Lyons）于1977年提出。研究主观化主要有共时和历时两种视角，前者主要在认知语言学的框架中做研究，代表人物是兰盖克（Langacker）；后者从历时角度出发，将主观化视作一种语用—语义变化，集大成者是特劳格特。我们这里主要讨论历时的主观化。既然主观化也是一种语言变化过程，必然和语法化以及语用化有所牵涉。关于主观化和语用化的关系，特劳格特的态度是坚决的，她多次在不同的文章中强调主观化不是语用化，而是语义编码的过程，也就是"语义主观化"。而关于主观化和语法化的关系，她的观点前后有所变化。开始，特劳格特（Traugott，1995a）认为主观化是发生在语法化过程中的；而后，她（2006）认为主观化和语法化是两个独立的过程，两者之间是相关关系而不是连带关系。主观化是特劳格特在观察语法化过程中发现的一种现象，所以一开始她说"语法化中的主观化"，后来她发现并非所有的语法化中都有主观化的发生，并且注意到两者存在一些差异，因此把主观化视作独立于语法化的过程。

4.1.8.1 主观化定义

特劳格特（Traugott，1995a：31）对主观化的定义是："主观化是一种语用—语义过程，在这个过程中，意义越来越基于说话者对命题的主观态度，换句话说，是指向说话者在谈论什么（而不是命题在表达什么）。"所谓"语用—语义"过程,指的是语用义经过重新分析后变成编码意义。后来,她(2006:3)补充到:"主观化是一种机制,通过招募(recruited)编码意义,来调节说话者的态度。"

4.1.8.2 主观化和语法化

虽然特劳格特坚持认为语法化并不包含主观化,主观化是一种独立的语义演化机制,但事实上语法化和主观化之间存在诸多交叉之处,特劳格特(Traugott,1995a:48)总结出了以下6点:

命题功能 > 话语功能

客观意义 > 主观意义

非认知情态 > 认知情态

非句子主语 > 句子主语

句子主语 > 言者主语

自由形式 > 黏合形式

某种程度上来说,特劳格特对主观化和语法化的区分主要是基于"语义"和"功能"两种视角。"一开始主要表达的是概念的、词汇的、客观的意义,在句法的语境中重复使用后,变得更抽象、更具语用性、更具互动性,更基于说话者",这是"语法化中的主观化";"词汇或短语在某种语境中经常使用后,经过重新分析,拥有了句法上和形式上的功能",这是"语法化"。(Traugott,1995a:32)这两个定义,主体相同,都是某种语言结构,过程相似,为重复使用或经常使用,最后的结果却不同。其实,这不同的结果只是由视角不同引起的,只是同一事物不同方面的表现,具体而言,都是语法化的表现,只是一个基于语义的变化,一个基于功能的获得。当然,语言中主观性的存在是不争的事实,因为所有的语言都由人制造的,既然有人的参与,就避免不了带有人的主观印记。不过我们认为,很难说存在着"主观化"这个独立的过程,主观化就是语义演变的一种过程,隶属于语法化;主观化的本质其实就是语法化的特征之一,即语法化过程中通常会发生主观性的获得或加强。

4.1.8.3 主观化和话语标记

特劳格特(Traugott,2006:7)认为话语标记的形成符合主观化特征,她提到,发生主观化后,语言元素会处于更加外围的位置,话语标记左置(有时候是右置),这种情况和主观化有关。

话语标记的形成确实和主观化息息相关,主观性程度最高的语气副词,充当话语标记的能力最强,主观性程度最低的描摹副词,则没有充当话语标记的能力,因此,语义发生主观化是话语标记形成的必要条件。并且,随着主观性的增加,副词语义辖域扩大,位置变得越来越边缘,以此来统辖整个命题,与特劳格特(Traugott,2006)提到的"处于更加外围的位置"相符。其他语法化现象也总是带有主观化的影子,如限制性副词发展为评注副词等。但是我们认为,在话语标记研究中,主观化不是一个独立的过程,主观化是语义演变过程,而语法化中包含语义变化,其中的"语义漂白"某种程度上就是主观化:细节义发生虚化,核心义变得基于言者视角,增加了情态义,从基本话语层面转移至凸显元语用意识(其实就是主观性)的元话语层面,这和主观化的核心是一致的。因此,虽然话语标记的形成必然伴随着主观性的加强,但并不意味着主观化是一个独立的过程,我们还是倾向于将主观化视为语法化在语义变化方面的表现。

4.2 副词类话语标记的形成机制是特殊的语法化

我们认为副词发展出话语标记功能是一种特殊的语法化,具体表现为语法性成分(副词)在经历了和典型语法化过程相同的演化过程后,语法功能淡化,语用功能增强。

4.2.1 为什么是语法化

从整体的视角定性为语法化,是因为副词类话语标记的形成符合典型语法化特征,并且,话语标记语是一种边缘语言现象,不宜将一个词语的标记语用法和非标记语用法完全对立起来,而应该把它们看成是语法化过程的不同阶段(冯光武,2005:9)。冯文提出:"语用标记语是语法化的产物,一个词语的语法化过程是一个不可分割的连续体。"我们同意冯光武的看法,话语标记的形成处在副词语法化的线性进程中,很难说副词的形成是语法化,而副词进一步的演化就不是语法化了,演化的过程是连续的,机制是相同的,没有理由把副词到话语标记的演化这个过程割裂开来。而且,副词的无标记用法和话语标记用法没有截然可分的界限,在很多场合不能区分究竟是无标记用法还是话语标记用法。当然,副词类话语标记毕竟有不同于典型语法化特征的地方，那就是演化的结果不是语法功能增加而是语用功能增加，但我们认为典型的语法化过程并没有排斥语用功能的增加。

4.2.1.1 输出项具有语法性

首先需要说明的是，我们持的是狭义的语法观，不认同将语法扩展至语音、语用等领域的做法。狭义的语法一般包括词法和句法（沈家煊，1999：1），"词法是把语素组成词的法则，涉及复合、派生、重叠等构词法和附加、语音交替、重叠等形法；句法是组词成句（或短语）的法则，涉及虚词、语序等句法手段的运用"（张秀松，2019：49）。即便是在狭义的语法观下，副词类话语标记依旧具有语法性，主要原因是源词副词具有语法性。副词是汉语中重要的句法表现手段，副词发展出话语标记功能，其语法性得到了一定程度的保留，这是关键所在，决定了副词演化的输出项是语法项，解决了判定话语标记的形成究竟是语用化还是语法化的根本分歧。

虽然语法学和语用学有着各自不同的研究视角和观察领域，但不得不承认语法和语用确实难以完全区分开来。一方面，语法是语用法的凝固，语法中总是渗透着语用；另一方面，语用或多或少受到语法的限制，语用中保留着语法的内核。为了学科的区分和研究的便利，人们还是习惯于用一些标准来区分两者。区分语法和语用，一般使用限制—选择、编码—推理这两对相反的概念。阿里尔（Ariel，2008：Introduction）提到：语法是一套约定俗成的代码，它们与强制性或选择性、由规则决定的定位、意义和分布相联系，用来编码信息；语用则是合理的推断（相对于逻辑推断），用来丰富编码信息。即涉及编码、具有限制性的，属语法；涉及推理、具有选择性的，属语用。虽然在副词类话语标记身上，这两对区分项同时存在，但不可否认编码信息、具有限制性仍然具有决定性的重要地位。

第一，能够编码部分信息。

通常认为话语标记传达的信息不是从词汇本身解码而来，而是从语境中推理而来，我们认为，副词类话语标记本身也编码部分信息，只是这部分信息不再作用于概念结构，而是转移到了元话语结构。副词的句法功能一般是充当状语，修饰谓语动词，然而这一单纯的句法功能没有什么价值，修饰谓语动词，究竟修饰什么？没有意义的加持，让人毫无头绪，必须加上意义，表示对程度、范围、时间等的限制，才构成副词完整的句法功能，定义副词要兼顾功能和意义，也正是这个原因。因此，副词的意义是其句法功能中不可或缺的组成部分。副词的语义在其演化成话语标记后不是消失了，而是由概念义转化成了元话语意义，仍然限制着对话语标记的选择。这种"核心意义"或者说"本源意义"，储泽祥和谢晓明（2002）称为"涵盖义"，张绍杰（2010）称为"默认意义"。储泽祥和谢晓明（2002：9）提到："虚词也有语义内容，体现为涵盖义。实词虚化的过程，是细节义损失的过程。源词的意义之所以能俯瞰新词，是因为源词的涵盖义仍然保留到新词的缘故。虚词的涵盖义直接影响着虚词与实词的匹配情况。"语法化过程中，发生虚化的只是细节义，涵盖义仍然保留，并且转移至元话语层面。储泽祥和谢晓明（2002）提出涵盖义是句法和语义的接口，也就是说，涵盖义兼具语法性，是句法表现手段之一。由副词演化而来的话语标记虽然意义为非真值条件性，可以删去，但不能任意替换，说明涵盖义依然影响着话语标记和句子的匹配情况。如：

（1）如何管理好来势汹汹的通胀预期，<u>同时</u>避免经济增长大起大落，在保持政策连续性的同时，调整货币政策，成为今年调控的重要手段。

（2）两个"历史新高"，让我们实现了半个世纪以来首次连续七年增产，粮食产量连续四年稳定在一万亿斤以上。<u>同时</u>，今年农民人均纯收入增速将超过前四年平均水平，连续七年保持较高增速。

（3）据气象部门预测，今年夏季我国降水偏多的范围大于去年同期，登陆的台风可能集中、偏强，近期南方地区将再次出现强降雨过程，一些河流可能发生大洪水。<u>同时</u>，我国灾害防御体系还存在着一些薄弱环节，特别是中小河流防洪标准偏低，山洪灾害防御能力较弱，城市防洪排涝标准偏低。

从例（1）到例（3），"同时"发生了饰谓副词＞饰句副词＞话语标记的演变。在例（1）中，"同时"表示"管理好通胀预期"和"避免经济增长大起大落"这两个事件是在同一时间段内发生的，其语义为"列举另一个事件，表示与前一事件在同一时间段发生"，其中，"列举另一个事件"是涵盖义，"同一时间段"是细节义。例（2）中，时间跨度较大，较难判断两个事件是否"同时发生"，细节义部分发生虚化，重点不在于强调"同时发生"，而在于列举另一个事件。例（3）中，前一事件是预测，还未发生，后一事件不可能与其"同时发生"，细节义完全虚化，仅保留"列举另一事件"这一涵盖义。在这个过程中，"同时"主观性加强，上升到元话语层面，不再表示时间关系，仅表示说话者使用语言时监控、调整话语表达的手段，删去后不改变命题真值，成为话语标记。那么，例（3）中的话语标记"同时"能被"也许""反正""不""没有"等其他话语标记替换吗？显然是不可以的。可见，副词演化成话语标记后，不能完全脱离副词涵盖义的限制，这种涵盖义就是话语标记编码的信息。

第二，必须编码部分信息。

仍以例（3）为例：

据气象部门预测，今年夏季我国降水偏多的范围大于去年同期，登陆的台风可能集中、偏强，近期南方地区将再次出现强降雨过程，一些河流可能发生大洪水。××，我国灾害防御体系还存在着一些薄弱环节，特别是中小河流防洪标准偏低，山洪灾害防御能力较弱，城市防洪排涝标准偏低。

从语境来看，××可以表示话题的延续，这时可用"就是""然后"等话语标记来表达；也可以表示转换话题，这时可用"当然""其实"等表达。如果没有语义的指引，仅从语境中推理，听话者是很难做出符合说话者预期的正确的推理的。根据关联理论，话语标记的作用是在语境中为听话者提供引导，使其对接下来的话做出最具关联性的推理。要使推理达到最佳关联，势必需要语义发挥作用，如果没有语义的存在，充其量只能推出说话者还有话要说，或者话已经说完了，至于接下来可能说什么，无从得知。从顺应论来看，话语标记是元语用意识的凸显，用于监控组织话语，当然也离不开语义因素。因此，话语标记发挥作用离不开语义因素，只是这部分语义对命题本身没有作用，因为话语标记不作用于概念结构；但这部分语义对组织话语、引导听话者而言是必不可少的。正如布莱克莫尔所说的，话语标记的意义是程序性的而不是概念性的，这意味着话语标记必须有程序性（元话语层面的）意义。涵盖义是概念义经历了语义漂白后形成的核心义，属于编码信息，无法推理得出，程序性意义是在语境中对涵盖义的扩充，涵盖义和语境共同组成推理性的程序义。涵盖义是程序义的内核与基础，话语标记必须编码部分信息（涵盖义），才有存在的理据，而副词的涵盖义是语法性的，因此话语标记是语法性的。

综合以上论述，副词类话语标记不能任意替换，与限制性相关；发挥功能离不开语义因素，与编码信息相关。因此，副词类话语标记具有语法性。

4.2.1.2 符合典型语法化特征

虽然莱曼（Lehmann，1985）提出的语法化原则被称为"标杆原则"，但因其不适合语法化初始阶段、不适合缺乏形态变化的语言，受到了诸多批评。这里的典型的语法化特征，包含语用—语义、形态—句法和语音—音系三个子过程，语用—语义过程体现为去语义化，形态—句法过程体现为去范畴化，语音—音系过程体现为销蚀（吴福祥，2020：10）。这是适用性更广、更符合汉语特点的语法化特征，概括来说，就是语义、句法特征、语音都发生淡化。考察副词类话语标记的形成过程：细节义虚化，不再具有真值条件意义，符合去语义化；语义辖域变大，从修饰谓语动词变成修饰整个命题，符合去范畴化；有些发音变得快速而含混，符合销蚀。因此，副词类话语标记的形成符合典型语法化的特征。

4.2.2 为什么是特殊的语法化

副词类话语标记的形成是特殊的语法化，特殊性表现在经过语法化后增加的不是语法功能而是语用功能。但是，语用功能的增加与语法化的界定并不在一个层面上。很多时候，语法项不仅有语法功能，也有语用功能，但这不能掩盖其形成是语法化的事实。如特劳格特（Traugott，1995b）提到，What was your name? 中的过去时标记 was 就表达了语用中的礼貌用法。用 was 来替代 is，隐含着这样的意义："我们曾经见过，但是我不记得你的名字了"，以此来消除听话者以为说话者没见过自己的误解，以示礼貌和友好。汉语中的语法项有时候甚至没有语法功能而只有语用功能。如：

(4) A. 幼儿园老师：小朋友们，听好<u>了</u>，跟<u>着</u>老师唱……唱得<u>可</u>真好。谁能单独唱<u>呀</u>？

B. 幼儿园老师：小朋友们，听好，跟老师唱……唱得真好。谁能单独唱？

（自拟语料）

A 句和 B 句相比，多了"了""着""可""呀"这 4 个虚词，它们无疑是汉语里的语法项，但由于省略它们句子也成立（如 B 句），所以很难说它们有什么实际的语法功能；语用功能却很明显，即表示亲切、延缓语势，使话语适合低龄听话者理解。相较之下，B 句虽然也符合语法，但语气生硬、命令感强，不适合对低龄儿童表达，也就是沈家煊（1998：1）说的"合语法"而"不合适"。

(5) 甲：什么？
乙：亲，我还没收到书。
甲：应该今明两天到。
乙：哦哦哦知道呢，主要是快递单子我丢了。

在这段对话中，乙以"知道呢"来代替"知道了"。按常规理解，"了""呢"两者的语法功能没有重合之处，理应不能替换，但当下这样的用法并不少见，甚至还存在着传统语法规则下不能成立的用法：

(6) 甲：记得衣服穿得淑女点加油！
乙：嗯嗯好的呢！！！
(7) 甲：吴家堡大米你一定听过还有可能吃过。我反正吃过还不错。
乙：听过呢。
(8) 甲：请问现场可以买票吗？
乙：可以的呢。
甲：好的，谢谢！

例（6）（7）（8）这3组对话，助词"呢"在语法规则下都不应该存在，但事实上这样的用法为大部分年轻人所接受。之所以"呢"可以这样用，是因为其语法功能已经淡化，凸显的是语用功能，表达撒娇、可爱、友好的态度。从例（4）到例（8），包括特劳格特给出的例子，有个共同点，那就是都是对话形式，即这些语法项在对话（或话语）中才会发生语用功能凸显的变化。

举这些例子是为了说明以下3个问题：

第一，语法项并非只有语法功能，很多语法项也有语用功能，单凭功能无法断定属于语法项还是语用项。

第二，语法化不能排斥语用功能的增加，即不能因为语法项凸显了语用功能而断定其不是语法化。也就是说，只要某个语法项的演变符合典型语法化特征，不管结果是语法功能增加还是语用功能增加，都应视作语法化。

第三，之所以得出第二点结论，是因为语法化的研究视域在句法，而语用功能的增加发生在话语中，两者不在一个层面。无论哪种语法形式，只要跳脱了句法，有了人的参与，发生了交际和互动，这种语法形式就被注入了语用功能。总之，不在同一层面的两个东西不存在因果联系，语用功能凸显不能成为证明某个语言演变现象不是语法化的证据。

4.3 本章小结

从副词到话语标记不是共时层面的分工现象，而是历时层面的演化现象。对这种演化现象，主要有语法化、特殊的语法化、语用化、主观化四种观点。

认为是语法化的，持扩展的语法观，将话语标记纳入语法范畴；持扩展的语法化观，使语法化原则符合话语标记实际。他们认为语用化没有单独存在的理由。

认为是特殊类型的语法化的，不否定语用化这一概念，但也不承认语用化是个独立的过程，而是把语用化作为语法化的一个子类来处理。

认为是语用化的，坚持语法化和语用化是两个不同的过程，持的是狭义的语法观和语法化原则。

认为是主观化的，提出并非所有的语法化中都有主观化的发生，两者存在一些差异，因此把主观化视作独立于语法化的过程。

从输出项着眼，副词类话语标记具有语法性，可以视作语法范畴成员；从过程着眼，符合典型语法化特征。所以，副词类话语标记的形成理应视作语法化。

之所以称为特殊的语法化，是因为演化的结果不是语法功能的增加而是语用功能的增加。我们认为，语用功能的增加和语法化的达成不处于一个层面，探讨语法化是在句子层面，而语用功能的增加是在话语层面，语法化发生于基本话语层，话语标记的使用属于元话语层，元话语层面功能的变化影响不了句子层面发生演化的性质，因此，不能因为话语标记语用功能的增加而将其定性为语用化。一方面，副词类话语标记的形成处在副词语法化的进程中，满足典型语法化的特征，也许是副词语法化的终点；另一方面，作为话语标记，副词在具有交互性质的话语中使用，增加了语用功能。根据前者，副词类话语标记的形成是语法化；根据后者，其形成是特殊的语法化。不过，特殊的语法化依旧是语法化，所以话语标记的形成最终还是属于语法化。

第五章

副词类话语标记形成的个案分析

5.1 否定类话语标记"不"的形成

否定类话语标记共有3个:不、别、没有。这3个词作为副词时都可以独用。"不""别""没有"用作话语标记时,大多出现在回应语位置。

(1) 杨延超:因此对于普通老百姓而言,我们必须强调法律面前是人人平等,不能用所谓的人情去做判决。

陈浩然:<u>不</u>,如果富人去抢钱他也有我们觉得他可怜的地方,我们也需要考虑这个情节。

(2) 蕾:不必了。谢谢你的好意。请回吧。

李:<u>别</u>,把你一个人街上,我也不放心。

蕾:那你要送我,我可就不放心了。

(3) 主持人:就在北京啊,所以我们今天探讨的这个堵车的话题,跟您也是息息相关,经历过堵车吧?

网友:经历过,经历过。

主持人:经历过啊,给我们挑一个极致一点的,比如说堵的时间最长的一次,长到了什么时候?

网友:<u>没有</u>,有一次大概一公里多,我走了两个小时左右。

从例(1)到例(3),"不""别""没有"都不再具有否定性限制。如例(1),"不"并没有表示与问话意思相反,而是开启了一个新的话题;例

(2),"别"没有劝阻或禁止的意味,因为不存在劝阻或禁止的对象行为;例(3),"没有"不具有否定性,不存在否定的行为或状态。在这些例子中,否定副词删去后都不影响语义表达,概念义发生了虚化,不具有真值条件意义,表达的是程序义,变成了话语标记。

从否定副词到话语标记,和所有副词类话语标记的形成一样,经历的是语法化过程,较为特殊的是,否定副词还存在一种特殊的用法,即语用否定,有必要弄清楚语用否定和话语标记之间的关系,如:话语标记功能是否就是语用否定现象?如果不是,那么语用否定对话语标记的形成是否具有推动作用?

5.1.1 语用否定的界定

邢福义(1982:124)首次注意到了否定副词"不"独说时有两种作用,一是简明否定,二是修订引进。沈家煊(1993:321)引进西方语言学界的 metalinguistic negation(元语否定)概念,将其称为"语用否定",介绍了语义否定是否定命题的真值条件,语用否定不是否定真值条件,而是否定适宜条件。"简明否定"与"语义否定"类似;"修订引进"与"语用否定"类似。关于语义否定和语用否定的区分,沈家煊(1993)采用的标准是真值条件,持这一看法的还有张谊生(2004)、王志英(2016)等。何春燕(2002)认为语义否定和语用否定的区分不能简单地采用真值条件为标准,语用否定应该是那些理解起来只能依赖语境,否则只有字面意义的否定。目前学界较为通行的界定标准依然是真值条件,即语用否定不是否定真值条件。关于语用否定(修订引进)的类型,邢福义(1982)从否定的内容切入,主要有对程度、数量、范围、时间、地点等方面的修订;沈家煊(1993)谈到语用否定的类型包括否定由"适量准则"得出的隐含义,否定由"有序准则"得出的隐含义,否定风格、色彩等隐含义,否定"预设"意义,否定语音或语法上的适宜条件。

5.1.2 语义否定、语用否定和话语标记功能产生的时间

语义否定是一般意义上的否定,即否定命题的真值条件,这是否定副词概念义的体现。在现代汉语中,语用否定和语义否定在共时平面是共存的,至于两者之间是否存在历时演变的关系,未见有文章提及。以"不"为例,检索 CCL 语料库后我们发现,否定副词"不"单用大致始于明朝,最早出

现在明中期的小说《西游记》中，至清朝开始大量使用，此时全部为语义否定。

（4）沙僧道："正是，却也亏了师兄深洞中救出师父，返又与妖精厮战。且请师父自家坐着，我和你各持兵器，助助大哥，打倒妖精去来。"

八戒摆手道："<u>不</u>，<u>不</u>，<u>不</u>！他有神通，我们不济。"（明《西游记》）

（5）党不群道："你们可是一家？"

我道："<u>不</u>，同姓罢了。"（清《二十年目睹之怪现状》）

（6）尚书且走且问道："谁陪着客呢？不是大少爷吗？"

门公道："<u>不</u>，大少爷早出门了！"（清《孽海花》）

（7）秦凤梧道："何不住在这里呢？"

王明耀道："<u>不</u>，我还要到一个地方去。"（清《文明小史》）

从20世纪30年代开始，"不"开始出现语用否定用法。

（8）冲：妈，我要告诉您一件事，——<u>不</u>，我要跟您商量一件事。

繁：你先说给我听听。（曹禺《雷雨》）

（9）您放心吧，我要跟男人一个样，一点也不差！<u>不</u>，还要比男人强得多，劲头儿大！（老舍《女店员》）

（10）多得很，淡淡的笑是没有意思，浓浓的笑是很有——<u>不</u>，太有意思了。（俞平伯《怕（并序）》）

同一时期，"不"也有了话语标记的功能。

（11）姊（心虚地）：嗯——弟弟，我跟你讲笑话吧！有一年，一个国王。

弟（已引上兴趣）：<u>不</u>，你跟我讲讲这三个人怎么会死的？这三个人是谁？（曹禺《雷雨》）

（12）繁：不，不，你这句话叫我想起来，——叫我觉得我自己……——哦，不，不，不。你说吧。这个女孩子是谁？

冲：她是世界上最——（看一看繁漪）<u>不</u>，妈，您看您又要笑话我。反正她是我认为最满意的女孩子。她心地单纯，她懂得活着的快乐，她知道同情，她明白劳动有意义。最好的，她不是小姐堆里娇生惯养出来的人。（曹禺《雷雨》）

语义否定和语用否定的出现时间有明显的时间差，语用否定后起于语义否定，但语用否定和话语标记的形成之间没有明显的时间差。可以推测，语义否定、语用否定和话语标记的形成处于语法化的线性链条上，因为语义否定—语用否定—零否定之间存在着否定程度的级差序列。语用否定或许是语义否定（概念义）—零否定（程序义）之间的中间形态，对话语标记的形成具有推动作用。5.1.4.3 将具体对此进行论述。

5.1.3 "不"和"不是"

谈及话语标记"不"的形成，有必要先厘清"不"和"不是"的关系。有学者认为"不"来源于是非问句否定性答语"不是"，"不是"中的"是"脱落或隐去后形成单用的话语标记"不"（殷树林，2011；胡建峰，2013）。我们认为"不是"和"不"之间并非简单的源流关系，虽然两者有交叉的地方，但应视作两个独立的语言演化的结果。话语标记"不"来源于否定副词"不"，是副词"不"进一步语法化的结果，虽然有时候话语标记"不是"可以替换成"不"，但"不是"并非"不"的源词。两者的区别主要表现在如下两个方面。

5.1.3.1 发音不同

殷树林（2011：37）认为所有作为话语标记的"不是"中的"是"都可以脱落，形成"不"单用的情形，不过没有说明具体的发音情况。刘丽艳（2005：24）则明确指出了"不是"发音会比较含糊，往往说成［pur］。殷树林所说的"脱落"，应该就是刘丽艳所说的发音含糊。其实，"是"不会完全脱落，它和"不"连读后语音发生了一定程度的"浊蚀"，清声母变成浊声母，韵母中的元音被侵蚀而脱落，但终究声母仍旧是得到了保留（虽然浊化成了［r］）。考察音频、视频材料，"不"作为话语标记独用时不存在加个残留的声母［r］这种情况，且"不"的发音更短促，有说成［b］的倾向，即"不"的声母浊化成了［b］，韵母中的元音［u］进一步脱落。总之，"不是"中的"是"不会完全脱落，音节中依然保留"是"的浊化声母［r］，发音和单独的"不"有本质的差别；并且，话语标记"不"的发音也发生了浊蚀，［pur］和［b］两者在发音上存在较大的差异，不可能表示同一个音节。

5.1.3.2 功能不同

刘丽艳（2005：23）指出话语标记"不是"具有引发和反应两种功能。

殷树林（2011：42）认为"不是"只有应答功能，绝不可以出现在引发序列中。说"绝不可以"需要充足的语料来排除所有的可能性，殷树林的语料来源比较单一，并没有给出具有说服力的证据，我们赞同刘丽艳（2005）的说法，认为"不是"具有引发功能。

  从掌握的语料来看，话语标记"不"只有反应功能，没有引发功能，即不能处于一个话轮的开始，这和其源词——副词"不"有关。《现代汉语八百词》对"不"的解释是：副词，单用，回答问话，表示与问话意思相反；也用来更正自己说的话。"回答问话""更正自己说的话"的前提是存在"问话"和"自己说的话"，即邢福义（1982：125）所说的"靶子"，"回答"和"更正"就是对靶子的反馈。所以副词"不"独用时的功能是反应功能。张谊生（2004：1）认为汉语里有两种独用的副词"不"，一种是应答性的，一般用于对话；一种是陈述性的，多用于叙述。我们认为叙述中的"不"可看作自问自答、自言自语，是自己和自己对话，依旧是反应性的。以下例子均出自张谊生（2004）：

  （13）盖不起就算完啦？<u>不</u>，胜利往往就在于最后再坚持一下之中。
  （14）坐了好久，他心中腻烦了。既不敢出去，又没事可做。他觉得天气仿佛诚心跟他过不去。<u>不</u>，他不能服软。
  （15）那的确是我离开大学后第一次说谎，<u>不</u>，第二次。

  例（13）中的"不"，是对前面提出问题的回答，相当于"不是"；例（14）中的"不"，是基于前面提出的一系列事实，对自我内心活动的评价，相当于"不行"；例（15）中的"不"是"我"对自己陈述的修正，相当于"不对"。这3个例子，"不"前面的成分必须存在，否则句子就不成立，让人搞不清楚"不"在否定什么。

  举以上例子是为了说明，汉语里的副词"不"独用时，不管是用于对话还是用于叙述，都只具有反应性。话语标记"不"来源于副词"不"，副词"不"只有反应功能，从源头的角度证明了话语标记"不"只有反应功能。

  "不"和"不是"的区别总结如下：

  （1）话语标记"不"的发音是［b］，"不是"的发音是［pur］，两者发音不同。

  （2）话语标记"不"只有反应功能，"不是"有反应和引发两种功能，两者功能不同。

因此,话语标记"不"来源于独用副词"不",而不是来源于否定性答语"不是"。

5.1.4 副词"不"的语法化

否定副词"不"的概念义主要是逻辑意义,概念义的虚化对应着逻辑性的衰减,体现为语义否定→语用否定→零否定的转化。

5.1.4.1 语义否定阶段

语义否定都是对真值条件的否定。邢福义(1982:125)指出独说的"不"表示否定时有3种情况,分别是对问话里谓语动词的直接否定、对整个说法不同意和表示制止。我们认为"表示制止"并不是"不"的常规用法,《现代汉语八百词》《现代汉语虚词词典》都没有收录这一解释,表示制止时使用"别""不要"更常见、更适切。

下面列举"不"表示语义否定时的3种情况,不同的情况中,"不"的概念义虚化程度不一。

首先是对一般疑问句中谓语动词的直接否定。

(16)小丹:弟弟你晕不晕车?

弟弟:不晕。

小丹:口渴不?

弟弟:<u>不</u>。

(17)"老两口生活在深山中,不寂寞吗?"记者问。

"<u>不</u>,有这电匣子,外面的事都知道。"

例(16)、(17)中的"不"都是对动词的直接否定,如例(16)中的"不"针对"口渴"表达"不口渴";例(17)中的"不"针对"寂寞"表达"不寂寞"。在这种用法中,"不"只能用于回答提问,回答时可以独立成句,如例(16);也可以加上后续成分,说明否定的原因,如例(17)。这里的"不"语义直接指向动词,客观性、限定性最强,可视作"不+动词"的直接组合。

其次是对陈述性话语的部分否定。

(18)老郭:我见到很多收银员都是站着。

黄彦：<u>不</u>，都是坐着的。

（19）高邑道：实际上从前边一系列的先例来看，跨国的外资的大的品牌，他收购中国的著名品牌他基本上是两个目的，一个是要你品牌，然后要你的流通渠道，他实际上中国人看起来是很大的价钱，对他来讲是很小很小一笔钱。

黄彦：<u>不</u>，这笔钱对于可口可乐来说也是非常大的，应该说是这些年最大的一笔了。

这里，"不"都是对陈述性话语进行回应，否定的是话语中的某一部分，如例（18）中"不"针对"都是站着"进行否定，例（19）中"不"针对"是很小很小一笔钱"进行否定。后面必须有后续成分，说明对否定内容的修正，以此来指明否定的焦点。这里的"不"相当于"不对"，有了评判的意味，客观性、限定性减弱，主观性增强。

最后是对陈述性话语的整体否定：

（20）王楠：但是他一直鼓励我说"王楠哎哟，好看，最漂亮"的时候，然后我就发现他说的都是假话，因为真的没法看。

陈鲁豫：<u>不</u>，我觉得人家看孕妇的那种标准跟看一般人标准是不一样的。

（21）刘思伽：他行啊，但是如果他跟别人一说，老搬出这些书来，我就觉得读书可能对他来说是一种装饰和炫耀，而不在于本身得到了一些满足。

周振基：<u>不</u>，我有一个30多岁的学生，读罗素的《西方哲学史》，我们做心理治疗师、心理咨询师的必须也得学这些，在读的时候，他告诉我说，读《西方哲学史》的时候，他能够读得笑出来，拍案叫绝，你说他为了炫耀吗？

这里的"不"不是对表述中的某个具体的部分进行否定，而是对整个说法表示否定，如例（20）是对王楠得出"他说的都是假话"这一推论表示不赞同；例（21）是对刘思伽认为"读书可能对他来说是一种装饰和炫耀"这一推论表示不赞同。"不"后面同样必须有后续成分，说明表示不赞同的原因。在这里，"不"没有明确的否定对象，相当于"不是这样""不能这么说"，主观性进一步增强。

从对谓语动词的直接否定→对陈述性话语的部分否定→对陈述性话语的整体否定,"不"的语义辖域、主观评判性逐步增强;否定对象、客观限定性逐步模糊和减弱;概念义变得越来越虚化。

5.1.4.2 语用否定阶段

王志英(2012)指出"不"表示元语否定(语用否定)时主要出现在自述句中。我们发现"不"表示语用否定除了能出现在自述句,也能出现在对话中,语义指向不仅可以是说话者自己前面说过的话语,也可以是另一个对话者的话语。

(22)看了他举出来的事实,却越发相信,我上边的断语没错。那事实——不,"严重"的事件——是:"用'回春'这笔名发表的'对于百家争鸣的逆风'却真是面临了消亡的危机。"

(23)这颗镶嵌在绿海中的明珠的外墙的图案酷似松柏的皮,不,比真的柏树皮还要生动;而室内雕镂明晰、结构奇巧,且楼中有树,树立房中,实属罕见。

(24)"你恐高?"

"有点。不,是挺严重的!"

(25)"鳗鱼也太可爱了吧!"

"不,是非常可爱。"

出现在自述句时,如例(22)、(23),"不"前面的内容是"有意为之",目的是凸显"不"后面的内容,"不"的本质是一种表达策略,发挥的是修辞功能。因为自述句通常为书面材料,想对内容进行修正,可以选择擦除之前的内容,之所以选择把需要修正的内容和痕迹保留下来,就是为了凸显这一修辞策略。当出现在对话中,否定的是自己所说的话时,如例(24),"不"前面的内容是"无意为之",使用"不"的目的是修正"不"前面的说法,"不"的本质是一种话语调节手段,发挥的是语篇功能。因为对话具有即时性、随意性,说出来的不合适的话不可能毫无痕迹地撤回,只能通过某些手段来进行修正。出现在跨话轮中,否定的是别人的话语时,如例(25),带有评价意味。

5.1.4.3 语用否定和语义否定的关系

虽然"不"的语用否定用法后起于语义否定用法,但两者之间更多的是基于修辞、语用形成的功能差异，"不"的语义并没有发生变化。"不"用于语用否定时没有跳脱出"否定"这一框架，本质上它依旧是表否定，在语义、句法层面与副词"不"相比均没有发生变化。"不"不用于否定命题的真值条件，不是由语义变化造成的，而是由后续的解释性话语造成的。如：

(26)"小张这人有点儿不太机灵。"
A."<u>不</u>，小张挺机灵的。"
B."<u>不</u>，小张是太不机灵了。"（自拟语料）

例（26）中，A句中的"不"是语义否定，B句中是语用否定。单独看"不"，两者没有区别，都是表示否定，相当于"不对"。这两句中"不"的区别，通过后续成分才能体现出来：A句说了相反的观点，根据霍恩（Horn）等级遵守了适量原则，使"不"发挥了常规的否定命题真值的作用；B句为获得某些语用效果（如幽默、强调等），故意违反适量原则，使"不"不再遵守霍恩等级的限制，发挥了非常规的否定作用。重点在于，霍恩等级和适量原则都属于语用范畴，不具备强制性，可以根据表达目的选择是否遵守。霍恩等级和适量原则不会对语法范畴的副词"不"产生限制性，即"不"表达的是语义否定或是语用否定，不会改变其原本的语义和句法功能。因此，语用否定是和语义否定处于同一层面的、表达效果不同的一种否定现象，"不"的语义、句法属性在这两者中没有本质的区别。

话语标记"不"来源于语义否定用法而不是语用否定用法，直接来源是语义否定中的"对陈述性话语的整体否定"。语义否定中的3种情况，构成了一条典型的语法化的演变路径：概念义逐步"漂白"；语义辖域逐步扩大，从饰谓副词演变成饰句副词；逻辑意义淡化，情态意义提升。到了语义否定中的第三种情况，即"整体否定"阶段，已经不存在具体的否定对象，"不"实际上发挥的是评价的功能，相当于一个评注副词。当"不"进一步语法化，就成了话语标记，话语标记"不"就是类评注副词"不"进一步语法化的结果。

现代汉语中，语用否定是在共时平面和语义否定共存的一种现象，相较于语义否定，它没有发生语法化，内部的小类也不存在不同的虚化程度，语用否定没有处在"不"语法化的路径之中。但是，语用否定确实为话语标记"不"的形成提供了一些准备工作，推动了话语标记"不"的最终形成，具体体现在以下3个方面。

第一,形式上。

沈家煊(1993:328)提出,语用否定都是引述式否定,即语用否定都有作为否定对象的上文,这种上文是必不可少的;同时,语用否定都是辩解式否定,后面一般都有表示申辩或解释的肯定小句。这就使"不"在形式上处于两个小句或句子成分之间,获得了衔接功能,为话语标记衔接两个命题、表达程序义做了形式上的准备。

第二,功能上。

否定副词"不"表达逻辑意义,是对命题真值的否定;语用否定中的"不"不是对命题真值的否定,而是对表达的适宜条件的否定。这就使"不"的功能从句法范畴转向语用范畴,获得了一定的语用功能,为话语标记"不"的形成做了功能上的准备。具体而言,"不"表示语用否定打破了"霍恩等级",违反了适量原则,属于否定的有标记用法,"不"的后续成分不可或缺,并且必须凸显,从而达到语用效果。这样,"不"的后续成分前景化,焦点从"不"转移到后续成分上,从而使"不"的句法功能减弱,获得了切换话题等语用功能。

第三,话语层面上。

否定副词"不"属于基本话语层面,表达对程度、范围等的否定性限制;语用否定属于元语否定,否定的是话语,具体来说是"否定语言自身的一部分不适宜的特征和表达",即否定"(言语的)可断言性"(王志英,2012:29-30)。这就使"不"从基本话语层面上升至元话语层面,为话语标记"不"的形成做了话语层面上的准备。

5.1.5 话语标记"不"形成的桥梁环境

任何语法化过程都不是一蹴而就突然完成的,都有一个新、旧用法并存的阶段,新用法开始浮现、旧用法无法排除的环境,海涅和库特夫(Heine & Kuteva,2007:37)称为桥梁环境(bridging context)。在桥梁环境中,"不"既可以理解为旧用法中的"对陈述性话语整体的否定"(语义否定),也可以理解为新用法下的话语标记(零否定)。

(27)孟洋:让你做红娘吧。

王佳一:<u>不</u>,我还没有那个资格。

(28)"我可能长了个假手。"

"不，别把它当字，像画画一样去画。"

(29)许子东：我明白，你想说有权有钱的女人也会喜欢男色，所以老年人喜欢小姑娘，这并不是单向的，这是双向的。

查建英：不，那个也是不正常的，那个也不太正常。

这3个例子有个共同点：后续成分中存在否定性表述，如例（27）是"没有"，例（28）是"别"，例（29）是"不""不太"。这里，说话者的目的是对对方的陈述进行整体否定，表达"不能这么说"的意思，然而，后续成分中的否定性表达已经隐含了这个意义："我还没有这个资格"，"别把它当字"，"那个也是不正常的"。也就是说，后续成分中的否定性表达和"不"出现了重复，它们共同分担表达"否定"这一功能，究竟是哪一方起决定性的作用，不好判断。如果把"不"前景化，看作表达否定的主要手段，把后续成分背景化，看作对"不"的补充说明或解释，那么"不"就是副词，需要重读；如果把后续成分前景化，看作表达否定的主要手段，那么"不"就被背景化，否定功能就被削减，概念义被弱化，可以不再表达逻辑上的否定，转而成为表达程序义的话语标记，需要轻读。

5.1.6　话语标记"不"形成的转换环境

在桥梁环境中，语法化的目标义浮现，和源义并存，要使源义得以排除、目标义成为唯一解，语法化项所在的环境必须进一步发生变化，海涅和库特夫（Heine & Kuteva，2007：37）称为转换环境（switch context）。在转换环境中，"不"表示"对陈述性话语整体的否定"这一源义得以排除，只能作为话语标记表示零否定，源义和新的环境变得不相容。新的环境需要满足以下任意一个条件。

第一，出现在对特殊疑问句的应答中。

(30) 主持人：公检法能坐在一块，而且达成共识，就为这么一点点事情，你怎么看？

白岩松：不，其实这样的一个会议你说有多大的意义，已经很难说了。既然已经要出发了，恐怕就只能是出发的，因为有的时候会让人担心的是，这会不会是背后的某种声音，或者说某种权力起到了作用，我们当然希望不是。

副词"不"表示否定，则必须存在否定的对象，可以是一般疑问句中具体的谓语动词，可以是陈述句中的部分内容，也可以是陈述句整体。当"不"所在的语境中不存在可以被否定的对象，表"否定"这一源义就和语境变得不相容，这一源义就应该被排除，目标义（话语标记用法）就变成唯一解释。在例（30）中，说话者提出了一个特殊疑问句"你怎么看"，对这一问题只能做具体的回答，不存在否定的可能性，使用副词"不"进行回答是不合语法的，所以这时的"不"只能视作话语标记。

第二，后续成分是新的话题。

（31）杨延超：因此对于普通老百姓而言，我们必须强调法律面前是人人平等，不能用所谓的人情去做判决。

陈浩然：<u>不</u>，如果富人去抢钱他也有我们觉得他可怜的地方，我们也需要考虑这个情节。

（32）张成晓勇：很多人说这样太累了，别这样了，怎么怎么的。但是我觉得把它当成事业来做的时候，我们的前期铺垫一定要辛苦一点不怕，只要能有一个好的收获，好的果子就OK了。

罗兵：其实我也想说，何必隐瞒呢？

张成晓勇：对呀。

罗兵：<u>不</u>，问题是在于这样的，我觉得朋友们是需要减压，是需要那种不断地有一种新鲜的东西，让我看了之后不烦，问题在于一个月一部，我们能部部保证质量吗？

副词"不"只有用于对谓语动词的直接否定时可以单独成句，在其他情况下（对陈述句的部分或整体否定）必须有后续成分对否定做补充说明或解释。当"不"所在的语境中后续成分不再是对否定这一行为的补充说明或解释，而是一个新的话题，"不"就不能再被理解为否定义，源义得以排除，话语标记用法成为唯一解释。例（31）中，答话者回答了"不"以后，没有顺着话题主体"普通老百姓"做补充说明或解释，而是将话题主体转换成了"富人去抢钱"；例（32）中，答话者回答了"不"以后，没有针对说话者的任何内容进行说明或解释，而是以"问题是在于这样的"开启另一个话题。这两个例子，"不"的后续成分都是新的话题，"不"只能视作话语标记。

5.1.7 基于语境的语用推理

话语标记"不"表示的是零否定而不是空白义,即在逻辑概念层面没有否定意味,但副词"不"的核心义(表否定)依旧存在,只是从基本话语层面转移到了元话语层面。那么,元话语层面表否定的"不"具体表达的是什么意思呢?这需要在语境中推理得出。

在桥梁环境中,"不"的语义有了歧解性,在后续否定性表达的影响下,"不"的否定功能被转移,不再是命题的焦点,成为背景成分,趋向于成为一个可有可无的成分。因为后续成分是命题的焦点,所以"不"获得了引出命题焦点的功能。在这一阶段,只能推断出"不"表达的是零否定,至于它具体的意义是什么,在转换环境中才能显现。

在转换环境中,处于应答位置时,听话者在回答特殊疑问句的提问时回答"不",然后开始表达看法,这一行为蕴含的意思是听话者觉得提问没有意义,或者觉得提问不合理,不想就提问进行回答,想从其他方面表达看法。处于非应答位置时,听话者抢占话轮,说完"不"后,开启了一个新的话题,这个行为蕴含的意思是:说话者不想顺着对话者的话继续下去。这两种行为表达的都是"我不想说这个"。因此,处于元话语层面的"不"表达的其实是一个宣告型的言语行为:不说这个。

5.1.8 小结

综上,话语标记"不"的形成处在语义否定的语法化路径中,语用否定对话语标记"不"的形成发挥了助推作用,可以表示为图5-1。

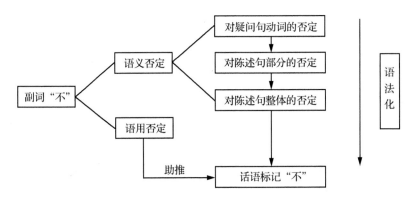

图5-1 话语标记"不"形成的流程

5.2 否定类话语标记"没有"的形成

虽然"没有"是单词性还是双词性还没有定论，但大部分学者倾向于认为"没有"在否定名词性成分时是动词，在否定动词性成分时是副词。按照语法化理论，产生动词、副词的分歧是"没有"在不同环境下语法化程度不一的体现。从动词转化为副词再转化为话语标记，符合特劳格特（Traugott，1982：257）提出的语义变化路径：命题的→语篇的→表达性的（主观性的）。

5.2.1 动词转换为副词

"没有"从动词转化为副词的过程，就是其否定的内容从名词转化为动词的过程。动词"没有"来源于否定标记"没"+"有"的组合（石毓智、李讷，2000；徐时仪，2003），即一开始"没有"否定的是"有"所统领的内容。

5.2.1.1 动词：对名词的否定

(33) 主持人：有设备吗？
　　　廖娘：<u>没有</u>。
　　　主持人：有人吗？
　　　廖娘：<u>没有</u>。
　　　主持人：有机房吗？
　　　廖娘：<u>没有</u>。
　　　主持人：有钱吗？
　　　廖娘：什么都没有。

在例（33）中，前3个"没有"后面可以补充"设备""人""机房"，"没有"是对这些事物的存在的否定，认知领域中属于空间领域。这时的"没有"语义是命题/概念层面的，是对真值条件的否定。

5.2.1.2 副词：对动词或事件的否定

"没有"的副词用法由动词用法语法化而来，"当'没有'处在连动式句子中时，'没有'往往在句中充作次要动词，表示否定，其在句中经常充当状语成分的语法位置导致其词义进一步抽象虚化,其词汇意义亦逐渐虚化为表示否定的副词"。(徐时仪,2003:5)由于语法化原则中有并存原则(Hopper,1991:22),即新的语法功能产生后,旧的语法功能不是必然会被抛弃,而是可能保留下来,与新的功能共存,因此造成了现代汉语中"没有"动词和副词用法并存的情况,但从形成时间来说,副词用法后起于动词用法。考察"没有"的副词用法后发现,其又可以分成两种情况,分别是对动词的否定和对事件的否定。

首先是对动词的否定。

(34) 嘉宾:当时就打电话了,她也特别高兴。
主持人:跟她说一万元钱的事没有?
嘉宾:<u>没有</u>,我都忘了,光想着第一名的事。

(35) 主持人:往家打电话了吗?
南卫东:<u>没有</u>,没有打。

在例(34)中,"没有"可以补全为"没有说";例(35)中,后面跟了完整表达"没有打"。这两例中,"没有"分别是对两个动词"说"和"打"的否定,这时的"没有"语义依然是命题/概念层面的。从认知上来说,发生一个行为,就是在时间维度上占据了一定的位置;否认一个行为,就是否认这个行为在时间维度的存在。因此,副词"没有"在认知领域属于时间域。

其次是对事件的否定。

(36) 记者:你会觉得自己承担了过多的负担吗?
郭明义:<u>没有</u>,我好像说过这句话,如果我把钱给别人了以后,我睡的觉睡得更踏实,这也不知道怎么回事,这个人。

(37) 主持人:你在找他的时候,就已经预感到,将来会有这一天了是不是?
小龙女:<u>没有</u>,我其实也觉得,他是为了我的事业,做出了最大的牺牲。

(38) 张靓:我打断一下,她说我对小姑娘都会无事献殷勤,都会有感觉,那其实人对美好的事物肯定会向往的,那因为她是美女所以我才会对她。

彭雅芝：<u>没有</u>，我看到你对别的女孩子都这样，只要是没结婚的。

例（36）到例（38），"没有"的语义辖域扩展到了语篇层面，不再是对命题中某个具体行为的否定，而是对整个事件的否定，"没有"后面不能再补全动词成分，例（36）可以替换成"不会"，例（37）和例（38）可以替换成"不是"。由于是在语篇层面对整个事件、整个说话的否定，因此不可避免地会加入说话者的主观态度，于是"没有"就有了一定的情态义。那么为什么在这3例中用"没有"而不用"不"来否定呢？这就涉及"没有"和"不"的区别。

5.2.2 "没有"情态义的产生

现代汉语中"没有"和"不"都用来否定，关于两者的区别和分工，主要有以下看法：

"没有"用于客观叙述，"不"用于主观意愿。（《现代汉语八百词》，侯瑞芬，2016：309）

"没有"限于指过去和现在，不能指将来，"不"可指过去、现在和将来。（《现代汉语八百词》）

"没有"否定的是具有离散量语义特征的词语，"不"否定的是具有连续量语义特征的词语。（石毓智，1992。转引自石毓智、李讷，2000：41）

"没有"否定的是已然事件，"不"否定的是未然事件。（王欣，2007：29）

综上，"没有"与[＋客观 ＋过去和现在 ＋离散量 ＋已然]有关，"不"与[＋主观 ＋将来 ＋连续量 ＋未然]有关。其实，括号中的4个因素是同一事物的不同表现：过去和现在的事件当然是已然发生的；已然发生的事件有起始和结束的时间，所以是离散量；对已然事件做出判断不需要主观态度，说某件事"没有"发生，是指这件事确实没有在时间轴上留下痕迹。同样，将来的事件是未然事件；未发生的事件不存在起始和结束时间，所以是连续量；对未然事件做出判断是主观的，说某件事"不"发生，只是说话者认为它不会发生。因此，可以把这4个因素统一成客观性和主观性的区别。也就是说，凡是需要表达主观判断的时候，都应该用"不"来回应，而"没有"只能用于客观判断。

然而，例（36）、（37）分别以"吗"字疑问句和正反疑问句对将来做提问，主观性强，对其否定理应用主观否定"不""不是"，但都用了"没有"；例（38）是听话者对说话者的反驳，应该用"不"，但也用了"没有"。之所以会这样，是因为"没有"具有不可替代的情态义，即"通过对事实的否定来间接否定对方"（侯瑞芬，2016：311），达到委婉的表达效果，维护对方的面子。

5.2.3 话语标记"没有"形成的桥梁环境

对事件的否定正是话语标记"没有"形成的桥梁环境。上文已述，在否定事件的时候，"没有"的语义作用于语篇而不是命题，表示对整个事件或说法的否定态度，主观性增加，具有委婉的情态义。在这一环境下，有些表达已经可以视作话语标记，如例（36），如果把"没有"看作对提问的回答，后面的表达视作对否定的补充说明，那么"没有"仍是一个发挥语篇功能的副词，意思为"没有这回事"；如果把"没有"后面的表达看作一个新的话题，那么"没有"就是用于切换话题的话语标记，用来否定语用预设"大家可能会觉得我不真诚，故作高姿态"。

这里有必要先解释什么是语用预设。预设"常常被定义为发话者在说出某个特定的句子时所作的假设，即说话者为保证句子或语段（utterance）的适宜性而必须满足的前提"（朱永生、苗兴伟，2000：25），可分为语义预设和语用预设。语用预设是"交际双方所共有的知识，或者说是话语的背景知识"（俞如珍，1996：68），"是指那些对于语境敏感的与说话人（有时包括说话对象）的信念、态度、意图有关的前提（即预设）关系"（何自然，1997：68），"传达的是发话者对受话者的知识状态的假设"（朱永生、苗兴伟，2000：26）。也就是说，语用于预设是在一定语境下，基于共有的背景知识，说话者对受话者可能做出的推理、判断的假设。例（36）中，背景是郭明义经常捐款帮助别人，面对主持人的提问"是否觉得负担过多"，郭明义预判自己的回答或许会让人觉得自己不真诚，这就是语用预设。

例（38），如果把"没有"看作对对方的否定与反驳，后面的表达视作否定的原因，那么"没有"依旧是副词；如果认为"没有"后面的表达与其没有语义、逻辑关联，那么"没有"就是话语标记，用来否定语用预设"大家可能会觉得我冤枉他"。

在桥梁环境中，"没有"的旧功能（副词）和新功能（话语标记）并存,区分新旧两种功能,主要是看后续表达与"没有"有没有语义、逻辑上的关联,但这种区分主观性很强,通常理解为有关联或无关联皆可。

5.2.4 话语标记"没有"形成的转换环境

之所以在桥梁环境中"没有"仍能视作副词,是因为除了语用预设外还存在可以被否定的内容。如果"没有"所处的环境除了语用预设外不存在可以被否定的内容,"没有"就彻底成了一个话语标记。下面以处于回应语位置和非回应语位置分别讨论。

5.2.4.1 处于回应语位置

在回应语位置可能出现否定应答的上文是一般疑问句、陈述句等。前者是对"吗"字问、是非问、正反问等的否定回答;后者是对所述事件真伪的判断。不可能出现否定应答的上文是祈使句、特殊疑问句。祈使句表达命令、劝告、请求等,是言语行为,而不是命题/概念、语篇层面的事实表达,对其不能做肯定、否定判断。对祈使句的回应只有两种情况:答应,并照做;拒绝,不照做。特殊疑问句是要求回应者回答自己的问题,本质上也是一种言语行为,对其同样不能做肯定、否定判断,而只能选择回答或不回答。回答时,只能针对提问内容做具体回答,不能以肯定或否定应答。所以,"没有"出现在祈使句和特殊疑问句中时不可能表示否定,这就排除了副词用法,只留下了话语标记这一唯一合理的用法。

(39) 梁文道:我从来不担心这个问题,因为文涛每次只要有美女在的时候,他都脸都是朝那边的。

窦文涛:真是知我本性,广美再说说。

孟广美:<u>没有</u>,我刚才讲到说,他说香港是一个安全,虽然是人口密集了的城市,但是一个安全的城市。

(40) 徐勇:这是基本服务,你可以不玩,你可以不玩,退出这个行业,这是完全……我给你举一个例子,就是这四家银行其中之一,有一次我跑去了,他说他禁取,说是电脑坏了。

孙畅:你怎么办?

徐勇:<u>没有</u>,他说他电脑坏了,我刚进去,头都不抬地就跟我说,电脑坏了,明天再来……我说是我弄坏的吗?他愣住了,不是你弄坏的……

例(39)中,窦文涛以"再说说"做请求,孟广美以"没有"做应答,

"没有"不可能是对窦文涛所做请求的否定,而只能是对"大家可能会认为我接下来要说的内容很有意思、很有启发"这一语用预设的否定。这时的"没有"实际上也带有自谦的意味。例(40)中,孙畅以"你怎么办"提问,徐勇以"没有"来否定语用预设"大家期待我会怎么处理"。

王荑芳等(WANG Yu-fang et al,2007:648)指出这种否定是从说话者的话语中推断出的假设或期望的否定。这一观点和我们是非常相似的,只是我们认为"假设或期望"并不一定是从话语中推断出,很多时候无声的环境也蕴含着假设或期望。比如妻子对晚归的丈夫摆出冷脸,一言不发,丈夫感受到此时的语用预设"老婆可能觉得我晚归是去鬼混了",从而以"没有"来取消这一预设:"没有,今天单位事比较多,回来晚了。"因此,我们把假设归结为语用假设而不是说话者的假设。

5.2.4.2 处于非回应语位置

(41)白岩松:尤其从汶川地震开始,有组织的开始减少,可是毕竟还在过渡阶段,有相当多的志愿服务是组织的。……所以这个时候穿衣服整齐问题不太大,非去照张相片问题就比较大了。另外一天去了五拨,打在这五拨身上,<u>没有</u>,我觉得福利院是有权来把你的需求准确地告诉给社会,有一些该拒绝的当然可以拒绝,应该按需分爱。

"没有"作为副词出现在话轮中间时有两种情况:(1)前文是假设或设问,"没有"作为副词做否定回答;(2)是对自己前面所说话语的纠正。王荑芳等总结为"对自我询问或自我纠正的回应"(2007:653)。这两种情况的共同点是"没有"的后续表达必须与其有逻辑或语义上的关联,即后续表达应该是说"没有"的原因、补充说明等。当后续表达与原话题无关时,"没有"就只能视作话语标记。如例(41)在说完"没有"后没有追加否定的原因,而是以"我觉得"转换了话题,"没有"就不能再视作副词,而只能视作话语标记。

5.2.5 小结

话语标记"没有"的形成涉及这样一组变化(图5-2)。

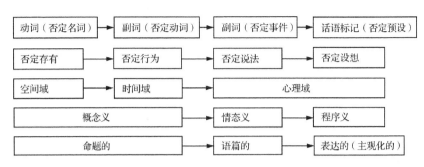

图 5-2 话语标记"没有"形成的流程

5.3 关联类话语标记"就"的形成

5.3.1 关联副词"就"的语义分布

"就"语义复杂,使用频率高,兼属副词、介词、连词、动词,即使在副词内部,对其归属问题迄今都没有形成共识。刘林(2013:164)总结:"《现代汉语虚词例释》(1982)中有6个义项,8个小类;侯学超的《现代汉语虚词词典》(1998)中有4个义项,15个小类;《现代汉语八百词》(1999)中有7个义项,7个义项下面又分出了21个不同的小类;张斌的《现代汉语虚词词典》(2005)里有5个义项,13个小类;《现代汉语词典》(2005)中有8个义项。"各家分类的框架、数量皆不同,足见"就"语义的复杂性。

关联副词作为副词小类并没有获得一致的认可,特别是早期重视以意义作为副词小类划分标准,关联副词这样的功能类别没有得到重视。据季薇(2011)统计,20世纪90年代前的14部论及副词分类的文献中,列出"关联副词"这一小类的仅2部。随着对副词连接功能认识的加深,具有关联作用的副词获得了更多的关注,李泉(1996)、张谊生(2000a)等都将关联副词列为副词的小类,不过张谊生(2000a:59)也提出:"几乎每一个关联副词都是一个兼属其他次类甚至大类的兼类副词。"这就导致不同学者对关联副词"就"的语义分布持不同的看法。如姚小鹏(2011:43-44)认为关联副词"就"表达的是相继义,在不同语境中有两种关联功能,即延伸关联和凸显关联。其中延伸关联是指连接两个事件,"这两个历时过程(或逻辑过程）紧邻（相连）发生，前后件之间具有继发性逻辑关系。'就'的作用在于把后件的行为，限制在与其相关的前件上，从而使前后件在时间或逻辑上相继成"；"凸显关联是主观关联，既有关联功能又有评注功能"。没有列出关联副词这一小类的文献，大多是将其划归为时间副词，然而其下又有如下解释：

表示承接上文，得出结论。a. 如果（只要、既然、因为、为了等）……就……句子较短时，两个小句之间常不用连词，也没有停顿。（《现代汉语八百词》）

后面的结果在前述逻辑基础上顺理成章地产生。即有什么样的原因、条件、目的等，就会产生与其相适应的结果。前一分句有"如果、因为、只要、为了、哪、什么、要么等"。前一分句也可以不用关联词语，作用相同。（《现代汉语虚词词典》）

在表示假设、因果、条件、选择、让步、相承等关系的复句里，后一分句用"就"字来跟前面的分句相承接。（《现代汉语虚词例释》）

表示逻辑关系。指在某种条件或假设前提下，自然会发生某事。（李宗江，1997：24）

显然以上都表示逻辑关系。在时间副词的分类下解释为逻辑关系，也就是把逻辑关系视为时间关系的下位概念，这似乎是不够合理的。固然逻辑关系中的推理过程实际上也是时间性的，因为原因→结果、条件→结果中总是伴随着时间的先后，但是逻辑关系与时间关系间毕竟还存在着虚—实、主观—客观的对立关系，将表示逻辑关系和时间关系的"就"一并视作"时间副词"似乎过于简单化，因此我们把表示逻辑顺承的"就"视为关联副词，把表示时间顺承的"就"视为时间副词。另外，"就"有让步义，让步固然是一种逻辑关系，但考虑到句法分布，表示让步的"就"归属于连词，对此学界看法较为一致。（李宗江，1997；侯学超，1998；吕叔湘，2007）由此，我们认为话语标记"就"来源于表承接性逻辑关系的关联副词"就"。

关联副词"就"表顺承，来源于表"靠近、趋近"的动词"就"。从认知角度来说其中的关联性在于趋近某个行为→完成这个行为→这个行为引发的状态。话语标记"就"来源于表逻辑承接性的关联副词"就"线索较为清晰：语义上，概念义"承接"发生虚化，逻辑关系不明显以后，很容易和

"引出话题""切换话题"这样的语篇功能联系起来;句法上,关联副词具有句内的连接作用,辖域扩大后,连接作用扩大至篇章,便具备了话语标记的篇章话语功能。

5.3.2 话语标记"就"的萌芽环境

能够发展出话语标记功能的是主动省略用法。① 被动省略是受外界不可抗力作用而产生的,发生以后,话轮必定被抢夺,话题在"就"之后结束,"就"不可能连接两个命题,从而也就不可能变成话语标记。而在主动省略中,省略只是说话者的一种话语策略,话轮还掌握在说话者的手中,说话者有权决定是否继续话语。当其决定放弃话轮,那么"就"仅仅是省略用法,没有连接起前后命题;当其继续话轮,那么"就"就处于同一篇章的两个命题之间,在形式上具备了韵律独立、充当饰句副词的条件。

(42)当你发现这一切都无济于事时,这车就是不来,于是你就……你会想——哭吧!大哭一场也许风就会停了,车就会来了。

当然,主动省略中的"就"充当的依旧是副词而不是话语标记,显然"就"在语义上还是前黏合的,与前句关联大,此时"就"并非用于修饰后面的句子,只是修饰的成分省略了,听起来像是修饰后面的句子。"就"在语义、句法层面上,依然是个典型的副词,只是主动省略这种修辞策略使其失去了部分副词的形式特征。

5.3.3 话语标记"就"形成的桥梁环境

在主动省略用法中,"就"可以单说,可以和后接成分不再具有关联性,为其成为话语标记做了准备工作。当关联副词"就"所在的句子的前一分句中的关联词语不出现时,"就"便具备了从饰谓副词转变成饰句副词的可能性,既可看作关联副词也可看作话语标记。

(43)"耶!我的第二人生!万岁!二十一岁了,<u>就</u>,一切都好起来吧。我会开始好好爱自己。谢谢,所有人,有你们在,我成长了很多。"

(44)"你家大哥的资源,我觉得都快被你用干净了。"
"今年演了很多,但是都还没播,<u>就</u>,很惆怅。"

---

① 具体在 3.2.4 中已做讨论。

(45)"因为绝大多数的狗在家,一天要睡几十个小时,活动量很少,带去上班的话,<u>就</u>,各种被人逗,喂吃的,跟着我走来走去,没法睡觉,所以基本回家都瘫倒。"

例(43)到例(45),"就"前面的分句都没有使用关联词,这就使"就"发生了歧解。如例(43),如果认为"二十一岁了"和"一切都好起来吧"之间是条件关系,即"既然已经二十一岁了,那么就一切都好起来吧","就"就是表示条件关系的关联副词。如果认为说话者只是表达了"已经二十一岁了"和希望"一切都好起来吧"这两个客观事实,这两者之间没有逻辑关系,那么"就"就是话语标记。充当关联副词时,"就"和后接成分连接紧密,等同于"就一切都好起来吧"。充当话语标记时,"就"和后接成分间没有限定关系,等同于"就……一切都好起来吧",此时的"就"为主动省略用法,可能因为时间紧迫,或者之前已经说过相关内容,不管什么原因,说话者表示不想就"二十一岁"这个话题多说什么了,省去后续内容,转而开启另一个话题:希望一切都好起来。例(44)、例(45)都和例(43)类似,如果认为"就"前后的内容存在逻辑关系,那么"就"分别可以是表因果和假设关系的关联副词,此时"就"和后续内容连接紧密;如果认为"就"前后内容没有逻辑关系,那么"就"就是话语标记,此时"就"可视作"就……",为主动省略用法。

5.3.4 话语标记"就"形成的转换环境

在转换环境中,"就"只能视作话语标记而不能视作关联副词,即这一环境和"就"作为关联副词有不相容之处。

首先,关联副词表达逻辑关联,因此前后的内容必定是同一个话题。因此,如果"就"后面切换了话题,那么"就"不可能再被视为关联副词。其次,"副词'就'的基本作用是限制范围,因此往往带有强调'少量'的语气"(陆丙甫,1984:31);"'就'不管用于前指还是后指,都是帮助表示主观小量的"(陈小荷,1994:21);"'就'表示在说话人看来并不多","如果'就'前没有别的成分,那一定言少"(马真,1981:54、56);"副词'就'的核心意义是表示小量"(金立鑫、杜家俊,2014:145)。因此,如果"就"出现在表示"大量"的句子中,就不能再视为副词。

由此,形成话语标记"就"的转换环境,须至少满足以下两个条件中的一个:"就"后面切换了话题;"就"前面的成分表示的是"大量"而不是"小量"。此时不需要再关注前一分句中是否有关联词语,因为在这里"就"不可能充当关联副词,所以前面有没有关联词语都不会影响"就"是话语标记这一判断。

(46)郑钧:我说我要去美国读书,我要退学。我妈妈没办法,<u>就</u>,那个时候还没有手机什么的,我妈妈就发电报给学校,我去邮局发电报的时候,说这个为什么要退学,要编一个理由,因家境困难,所以呢,申请自动退学。

(47)梁文道:接着林兆华带我到他的家,他家就宿舍,就在剧院楼上,打开这个房间,房间进去就有一张铁架子架的床,旁边一张桌,这个房间小得不行了,<u>就</u>,啊?这就是林大佬的家。

(48)[背景]陈鲁豫调侃黄渤被评为影帝后上台都有人扶了。

陈鲁豫:你知道我们还有情可原,因为女的穿高跟鞋需要扶一下,现在男的的确不用扶。

黄渤:对啊,<u>就</u>,其实这些都是点滴的压力慢慢慢慢在给你,之前跟×××聊过一段时间,他被那个奖项折磨了一年。

(49)陈××:对、对,双层键盘,然后这边还有一个我都不知道那是什么,<u>就</u>,反正其实现在叫它音序机器。

(50)"我一直到刚刚都没有反应过来,<u>就</u>,太不真实了。"

"我大概要再过一个月才能反应过来。"

例(46)到例(49),"就"后面的话题都发生了改变,因此"就"不能再被视为关联副词;例(50),"就"前面的表述"一直到刚刚"表示时间长,为"大量",因此"就"也不能再被视为关联副词。既然排除了关联副词的用法,那么"就"也不可能再被视为省略用法。以上例句中,"就"从句内副词发展为句外成分,和后接成分由联系紧密变得不具有修饰关系,只有衔接关系;不再表达逻辑关系,概念义发生了漂白;删去后不影响命题真值,具有程序性意义;最终成了一个话语标记。

5.3.4.1 顺承性的打破

"就"充当关联副词时表达的是承接义,即顺着某种逻辑可以推理得出某种结论,如因为X→Y,既然X→Y,如果X→Y等,"就"承担的是"→"的功能,语义直指后接成分Y。而当其充当话语标记时,连接的两个命题X、

Y 并非毫不相关，其中也有某种关联性，只是这种关联性并不具有顺承性。

如例（46），"就"后面插入了一个新的话题，补充了一些背景知识，目的是使听话者能更好地理解自己的话语。

例（47）中"就"的后接成分表示的是意料之外；例（48）中"就"的后接成分是修正和补充；例（49）中"就"后接成分有"不管怎么样，现在叫它音序机器"的意思，表示的是在任意情况下的某种结果。例（50）中"就"的后接成分"太不真实了"是前接成分的原因解释：

我一直到刚刚都没有反应过来←──────太不真实了
　　　　　　　　　　　　　　　就

副词"就"的语义指向永远是朝后的，即前件和后件处在一条逻辑线上，并且后件必定出现在逻辑线的后端，所以一些学者将其归类为时间副词。而"就"成为话语标记后，因为逻辑性弱化了，所以时间上的承接性也被打破，前件和后件有的不在一条逻辑线上，如表示"插入话题""修正补充""意料之外"；有的虽然在一条逻辑线上，但是前、后件的关系是相逆的，后件处于逻辑线的前端，如表示"原因解释"。

5.3.4.2　语用推理

既然话语标记"就"不再表达逻辑关系，那么它在句中的作用是什么？这一答案的得出主要依靠语用推理来实现，涉及格莱斯"会话合作原则"中的不过量准则和基于常识的回溯推理（沈家煊，2004：245；史金生，2017：7-8）。下面以例（47）为例具体展示语用推理过程：

前提：

（1）"就"表示顺承关系。

（2）小得不行的房间不会是重要人物的房间。

（3）林大佬是重要人物。

事实：说的是"这个房间小得不行了，就，啊？这就是林大佬的家"。

推论：

（1）小得不行的房间不会是林大佬的房间。

（2）根据"这个房间小得不行了，就，啊？这就是林大佬的家"，"就"不能再表示顺承义，是多余的，说话者违反了量的原则。

（3）说话者是不会违反合作原则的，"就"一定另有其义。

结论：关联副词"就"表达逻辑关联，表示基于某种条件产生某种结果，根据汉语的表达习惯，如果没有重读等标记，居后的成分往往是焦点内容。当"就"失去逻辑关联义后，便只剩下使后接内容焦点化的作用，这就是话语标记"就"的真正意义，也就是副词"就"的核心义。核心义在语法化中不会被漂白，从命题层面转移至元话语层面，成为一个言语行为，表现为提示听话者"接下来我要说的是……"

这样，经过语用推理后，得出了话语标记"就"的语用义或者说程序义。许家金（2009：86）指出话语标记提供了现场即席观，即"使得原本属于说话人个人的主观性思维成为共享的主体间知识"，即说话者把脑中的思索过程或信息处理行为，通过话语标记使得听话者感知到。实际上这就是元话语的功能体现，话语标记"就"显然也体现了元话语的这种现场即席观。

5.3.5 话语标记"就"的习用环境

"就"在转换环境中形成的语用意义，是基于源词"就"的顺承义，既然是"顺承"，必然同时存在前件和后件，虽然话语标记"就"不再表示前、后件的逻辑关联，但在形式上依旧处在前件和后件之间。因此，在转换环境中，"就"没有突破源词的关联属性，只是这种关联从命题结构转移到了元话语结构。

经过高频使用和习用化，话语标记的使用范围进一步扩大，称为习用环境。与转换环境不同的是，习用环境中不再存在前件，"就"不再表示关联，仅仅用来提示开始话语。

（51）陈鲁豫：哎，我总觉得一部电影能够在就是这个时候叫贺岁档，我觉得是一件还是挺了不起的事情。

徐静蕾：<u>就</u>，我是觉得，因为一开始我就觉得这个片子我想就在年底放嘛，那后面当然知道有很多很强的片子，可是我又不喜欢那种躲的感觉，说有一个什么来，很厉害的来了我就跑了，我觉得那个感觉就是觉得特别不好。

（52）梁文道：我们整个村就是一个主题公园嘛，对不对？不过我觉得有意思的是，我觉得它果然不愧是改革开放的典范。它现在这个面貌我觉得太能够用视觉的方法总结了。三十年来改革开放之后中国人的精神面貌，就是这个样。

窦文涛：对，有钱了。

梁文道：<u>就</u>，有钱、土气、牛气冲天，你看那1吨重的金牛。

（53）"广州塔上的自助不好吃，别去。"

"塔上值得去吗，感觉跟上海差不多，我都犹豫了。"

"<u>就</u>，很一般，不如花那个钱去吃吃喝喝啊。"

（54）"你干吗，打广告？"

"就那样啦。"

"就哪样了？是好还是特好啊？"

"<u>就</u>，一般般吧。"

"你找个两般般的我看看。"

（55）"我的妈呀，你早说啊，不过你是什么情况？"

"<u>就</u>，不大好。圣诞、跨年都没过好，争吵度过。"

例（51）到例（55），"就"处于话轮之首，没有前件。如果说处于话轮中间的"就"是切换话题、延伸话题时元语用意识的反映，是用于组织话语的手段，那么处于话轮之首的"就"存在的意义是什么呢？从以上几例可以看到，除了作为话轮启动标记，"就"还带有消极评价的意味。如例（51），说话者其实不赞同对方说的"是一件挺了不起的事"；例（52），虽然表面上是称赞，但实际上有嘲讽"土气"的意味；例（53）到例（55），"一般""一般般""不大好"都直接明示了消极评价。可见，在习用环境中，"就"获取了新的语用功能，即消极评价。

5.3.6 消极评价的来源

话语标记"就"表示消极评价，来源有两个：主动省略形式的"就"表示"难言之隐"，以及副词"就"表示小量。

"就"用于主动省略，原因有不能说（不适合）、不想说（忌讳）、不好意思说（上不了台面）等，总之是存在一些消极的原因使说话者不再继续说下去，这就使话语标记"就"获得了某种意味深长、不太积极的主观评价意味。

副词"就"主要表示小量,马真(1981)、陈小荷(1994)、周守晋(2004)等对此都有过论述。主观小量的本质是某个事物没有达到说话者的心理预期,这和消极评价的认知心理是一致的,因此,表达小量时往往带有轻视、嗤之以鼻的主观评价。

其实在话语标记形成之初,"就"便已经有消极评价的意味,但那时"就"发挥语篇功能的地位更显著,消极评价意味没有得到凸显。在习用环境中,"就"的语篇衔接功能下降,导致消极评价意味凸显。

5.3.7 小结

(1)话语标记"就"来源于表逻辑顺承的关联副词"就"。

(2)主动省略的修辞语用策略使"就"韵律独立,在形式上做好了成为饰句副词的准备。

(3)当前一分句中不存在与"就"配对的关联词语,"就"获得了话语标记和副词的双重用法。

(4)当"就"后面切换了话题,或前面表示"大量","就"便成为典型的话语标记。

(5)习用化后,处于话轮之首的"就"获得了表示消极评价这一新的语用义。

其形成过程见图5-3。

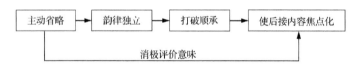

图5-3 话语标记"就"形成的流程

5.4 语气类话语标记"当然"的形成

语气副词内部成员数量同样因划分标准的不同而表现出巨大的差异,根据齐春红(2006:20-21)的整理,少的有18个,多的有159个。语气类话语标记共10个,在语气副词中占比是较高的。语气类话语标记中"当然"

的功能覆盖率最高，是最典型的话语标记，所以下文讨论话语标记"当然"的形成。

5.4.1 副词"当然"的两种用法

现代汉语中，"当然"作为副词主要有两种用法，一种用于表确信语气，另一种用于衔接语篇。

5.4.1.1 表确信语气

(56) 我们再次找到了传授技术的公司，记者得到了这样的答复：假鸡蛋跟真鸡蛋<u>当然</u>会有所不同。

(57) 主持人：好，观众朋友大家好，欢迎收看《乡约》，我是肖东坡。我现在是在河南省宝丰县赵庄乡。这里是闻名天下的魔术之乡。今天《乡约》行走至此呢，既然来到了魔术之乡，<u>当然</u>要讨教一番。

"当然"作为语气副词位于主语和谓语之间，修饰谓语，"表示肯定。有加强语气的作用，表示不必怀疑"（《现代汉语八百词》）。在表确信的语境中，做判断的标准为客观真理或约定俗成的公理，也就是人类社会公认的道理。例（56）中，假鸡蛋和真鸡蛋不同，这是客观真理；例（57）中，到魔术之乡要讨教一番，这是人之常情，是约定俗成的公理。对"会有所不同""要讨教一番"做出肯定、强调的判断，不需要说话者主观意识的参与，命题没有可以被怀疑的可能性。这是"当然"最基础的语义，亦即概念义、编码义。

5.4.1.2 衔接语篇

(58) 我妈特别了不起，我觉得，我经常跟人说，我说这辈子我见过很多妈妈，很多母亲，但从来没有见过像我妈这样的。<u>当然</u>，所有的母亲都很伟大，都有牺牲精神，但是我妈呢，教育方式是很奇怪的。

(59) 那个时候在学校我记得很清楚，小学，凡是班里只要是丢东西，一定搜我，其实我从来没偷过东西。啊，<u>当然</u>，跑到农村偷个鸭子啊，偷个铁卖的还是干过，或者是偷个什么黄瓜，偷个苹果的还是干过。但是偷人家里东西确实没有，尤其偷同学的没有。

(60) 你比如说在现在的全市的范围，安排的端午节活动就达119项，<u>当然</u>，这个过程当中有很多是属于以社区来做的……

"当然"还可以位于句子开头,在语篇中起衔接语篇的作用,表确信的概念义发生了一定程度的漂白。姚小鹏(2011:54)指出"当然"的语篇衔接功能为"追补"。也就是说,这里说"当然"主要不是为了表确信,而是为了追加说明一些内容。如例(58),说"当然"的目的主要不是要确信、强调所有的母亲都很伟大,而是为了引出"我妈的教育方式很奇怪"这一观点,是一种"欲抑先扬"的修辞手段,表确信并非本意;例(59),说"当然"既是对前文的补充,也是为下文做"欲抑先扬"做准备,同样主要不是表确信;例(60),说"当然"只是基于个人的判断而不是法律法规,主要不是为了表确信,而是补充说明后续的内容。

其中,例(60)的概念义虚化程度最高,基本不具有概念义,可视作话语标记,例(59)次之,也可视作话语标记,例(58)的概念义虚化程度最低,兼有表确信和表承接的意味,它和例(59)、(60)的区别在于,"当然"可从饰句副词"退化"成饰谓副词,如:

(58)′所有的母亲<u>当然</u>都很伟大,都有牺牲精神,但是我妈呢,教育方式是很奇怪的。

"退化"后"当然"没有了承接义,只有确信义,但是句子的意思没有变化,都是表达"所有的母亲都很伟大,都有牺牲精神,这是无须怀疑的",只是"当然"少了衔接语篇的作用。而例(59)、(60)中的"当然"不能退化成饰谓副词:

(59)′? 跑到农村偷个鸭子啊,偷个铁卖的<u>当然</u>还是干过。
(60)′*这个过程当中有很多<u>当然</u>是属于以社区来做的。

例(59)′和例(60)′这两句的接受度是成问题的,因为作为饰谓副词时"当然"的判断环境必须是无须怀疑的公理,说自己"干过偷鸭子、偷铁的事,这是无须怀疑的"应该并非说话者本意,"有很多是属于社区来做的,这是无须怀疑的"缺乏法律依据。

对于例(58)中的"当然",当把它的作用视为表确信义时,不能视作话语标记;当把它的作用视为表衔接时,可以视作话语标记。

5.4.2 "当然"发生语法化的动因

根据玄玥(2017:30)的研究,"当然"用作表确信的评注副词早在宋代已有用例，从清代起，"当然"可以位于句首，成为连接性的关联副词。从时间上来看，表衔接的用法后起于表确信的用法，表衔接是从表确信用法发展而来。由此，话语标记"当然"的形成是沿着这样的路径：表确信 > 表承接 > 话语标记。

语气副词的特殊性是诱发"当然"发生语法化的动因。按照语法化的一般流程，副词发展为话语标记会经历以下变化：

（1）形式上，经历饰谓副词 > 饰句副词 > 话语标记的变化。（Traugott，1995a）

（2）主观性增强，加入了言者的评价意味。（Traugott，1995a；罗耀华、齐春红，2007）

（3）语义从概念层面转移到语篇、人际层面，即不再表示对命题的描述，而是表示对语篇的组织或命题的评价。

从形式上看，表确信语气的"当然"位于句中，是饰谓副词，表承接的"当然"位于句首或两个小句之间，是饰句副词，似乎符合变化（1）。然而，"当然"在表确信语气时也可以前移至句首，如例（56）可替换成：

（56）′我们再次找到了传授技术的公司，记者得到了这样的答复：<u>当然</u>，假鸡蛋跟真鸡蛋会有所不同。

例（56）′和例（56）语义没有什么区别，这是因为"当然"是语气副词，语气副词的句法分布具有灵活性，"绝大多数双音节评注副词都可以根据表达的需要，或者位于句中，或者位于句首，或者位于句末"（张谊生，2018：51）。"评注性副词的基本功用是对相关命题或述题进行主观评注"，"主要是充当高层谓语"（张谊生，2018：49），"这类副词无论在任何位置上，都带有言者判断的解读"（方梅，2022：12）。也就是说，即使"当然"不在句首，它也带有主观性，语义辖域是整个句子而不仅仅是谓语，句中的当然和句首的"当然"在主观性和语义辖域上没有什么不同。这就使"当然"经常可以脱离句子放置在句首位置。

"当然"的概念义中本身就含有主观评价，且是针对整个命题的评价，所以它的位置特别灵活，经常可以处于句首，而句首是关联副词、连词、话语标记这类具有语篇功能的表达式的典型位置，处在这一位置，触发了"当然"发生语法化，从而发展出语篇功能，进而成为话语标记。

在语义上，话语标记"当然"的形成经历了以下变化：表确信＞表承接＞基本无概念义。即表确信的概念义发生虚化，发展出衔接语篇的功能，当衔接中的逻辑关系进一步虚化，仅仅发挥切换话题、延伸话题等话题功能，"当然"就成了一个典型的话语标记。

5.4.3　桥梁环境一：表确信＞表客套的确信

表客套确信的"当然"都位于话轮起始位置，形成了比较固定的表达式："当然……但是……"。如：

（61）赵纪成：我觉得还不能简单地称为是购买服务，就是他这个所谓的这个钱，我们应该给他定一下性质，它到底属于什么？我倒认为它实际上属于一种荣誉……

张峰：<u>当然</u>，钱的性质确实是这样一个性质，但是钱产生的效果可能会走到另外一个极端，你比如说那些捡烟头的人从自己家烟灰缸你拿出来之后，他就当作是一种商品的交易了……

例（61）中，先以"当然"和后面的小句肯定对方，再以"但是"提示自己真正想说的，这时"当然"不再是客观的确信，而是客套的确信。"当然"的这种用法是基于会话合作原则中的礼貌原则（张则顺，2014：194）。即说话者实际并不完全认同对方观点，但为了保全对方面子、避免冲突，先认同对方的观点，再提出自己真正想表达的观点。

张则顺（2014：93）指出这样的"当然"与后句粘连，表达的是让步意义。我们认为讨论表让步对话语标记"当然"的形成并没有什么意义，因为"当然"表让步不能作用于篇章，它与后面配对的"但是"组合成一个完整的闭合的逻辑圈，形成"当然……但是"这种较为固定的说法。从整体来看，"当然"的功能仅仅就相当于配对连词中的前部而已，而一般虚化的连词都是属后的连词（方梅，2000：468），属前的连词不太可能发生语法化从而变成话语标记。张则顺（2014：194）注意到了这个问题，因此说"'当然'的让步意义只是一种常规的优先的理解"，属于一般会话含义，确信义仍然部分保留。问题就在于，既然"当然"表让步是对对方的回应，那就不能看成仅仅和后句粘连，而应优先看作和前句粘连。表让步并不是语义的变化，而是基于礼貌原则、客套表达推出的语用义、隐含义，和确信义不处在同一层面。从语义变化的线性路径来说，"当然……但是"这样的表达中只能看出"当然"的确信义发生了虚化，让步义的形成在线性变化路径中没有一席之地。

总之，在"当然……但是"这样的表达中，"当然"仍然和前句粘连，表示客套的确信。由于"确信"是基于客套做出的而不是基于客观事实做出的，所以确信度下降，概念义发生了虚化。同时，"当然"处在句子开头，不可避免地带有部分话题功能。以顺应论来看，"当然"无疑是元语用意识的体现，虚化的那部分概念义已经转移到了元话语层面，用来组织语篇。从语义到功能，表确信＞表客套确信这一步骤为话语标记"当然"的形成做好了前期准备。实际上，此时的"当然"已经可以视作话语标记，主要功能是延伸话题，轻读。不过还不能排除副词用法，因为可以将其退化成饰谓副词："钱的性质当然确实是这样一个性质"，重读。

5.4.4 桥梁环境二：表确信＞表主观的确信

虽然表确信的原始、理想环境是无须怀疑的真理或公约，但确信度是一种连续量，对其只能做高、低的判断，而很难做有、无的判断。如例（59）中的"跑到农村偷个鸭子啊，偷个铁卖的当然还是干过"这句话的确信度就较难判断，可能有人认为是合理的、无须怀疑的，有人认为是不可信的。因此，除了在无须怀疑的环境中表达确信，人们常常也在主观判断中表达确信。表主观的确信都位于话轮中间，说"当然"的语境不是客观真理或社会公约，确信义中带有主观性，确信度下降。如：

（62）我们这一代人，尤其是学者一定要读繁体字的书，一定要认识繁体字。当然，现在年轻人的确有困难。我觉得这个问题第一重视它……

例（62）中的"当然"仍然可以重读，视为表确信，虽然这个确信没有公理作为支撑，是说话者个人的主观判断，但将其退化成饰句副词依然是可以接受的。

（62）′我们这一代人，尤其是学者一定要读繁体字的书，一定要认识繁体字。现在年轻人当然的确有困难。我觉得这个问题第一重视它……

然而对比例（62）和例（62）′，存在这几点不同：

首先，例（62）中"现在年轻人的确有困难"是新信息；例（62）′则预设着这样一个信息：有人怀疑"现在年轻人的确有困难"，因此是旧信息。

因为依照格莱斯的会话合作原则,说话者不会故意说谎(张则顺,2014:192),即说出"现在年轻人的确有困难"就已经表达了对命题的确信,"当着意肯定一个事实时,通常也要具备这样一个前提,就是有人怀疑这个事实的真实性"(罗耀华、齐春红,2007:34)。

其次,例(62)中的"当然"位于句首,多了组织语篇的功能或话语标记功能。

虽然"当然"并不能排除副词用法,但前置独用时比用作饰谓副词时多了标记新信息、组织语篇这两个功能,因此发挥的主要是衔接语篇的功能。这一环境同样是话语标记"当然"形成的桥梁环境。当认为"当然"退化成饰谓副词表示确信是可以接受的,那么"当然"是副词,重读;当认为表示确信不可接受,那就是话语标记,轻读。

5.4.5 话语标记"当然"形成的转换环境

在以上两个桥梁环境中,"当然"的概念义发生虚化,确信度下降,发展出了语篇衔接功能,带有元话语特征,只是确信义这一概念还不能完全排除,因此既可看作话语标记又可看作副词。对桥梁环境一而言,当"当然"后面没有转折,不是表达客套的确信,退化成饰谓副词时不可接受,则确信义得以排除,形成转换环境;对桥梁环境二而言,当"当然"退化成饰谓副词不可接受时,确信义得以排除,形成转换环境。如:

(63)许子东:因为这个是世界纪录。

梁文道:对,他们就是所谓"更高、更快、更强",帮我们跑出人类的水平了。

窦文涛:<u>当然</u>,现在大家也不太承认博尔特是人类了,他一般网上就说是外星人入侵地球了。

(64)但毕竟它还不算是平民工具,所谓的超低价机票,甚至是10块钱机票,现在看来,更多的不过是一种炒作噱头。<u>当然</u>,今年的情况和以往的纯粹炒作可能有点不同,受金融危机影响,很多航空公司都在亏损。

例(63)中,"当然"处在话轮之首,但后面没有"但是",因此排除客套的确信;同时还需要排除客观的确信:将其退化成"现在大家当然也不太承认博尔特是人类了",不可接受。所以"当然"不表达确信义,成为典型的话语标记,用于延伸话题,轻读。例(64)中,将"当然"退化成饰谓副词:"今年的情况和以往的纯粹炒作当然可能有点不同",不可接受,因为说话者显然没有对"今年的情况和以往不同"表达确信的本意。所以"当然"不表达确信义,成为典型的程度副词,用于延伸话题,轻读。

5.4.6 小结

评注副词"当然"的语法化依旧沿着饰谓副词＞饰句副词＞话语标记这一路径发展。虽然作为语气副词"当然"的语义辖域本身就是整个命题,但修饰谓语时和修饰句子时还是有一些不同。以下句为例:

(65) A. 地球<u>当然</u>比月亮大。

B. 地球比月亮大,这是<u>当然</u>的。

C. <u>当然</u>,地球比月亮大。(自拟语料)

例(65)中的 A 句,"当然"的辖域是整个命题,其实表达的是 B 句而不是 C 句。C 句相比 A 句有以下两点不同:表示客套的、主观的确信(弱化了的确信)能进入 C 句而不能进入 A 句;新信息能进入 C 句而不能进入 A 句。因此,C 句的"当然"相较于 A 句概念义虚化,多了语篇功能,发展出话语标记用法。

话语标记"当然"的形成有两条路径:位于话轮之首的由表客套确信发展而来;位于话轮之间的由表主观确信发展而来。总之,都是确信度下降,概念义发生虚化。当所在的语境排除了"当然"的确信义,"当然"就成为话语标记,方法是将其退化成饰谓副词,退化后语义能接受的,则仍有部分确信义,不能接受的,确信义发生漂白。话语标记"当然"形成的过程见图 5-4。

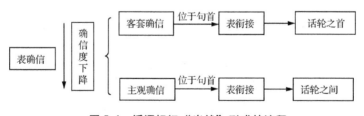

图 5-4 话语标记"当然"形成的流程

5.5 时间类话语标记"然后"的形成

现代汉语中"然后"的词类归属较有争议,《现代汉语八百词》和《现代汉语虚词词典》都将其归为连词,李泉(1996)、张谊生(2000)则将其归为副词,我们将其视为副词。从归类,就可知道"然后"在副词中是个语法化程度很高的词,已经具备了连词的一些特征。

"然后"的编码义为:表示一件事情之后接着又发生另一件事情。前句有时用'先、首先'等,后句有时用'再、又、还'等。(《现代汉语八百词》)"表示一件事情之后接着又发生另一件事情"(《现代汉语词典(第5版)》)也就是表示时间上的承接。然而,这并不是现代汉语中"然后"最常用的意义,王伟、周卫红(2005:33)的问卷调查显示有63%的被调查者使用"然后"的情况与《现代汉语词典》的描述不同。也就是说,现代汉语中,"然后"主要有两种用法,一种表时间顺序,即词典收录的编码义;另一种表关联,即话语标记用法,且话语标记用法更为常见。由此,要揭示话语标记"然后"的形成路径,不能从表时间承接义开始讨论,而必须从源头厘清其本源意义。

5.5.1 "然后"的词汇化:"然"+"后"表逻辑的顺承

一般认为,"然后"来源于跨层结构"然"+"后"。"然"是指代词,意思是"这,这样";"后",对其解释有主要有两种,分别是时间的顺承①和位置的顺承②。这样组合起来,"然后"就可以表示"这样以后"或"这后面"。我们认为位置上的顺承是"后"的本义,时间顺承是从位置顺承引申而来。

首先,《说文解字》对"後"的解释是从"彳、幺、夂者","彳"与行走有关,于是问题的关键在于究竟是从"落在后面"推出"走得慢",还是从"走得慢"推出"落在后面"。从认知规律来说,人类掌握方位概念比时间概念更容易,因为时间概念更抽象,所以"后"的本意应该是表位置

---

① 《说文解字》:後,遲也。
② 《玉篇》:前後也。

承接。

其次，位置的顺承涵盖的范围比时间的顺承广，因为除了时间关系外，条件关系、假设关系等都有位置上前后顺承的意味，早期例子的"然后"多表示条件关系、假设关系等逻辑的顺承而不是时间的顺承，逻辑顺承直接从位置顺承引申而来。

5.5.1.1 表条件关系

吕叔湘指出"然后"连接的"不但是一先一后的两件事，而且隐隐含有无甲事则无乙事"的条件句（转引自何洪峰、孙岚，2010：16），指的就是表条件关系。"然后"连用最早见于《周易》，均表条件关系，如：

(66) 有事而后可大，故受之以临。临者，大也。物大<u>然后</u>可观，故受之以观。（《周易》）

(67) 故水火相逮，雷风不相悖，山泽通气，<u>然后</u>能变化既成万物也。（《周易》）

(68) 有天地，<u>然后</u>有万物，有万物，<u>然后</u>有男女；有男女，<u>然后</u>有夫妇；有夫妇，<u>然后</u>有父子；有父子，<u>然后</u>有君臣；有君臣，<u>然后</u>有上下；有上下，<u>然后</u>礼义有所错。（《周易》）

从例（66）到例（68），"然后"的前指部分是后指部分成立的充分条件或必要条件。如例（66），"然后"相当于"如此，就"，前件是后件的充分条件，意思是"物大就可观"，逻辑推理为：物大为真→可观为真。例（67）中，"然后"相当于"如此，才"，前件是后件的必要条件，意思是"山泽通气，才能变化既成万物"，逻辑推理为：能变化既成万物为真→山泽通气为真。例（68）同例（67），表示的也是"如此，才"，意思是"有天地，才有万物……有上下，礼义才有所错"。"然后"中，承担语义的主要是"然"，"后"只是由条件关系带来的蕴含时间关系的附属品。因为前、后件之间具有条件关系，所以语义限制很严格，只有客观事理才能进入这一句式。

5.5.1.2 表假设关系

(69) 众说，必咨于其君。其君不听，<u>然后</u>诔焉。虽欲御我，谁与？（《国语》）

到了春秋时期,"然后"可用于表假设关系,如例(69),"其君不听"是个假设句,"然后"表示的是对假设的结果推断,相当于"如此,那么",因为"如此"复指前句,可省略,所以就变成"其君不听的话,那么杀了他"。逻辑推理同条件关系中的充分条件:其君不听为真→诛为真。在这里,虽然"然后"也是表达逻辑关系,但说话者的重点并不是做逻辑推理,而是假设一种情形,并且还预设了与假设相反的情形:(如果晋君听了,那么……)如果晋君不听,那么杀了他。与条件关系相比,假设关系中的"然后"对逻辑的依赖度下降了,对事件的客观性、必然性不再有要求,非客观事理也能进入这一句式。

从表条件关系→表假设关系,发展趋势是逻辑依赖度下降,主观性增强。至于其下一步走向,何洪峰、孙岚(2010:18)认为是沿着这样的路径形成话语标记:表示条件→时间顺序→空间顺序→事理顺序→无序顺序→话语标记。我们认为"然后"的话语标记功能直接承接自时间顺序,因为检索语料后发现话语标记"然后"萌芽时间非常早,没有证据显示表空间顺序、事理顺序的用法早于话语标记用法。

5.5.2 副词"然后"表时间顺序

表逻辑顺承和表时间顺序的区别在于:逻辑顺承中,"然后"前后的内容有推理关系,或者是前件为真推出后件为真(充分条件),或者是后件为真推出前件为真(必要条件);时间顺序中,"然后"前后内容没有推理关系。调查语料后发现,"然后"表时间顺序大致形成于春秋战国时期。

(70)有炎人国者,其亲戚死,朽其肉而弃之,<u>然后</u>埋其骨,乃成为孝子。(《墨子》)

(71)夫至乐者,先应之以人事,顺之以天理,行之以五德,应之以自然。<u>然后</u>调理四时,太和万物。四时迭起,万物循生。(《庄子》)

例(70)中,"朽其肉而弃之"为真不能推出"埋其骨"为真,反之亦然。例(71)中,"夫至乐者……应之以自然"和"调理四时,太和万物"之间也没有推理关系,这两个命题无论哪个都不需要以另一个为真作为成立的条件。

表时间顺序的形成机制是:表达逻辑的顺承时,因为条件→结果、假设→结果的关系中总是蕴含着时间先后的关系,所以"然后"很容易发展出表示时间顺承的语义,这时"然"的语义发生弱化,经过重新分析,"如此之后"弱化"如此",凸显"之后",最后变成表时间顺序。"然后"的这种用法在汉语中延续了下来,在现代汉语中仍然经常用于表时间顺序,如:

(72) 最终,大家一起设计了一整套救援方案。首先,在矿洞上面搭了支撑滑轮的架子;<u>然后</u>,一个人带着镇静剂和绳索下到洞底,让马安静下来,再给它捆上绳索;最后借助滑轮,众人合力将马从矿洞中拉了出来。

5.5.3 时间顺序的主观化

在典型的、客观的表时间顺序的语例中,"然后"前后两个小句动作的施为者必须相同,因为时间顺序是一维的,必须选定一个参照物,且参照物、视角均不能发生变化,这样才能揭示客观的时间的流动。以例(70)为例:

$$\text{炎人国者之人} \xrightarrow{\text{朽其肉而弃之}} \text{然后} \xrightarrow{\text{埋其骨}} \text{成为孝子}$$

这是炎人国者之人成为孝子的客观的时间顺序,前后事件处于一维直线上。

时间顺序主观化以后,动作的施为者可以不同,如:

(73) 官中四荣,树其余日害女功。官室械器非山无所仰。<u>然后</u>君立三等之租于山,曰:握以下者为柴楂,把以上者为室奉,三围以上为棺椁之奉……(《管子》)

(74) 其御惧曰:"臣言过也,君实贤,唯群臣不肖共害贤。"<u>然后</u>靖郭君悦,然后食。(《新序》)

从例(73)到例(74),"然后"后面小句中的主语和前面小句的主语不是同一人,说明观察的视角以及参照物都发生了变化,如例(74):

$$\text{然后} \begin{cases} \text{马夫} \xrightarrow{\text{说"臣言过也……"}} \\ \text{靖郭君} \xrightarrow{\text{悦}} \end{cases}$$

例(74)中其实包含两个事件,这两个事件都有独立的起止时间,从严格意义来讲,"然后"后面的动作应发生在前一动作结束后,然而,"靖郭君悦"究竟发生在哪个时间段并不好断定,也许在马夫说到"君实贤",后面话还没讲完,靖郭君已经"悦"了。这样的话,"靖郭君悦"就不是发生在马夫说完"唯群臣不肖共害贤"后,理论上不应该用"然后"。事实上,由于参照物和视角发生了变化,说话者根本没有办法对时间顺序做出准确的判断。可见,这里的"然后"已经主观化了,说话者并不是想表达后一小句发生的时间在前一小句之后,而是表达他认为的两个事件的先后顺序,这是客观时间顺序在人的认知的投射。当然,虽然这几例中时间顺序发生了主观化,但"然后"依然应看作表时间顺序,因为前一小句可加"首先"。

5.5.4 话语标记"然后"形成的桥梁环境

从明朝开始,表时间顺序的副词"然后"后可以加标点,和后面的小句分离开,但维持话题不变。

(75)次日,孟观入宫,见贾后说:"计成,必须娘娘矫圣上手诏,去宣杨骏入内,执而诛之。<u>然后</u>,臣等以兵夷其三族。"(明《两晋秘史》)

(76)这里西门庆就会夏提刑起身。来保从东昌府船上就先见了蔡御史,送了下程。<u>然后</u>,西门庆与夏提刑出郊五十里迎接到新河口——地名百家村。(明《金瓶梅》)

(77)现在虽然闭城,只要他前来,先打他一个精光;<u>然后</u>,让我亲到嘉兴府去见了府官,与他说明,量他不敢怎样!(清《乾隆南巡记》)

(78)中军各官见他虽是白衣,却是钦奉圣旨,不敢简慢,也就还了礼。<u>然后</u>,方德上来与高进忠见利,说明原委,因又认了世谊,便叫高进忠为师叔,又问明父亲曾否前往四川,高进忠又将以往的话说了一遍,方德感激不已。(清《乾隆南巡记》)

(79)随着他们走进城隍庙的边门,先看看最后一进的城隍娘娘的卧室,两廊用布画像代塑佛的二殿,香烟迷漫佛像高大的正殿,虔诚进香的信男信女,看中国妇女如何敬神的外国绅士,充满了"海味"的和尚,在这里认识认识封建势力,是如何仍旧在支配着中国的民众,想一想我们还得走过怎样艰苦的路程,才能走向我们的理想。<u>然后</u>,你可以走将出来,转到殿外的右手,翻一翻城隍庙唯一的把杂志书籍当报纸卖的"书摊"。(1936年《城隍庙的书市》)

从例(75)到例(79),"然后"变得韵律独立,与后面小句联系变得松散,语义辖域不再限于紧邻的小句,而是扩大至后面的复杂表达,作为饰句副词，主要发挥语篇组织功能。如例（78），"然后"后面有一长串复句表达多个事件，与其说是想表达这些事情发生的先后顺序，不如说是以"然后"作为衔接语篇的工具。例（79）中，"然后"后面是个表建议的祈使句，是还没有发生的未然事件，对未然事件说"然后"，更不是为了表时间顺序，而是组织话语时元语用意识的反映，主要用来组织、校调话语。

这里的"然后"都已经可以视作话语标记，用来发挥延伸话题的作用，但还不能排除副词用法，因为这几例都可以在前面加"先"或"首先"，即虽然表时间顺序进一步发生主观化，因为话题没有发生变化，在同一个话题内发生的不同事件，还是可以按照说话者的心理排序将其按顺序排列。当认为"然后"主要提示时间顺序，那么"然后"为副词；当认为"然后"主要发挥话题、话轮功能，那么"然后"为话语标记。

5.5.5 话语标记"然后"形成的转换环境

5.5.5.1 不再表时间顺序

随着时间顺序的进一步泛化和主观化，"然后"在概念结构不再表时间顺序，前面不可加"先""首先"，后面话题发生变化，如：

（80）方大凤：我想，错不了；我是谁的女儿啊，能不入弦？就这么办了，从明天起，我就吊嗓子。<u>然后</u>，我就走遍了各处，给工人唱，给老百姓唱；乡下人一年也未必听到一回玩意儿。我有我的老主意，我才不跟你们在大城里头挤热羊呢！

（81）因为不曾见过海，就把海想象得更加离奇，我想海啸像音乐；像我们高级小学里面唱的那支校歌：当海在唱歌的时候，风就给它打拍子；<u>然后</u>，船行的响声，海燕的叫声，许多声音都合在一起，这样就成了一个乐队。

（82）如果车身震动小，方向盘和挡把震动微弱，说明车的性能还不错。<u>然后</u>，您还可以放下车窗，比较一下车内外的声音变化，看看这车辆的隔音密封性是不是良好。

从例（80）到例（82），"然后"前面的小句都不能加"首先"，因为"然后"后面转换了话题，前后内容不处在一个时空域，自然无法以时间先后排序，因此"然后"的副词用法得以排除，彻底成了一个话语标记。概念结构的意义彻底虚化，转移至元话语层，用于组织话语。

5.5.5.2 "然后"表关联顺序

所谓关联顺序，指的是排除了逻辑顺承和时间顺序的顺序关系，包括列举顺序、空间顺序、心理顺序等。如：

（83）肖东坡：不会有这样的玻璃吧？

李旭爽：试一下！看我把这块玻璃放进水里，这是一壶滚烫的开水，<u>然后</u>，这是冰块。

（84）简单说，收藏白酒，年份很重要，越老越值钱。<u>然后</u>，是它的重量。都知道，酒易挥发。所以，玄机就在这里了。两瓶酒，一瓶878克，一瓶816克，自然酒越重，价钱也就越贵！

例（83）中，"然后"表示的是列举顺序；例（84）中，"然后"表示的是按重要程度排列的心理顺序。它们也是从时间顺序发展而来，其实也就是时间域在心理域的投射，本质上仍可视作时间顺序，因为可以前加"首先"。

在出现时间上，"然后"表关联顺序并不早于话语标记用法，成熟、典型的话语标记用法产生于20世纪四五十年代，萌芽于明代，而表关联顺序的"然后"在当代才频繁使用。因此，表关联并不在从表时间顺序到话语标记的语法化路径中，它是时间顺序在心理域的投射，话题没有变化，动作施为者也没有发生变化，不会发展出语篇组织功能，进而也就不会发展成话语标记

5.5.6 小结

"然后"的语法化链条见图5-5。

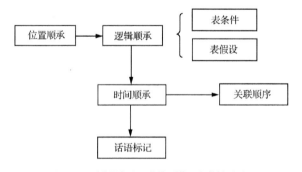

图5-5 话语标记"然后"形成的流程

5.6 程度类话语标记"尤其"的形成

程度副词内部成员数量,因划分标准的不同而表现出巨大的差异。季薇(2011:33-38)对此做了全面的梳理,她指出,收录程度副词数量最多的有 174 个(《现代汉语副词分类实用词典》),最少的仅 45 个(《普通话三千常用词表》)。在综合了 10 部工具书和论文后,考虑到使用频率、方言或文言色彩等因素,经过筛选,得到 79 个程度副词。我们认为这个数字是较为可信的。在所有程度副词中,能充当话语标记的共 2 个,分别是"尤其"和"特别",占程度副词总数的比例为 2.5%,占比是比较低的。下面讨论程度类话语标记"尤其"的形成。

5.6.1 程度副词"尤其"概念义的虚化

《现代汉语八百词》中对副词"尤其"的解释是:"表示在全体中或与其他事物相比较时特别突出。一般用在句子的后一部分。"

(85)面对新技术革命的发展和国际竞争的激烈,这些国家不仅重视高级人才的培养,而且<u>尤其</u>重视国民素质的提高,把基础教育当作人力资源开发的根基。

(86)所谓发现机制,既有监管部门主动的日常巡查、专项整顿发现,也有通过消费者投诉、举报而发现,从新闻媒体曝光的食品问题中发现,还有其他部门转来和移送过来,还有上级部门和领导批示下来。<u>尤其</u>应重视群体性的食品安全投诉、举报。

(87)对于胶的成分及从胶分离的物质的生物学活性需要继续研究。<u>尤其</u>,不同地理区胶植物的发现可能特别重要。

从例(85)到例(87),"尤其"经历了饰谓副词 > 饰句副词 > 话语标记的演变路径,其语义演变表示如下(方括号内的内容表示一个命题):

(85)[与……相比,特别突出……]
(86)[……][应该特别突出……]
(87)[……]特别突出想说[……]

"尤其"的概念义具体发生了如下三点变化。

5.6.1.1 语义辖域变宽

例（85）中，"不仅重视"和"尤其重视"构成一组对比项，"尤其"的辖域仅为紧接着的动词"重视"，为典型的程度副词用法，表示对所修饰动词的限定，"尤其"是命题的组成部分。例（86）中，"尤其"位于句首，所辖范围是后面跟着的整个句子，成了一个评注副词，用来评估对后面命题的态度，表示"重视群体性的食品安全投诉、举报"这一点是应该特别突出的，依旧管辖着命题。例（87）中，"尤其"作用于两个命题之间，"用于评估即将到来的文本与之前文本的关系，而不是评估命题本身"（Traugott，1995b：13），其语义不再作用于命题，成为话语标记。

5.6.1.2 真值条件＞非真值条件

例（85）中，"尤其"在命题中表达逻辑关系，表示程度高，不可删去，为真值条件意义。例（86）中，"尤其"表示说话者对命题的主观判断，不影响命题真值，为非真值条件意义。例（87）中，"尤其"是用来组织语篇的元话语，可以删去，为非真值条件意义。

5.6.1.3 主观性加强

例（85）有做出"特别突出"这一判断的参照物（"重视高级人才的培养"），也有"特别突出"的主体内容（"重视国民素质的提高"），做出的判断是基于对这两者的比较，客观性强，几乎没有主观性的参与。例（86）中不存在参照物，只有突出的主体。既然"尤其"表达的是（与××相比）特别突出，那么"尤其"后面的内容一定是值得突出、应该突出的，这样，在例（86）中"尤其"就获得了情态义，表达说话者认为某个命题应该突出。说话者做出"应该突出"这一判断是基于人类对客观世界的整体认知，主观性加强。例（87）中，既没有参照物，也没有"特别突出"的主体内容，"尤其"由表达"特别突出某个事物"，变成"特别突出想说的是"，上升至元话语层面，具有了语篇功能和人际功能，主观性进一步加强，产生了交互主观性。

5.6.2 程度类话语标记"尤其"形成的桥梁环境

概念义发生虚化后，非命题（程序性、元语言、元文本、礼貌等）意义的获得构成了"语义-语用的语境扩展……这些形式的语用丰富或强化是通过特定语境中会话含义的惯例化实现的"（Brinton，2018：28）。也就是说，程序义不是必然产生的，而是只产生于特定的语境中。

"尤其"表示"突出"这一概念义时，有这样的常规隐含义："尤其"前后的内容是可以比较的，即属于某一个特定的范畴，有可能相比的属性。如果两类事物不能归属于同一个范畴，没有可比性，则不能用"尤其"来比较，对比以下两组句子：

(88) A. 他很喜欢小动物，<u>尤其</u>是小狗。
　　　B. 他喜欢小猫、兔子、金鱼，<u>尤其</u>喜欢小狗。
(89) *A. 他很喜欢小动物，<u>尤其</u>是爬山。
　　　*B. 他喜欢小猫、兔子、金鱼，<u>尤其</u>喜欢爬山。（自拟语料）

例（88）成立，因为比较项同属于动物，具有可比性。而例（89）中，小动物和爬山之间很难找到可用来比较的属性，因此不成立。在例（89）的语境中，"尤其"不可能获得程序义，因为前后内容完全不相关，"尤其"用在这里是不合语法的。

当比较项的属性虽然不具有必然的可比性，但具有可能的相关性，"尤其"的程序义便产生了。

(90) 很多人都忽视了，死其实是生活的一个重要内容；热爱生活的人最不怕死。<u>尤其</u>，对一个无神论者来说，对现在的我来说，死是最轻松的解脱。

"热爱生活的人"和"无神论者"之间没有必然的、特定的可比性。如果认为无神论者和热爱生活的人通常为一类人，那么"尤其"表达的是"突出"这一概念义。如果认为无神论者和热爱生活的人没有什么相关性，那么"尤其"就不再表达"突出"这一概念义，又因为"尤其"前后的内容有话语逻辑上的递进性，所以"尤其"表达某种程序义。由此，"尤其"前后内容虽然不具有必然的可比性但是具有可能的相关性，是"尤其"产生程序义的特定语境。在这一特定语境中，"尤其"既可以作为副词表达概念义，也可以充当话语标记表达程序义，不同的是，话语标记没有结构性的关联（Hopper & Traugott, 2003：81），其含义是一种会话隐含义，可以撤销。

(90)′很多人都忽视了，死其实是生活的一个重要内容；热爱生活的人最不怕死。<u>尤其</u>，对一个无神论者来说，对现在的我来说，死是最轻松的解脱。不过我可不是什么热爱生活的人。

5.6.3 程度类话语标记"尤其"形成的转换环境

当"尤其"同时可以表达概念义和程序义后,表达程序义的话语标记用法经过高频使用和惯例化,使"尤其"可以被用在前后没有可比性而只有话语递进性的命题之间,仅仅表达程序义,固定充当话语标记。

(91) 在经过"生死"的考验后,还能不合作吗?<u>尤其</u>,可慧是这样"情深不渝",几个男人有福气拥有这样的女孩?

(92) 因为以他来的方向和距离,如果贸然施展那罕世奇功,小仙就首当其冲。<u>尤其</u>,万一龙婆婆不甘示弱,以龙氏七绝迎敌,极可能是两败俱伤,甚至同归于尽的局面。

例(91)中,"尤其"前是一个问句,不存在可比性;例(92)中,前面是一个完整的推导性的句子,推导过程已经完成,也不存在可比性。这两例中"尤其"前后的内容都是独立的两个命题,"尤其"不再表达"突出"的概念义,而仅表达程序义。

5.6.4 语用推理

程序义是隐含义,无法从语境中直接解码得出,对隐含义的推导属于语用推理,主要涉及合作原则中的不过量原则。说话者给听话者发出了推理的邀请,听话者基于不过量原则,做出如下语用推理。

(1)"尤其"常规隐含着这样的逻辑意义:后面的内容是程度高的、突出的。

(2)"尤其"前后的内容没有可比性,无法比较程度的高低。

(3)"尤其"是多余的,说话者违反了量的原则(说话不应该过量)。

(4) 说话者是不会违反合作原则的,"尤其"一定另有其义。

(5)"尤其"表达的是"进一步说"这一程序义。

5.6.5 小结

话语标记"尤其"的发展变化见图5-6。

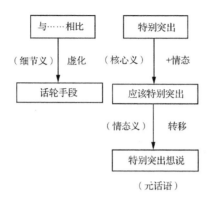

图 5-6 话语标记"尤其"形成的流程

5.7 本章小结

话语标记"不"来源于独用副词"不",语义发展链为:对谓语动词的否定→对部分的否定→对整体的否定→零否定。语用否定现象对话语标记"不"的形成发挥助推作用,但不处在语义发展链条中。

话语标记"没有"的语义发展链为:对名词的否定→对动词的否定→对事件的否定→对语境预设的否定。即否定存有→否定行为→否定说法→否定设想,语义从空间域→时间域→心理域,主观性逐渐增加。

话语标记"就"萌芽于主动省略用法,主动省略使"就"韵律独立,取得了成为话语标记的必要条件,其语义发展链为顺承性的打破。"就"成为话语标记后获得了消极评价义,其来源为主动省略。

话语标记"当然"的形成有两条路径:位于话轮之首的由表客套确信发展而来;位于话轮之间的由表主观确信发展而来。评注副词位置灵活的特性使"当然"可以经常处于句首,获得篇章连接功能。当"当然"不再具有确信意味,即当其不能退化为饰谓副词,则转化为话语标记。

话语标记"然后"的形成路径为:副词"然后"表位置上的顺承→表逻辑的顺承→表时间顺序→形成话语标记。表关联顺序的"然后"同样来源于时间顺承义,但其不在话语标记"然后"的路法化路径中。

话语标记"尤其"的形成经历了细节义的虚化和核心义的转移。

"与……相比"这一细节义在语法化中被漂白,前置独用后核心义"特别突出"获得了情态义,表示"应该特别突出",进一步语法化后核心义在概念层完全不起作用,转移至元话语层,表示"特别突出想说"。

第六章

对话语标记作用和本质的重新思考

副词类话语标记究竟能否增加话语连贯,是本章要解决的根本问题。讨论过程中涉及对以下问题的思考:关联理论和话语连贯理论的区别与共性是什么?连贯理论和关联理论解释话语标记功能的缺陷是什么?既然话语标记不能增加话语连贯,那么它存在的理据是什么?顺应论下话语标记的本质和作用是什么?

6.1 对话语标记作用的不同解读

话语标记基本没有概念意义,不参与句子的概念表达,从句法角度来看是可有可无的,删去后也不影响命题真值(Blakemore,1992;Brinton,1996;Heine,2013;冉永平,2000a;刘丽艳,2005;董秀芳,2007)。那么,话语标记的作用,或者说其存在的意义究竟是什么呢?对这个问题的回答主要有两种:(1)增加话语表达的顺畅度,使言语交际更顺畅;(2)是元话语手段,用于监控、调整话语。

关于第(1)个回答,究竟是怎样增加表达的顺畅度,主要有连贯派和关联派两种论调。连贯派的理论基础是话语连贯理论,关注的是语段之间的关系,这种关系包括逻辑(概念)关系,因此,如果给话语标记研究中的连贯派做一个界定,那就是关注话语标记在前后语段中的连接作用,并且不排斥其具有逻辑(概念)联系的这些研究者,代表人物有希夫林、雷德克、弗雷泽和埃尔曼。关联派的理论基础是关联理论,关注的是话语标记对语境解读产生的影响，认为话语标记的作用是引导听话者对接下来的话语进行推理，从而产生最佳关联。

6.2 连贯派的局限性

首先，连贯派的研究者们力图阐明话语标记对话语连贯的作用，过于强调话语标记连接上下文的属性。

他们认为话语标记是话语连贯的黏合剂，必须存在于前言和后语之间，用来显现前后语段之间的连贯关系。弗雷泽（Fraser，1999：942）更是特别提出应将段首的表达排除在话语标记之外。对于很多话语标记而言，它们确实起到连接相邻句段的作用，但弗雷泽将段首的表达式排除在话语标记之外的做法太过绝对，事实上他定义为评论标记的这些表达式，其他大部分研究者都视为话语标记。除了可以位于段首外，有些话语标记还可以位于段尾。

（1）左左：下一个就是这两天不是该高考了嘛，在高考之前，有好多地方的网吧全都给关了，网给你断了，然后就有一些网友在网上发帖子，责问当地的这些部门就说，你们关闭网吧那是依据哪条法律，你有依据吗？你就强制把这些都给关了，你说是为了考生，但是更多的人不方便呀，觉得你是不是为了考生影响了其他的人还是怎么着的。

立新：<u>反正</u>，我说，打一个不太恰当的比方，就在这个问题上，管理部门简直就是耗子进风箱两头受气。你说他不关这网吧，人家说高考，可能有家长，我这么猜，他关这网吧是有原因的，有家长可能就反映了，你看高考期间，之前也是这样，孩子他不学习，他跑到网吧玩去。

（2）陈鲁豫：什么叫打游击呢？

贾从才：打游击就说那些各大书店大大小小的我就去逛了多次了，那些保安都熟悉了，反正多数来就是光来看不会买的，你在一个摊位去看的话看久了他就要提醒你，他说你不去做业务啊，他说你一天在这看呐，我就走了在另一个地方我又去看，<u>反正</u>。

陈鲁豫：一本书，哦，分几个地方看？

贾从才：哎，分几个地方，而且分七次八次，我就断断续续把它看完，看完以后就不会再买那本了。

例(1)中说话者"左左"已经完成了一段相对完整的论述,"立新"接着"左左"的话题开始自己的论述,"反正"位于新句段的开端,只和后续的话语存在关联,和前面的话语不存在什么连贯性。例(2)中"反正"位于一个句段的末尾,只和前面的话语存在关联,和后面的话语不存在连贯性。像这样位于句段之首或末尾的话语标记,就很难说起到"黏合"作用,因为它们只能指向前或后一个方向,不能同时作用于前、后两个方向;同时,不存在两个可被黏合的材料,黏合也就无从谈起了。

其次,忽略对概念义的区分,导致话语标记的界定出现问题。

虽然希夫林给话语标记编织了4个语境维度、5个作用层面这样一个细致、严密的网,但其实依靠这个网还远远不足以把不同功能的话语标记区分开,即便是她列出的10个话语标记都无法区分,更不用说数量庞大的其他话语标记了。归根到底,她提出的话语标记的语境坐标功能,都离不开语言学属性(语义)的参与。比如"so和then共享相同的坐标,区别它们的是意义:so是结果性的,then是连续性的"(Schiffrin, 1987:325),也就是说,当坐标和话语层面都相同,无法区分两个话语标记的功能时,"意义"这个万金油就被搬了出来。同时,她又提出,某个连词发挥的是话语标记功能还是语法功能(概念义),取决于它所在的语境,这就陷入了这样的循环论证:语境的确定依赖于意义;意义的确定又依赖于语境。其实,话语标记用作文本坐标表示指前还是指后,不可能完全脱离语义而仅根据其位置就能确定,对于无意义或意义很少的话语标记如oh、now,或许仅凭位置就能确定是指后的,但对于because、so这样有意义的话语标记,很难不考虑逻辑联系而仅凭位置就确定其指向性。而且,除了oh、but、now、I mean,其他6个话语标记都既可以前指也可以后指,前指或后指的区分度非常有限,让人怀疑设置这一区分维度的必要性。

一些连贯派的学者对话语标记表达概念义的态度比较明确,如雷德克(Redeker, 1991)认为没有必要区分某个表达式究竟是副词用法还是话语标记用法,副词用法被归属于话语标记在概念结构中的使用。她(1990:379)指出,连贯性总是同时具有概念成分和语用成分,而概念结构和语用结构的标记可以是互补的。可以说,雷德克是仅从连贯角度来界定话语标记,而不区分话语标记与非话语标记在语法、语义上的区别,这一做法有无限扩大话语标记范围之嫌,不利于对话语标记这一类别的深入认识,我们不赞同这一做法。

另外一些连贯派的学者对话语标记表达概念义则远没有那么坚决,不仅前后说法不同,就是同一篇文章中,也有说法不一致之处。如弗雷泽(Fraser,1999:944-945)一方面指出"话语标记的含义是程序性的,而不是概念性的",一方面又把 in contrast 视作话语标记,指出 in contrast 出现后,发出信号,表示引入的小句与前面的小句形成对比,从而表达某种程序性意义。纵然 in contrast 确实有程序功能,但"形成对比"不正是其概念义吗?怎么能说"话语标记的含义是程序性的,而不是概念性的"呢?对于话语标记的概念义,他总体上是越来越支持的态度。埃尔曼的表述同样前后矛盾,她(Erman,2001:1339-1342)一方面说"语用标记本身很少或没有意义,只能通过上下文或情境中的线索来理解,或者只有约定俗成的语用义",一方面又说"语篇域中的标记因此'属于语篇',并且可以说是广义上的语篇的一部分","它们在句子层面上与连词相当"。既然是语篇的一部分,必然具有命题意义;既然和连词相当,必然表示逻辑意义。这两种属性都和"没有意义"相背离。

希夫林和雷德克这两位研究者没有提及非真值条件理论,她们列出的话语标记列表中既包含真值条件表达也包含非真值条件表达;而弗雷泽虽然认为话语标记都是非真值条件的,其话语标记列表中却既包括概念表达式,如 as a result,也包括 however、so 这样的真值条件表达。埃尔曼同样将 the thing is that,what was I going to say 这样概念义完整的表达式和 you know 这样基本没有概念义、固定充当话语标记的表达放置在同一层面来讨论。虽然连词、句子副词等表达式确实能够作用于语篇层面,同样具有增强话语连贯性的作用,但将它们和普遍认为基本不具有概念义、其意义为非真值条件的话语标记置于同一层面,始终有混淆语言和语用的误导,难以确立话语标记的正确范围,从而揭示话语标记的真正作用。

6.3 连贯派与关联派的异同

6.3.1 相同点

不管是连贯派还是关联派,都有一个共同的基本认识,那就是话语标记有助于增强话语连贯性,这是两者最大的相同点。进一步说,两个派别都认为话语标记是说话者选择的一种连贯手段,用来帮助听话者更好地理解话语,即话语标记对听话者有益。

6.3.2 区别

首先,连贯性是话语的属性,连贯派关注的是相邻话语(语言材料之间)的关系;而关联性是一种基于认知过程的解释(Blakemore,2002:5),关联派关注的是话语和语境(语言材料和人之间)的关系。归根到底,是关联性解释了为什么话语具有连贯性,关联派是对话语连贯理论的发展与补充。在对话语连贯性的理解上,连贯派把连贯性看作语篇现象,而关联派把连贯性看作心理现象(苗兴伟,1999:11)。

其次,关联派关注话语标记的意义问题,认为传统的真值—非真值条件意义的区分对话语标记的界定没有什么作用,开创性地提出话语标记的意义是程序性的而不是概念性的,将那些虽然意义为非真值条件,但表达的是概念义的表达式排除在话语标记范畴之外。这其实就是针对连贯派对话语标记概念义的区分的忽视从而造成界定的混乱而设置的。话语标记表达的是程序义而不是概念义这一论断得到了后来大部分研究者的认同。

6.4 问题与反思

连贯派和关联派都认为话语标记能够增强话语连贯性,对听话者有益,对此关联派的理论依据更清晰些,那就是关联理论有一个关键性的假设:"每个明示交际行为都传递了自身具有优化关联[①]的推定。"(丹·斯珀波、迪埃珏·威尔逊,2008:212)这是关联理论得以成立的基础,布莱克莫尔等认知语用学家就是以此作为讨论话语标记功能的基调,认为话语标记是为约束、引导语境从而获得最佳关联而服务。由此可以提出的问题是:话语标记真的是服务于话语连贯的吗?它们究竟是说话者主动、积极的选择还是被动、不得已而为之的选择呢?它们真的对听话者有益吗?

虽然语义连贯的句子不一定能组成连贯的话语,连贯的话语中的句子不

[①] 即"最佳关联"。

一定语义连贯,但不管是句子的连贯还是话语的连贯,总有一些基本的准则要遵守,比如时间顺序、逻辑关系,这些是人类普遍的认知基础,如果违反了这些基本准则,不管在什么样的语境中都不可能达成连贯。另外,一个表达式句法范畴的特征(包括语义)总是限制着话语标记的功能选择,这也决定了话语范畴的连贯不可能完全脱离句法范畴的连贯。总体而言,虽然话语的连贯不依赖于句子的连贯,但也不可能和句子的连贯背道而驰,而是共同遵循着一些普遍的认知原则。但问题是,话语标记经常可以连接两个违反连贯准则的句子。如:

(3)陆少宣:澳门特区政府它是比较支持这一块,它的有一些基金或者一些免费的学校、教育的课程,会提供给澳门本土的设计师,就让他们更多地跟国际去接轨,去了解,所以澳门在服装设计这块,确实在这几年培养了很多优秀人才,他们也参加过香港地区或者国际地区一些服装设计比赛,也是拿到了比较好的成绩。

彦旭:<u>同时</u>,不同于过去,把广东沿海作为产业基地,如今的澳门商人更多地把目光放到了首都北京,北京为澳门经济的多元化发展提供着前所未有的机遇。

(4)于永林:通常说消防工作是一项公益事业,隶属于边缘科学,显然,咱们世间万物一切能够燃烧、爆炸、染毒、坍塌以及机械事故、交通事故等,包括风水雷电等自然灾害均与消防息息相关。所以咱老百姓常说,我们圈里头有三句话,第一句话叫"贼偷三次不穷,火烧一把精光"。

宋阳:<u>不</u>,您慢点说,您再说一下。

于永林:贼偷三次不穷,火烧一把精光。

时间副词"同时"表示"动作行为在同一个时间发生"(《现代汉语八百词》),这是"同时"在词典中的编码义。然而在例(3)中,前一说话者在介绍澳门特区政府的某些举措,后一说话者以话语标记"同时"转变了话题,将话题转向澳门商人目光的转变及北京为其提供的机遇,"同时"所指向的动作行为的主体已经发生改变,时间的参照系已经不存在,"同一个时间发生"也就无从说起。因此,话语标记"同时"违反了认知规律中的时间顺序。

否定副词"不"表示"与问话意思相反"或表示"否定"(《现代汉语

八百词》)，然而例（4）中，宋阳说的"不"既没有相反的意味也没有否定的意味，"不"只充当了转换话题的手段。在不需要否定的地方使用"不"，可见话语标记"不"违反了认知规律中的逻辑关系。

从句子层面来说，"同时"和"不"都是不合语法的，因为不符合时间副词和否定副词的语义限制规则。从话语层面来说，"同时"和"不"视作话语标记，虽然由于概念义发生淡化（转移）而变得不再不合语法，但也并没有为增加连贯做出什么贡献，它们的功能发生了层级的跨越，从基本话语层跨越到了元话语层，承担的是语言的使用、监控、互动等方面的功能。

6.5　元话语理论对话语标记功能的解读

对说话者而言，使用话语标记虽然没有成功达成增强连贯性的目标，但其客观上仍显示了说话者想要把信息清晰地传达给听话者从而组织话语的痕迹，仍是说话者追求连贯性的积极手段，这实际上是一种元话语策略。

6.5.1　元话语的界定

"元话语"（metadiscourse）这一术语来源于"元语言"（metalanguage），而元语言这一概念来自逻辑学，不过逻辑学的元语言和语言学的元语言研究在研究内容等方面有很大的不同。元语言指用来分析和描写另一种语言（被观察的语言和目的语言，object language）的语言或一套符号，如用来解释另一个词的词或外语教学中的本族语。可替换术语：second-order language（第二级语言）。（转引自李葆嘉，2002：141）"语言学的元语言是语言学家描述和解释语言的工具，也是普通人语言交际过程中确认和解释语码的重要手段。"（封宗信，2005：403）关于什么是元话语，学界并没有定论，以下是一些关于元话语的界定。

元话语（metadiscourse）：是话语研究术语，指组织和展现一个语篇时那些有助于[①]读者理解或评估其内容的特征。元话语除包括模棱语（如 perhaps "也许"）这种人际成分、态度标记（如 frankly "老实说"）和对话特征（如

[①] 这里的"有助于"应该是说话者视角的，听话者并不一定认为"有助于"。

seefigure 1 "见图1")外,还包括各种篇章组织特征(例如标题、间隔、first "首先"和 next "其次")这种连接成分。(克里斯特尔,2000:221。转引自李秀明,2006:12)

元话语是"在同一个语篇中表达者为了对自己的言语行为进行的组织、监控、评价而使用的话语"。(李秀明,2006:57)

"语言的主要功能是传递信息,如果一个词语传递的信息是关于语言本身传递信息的情况的,那么这个语词的这一用法就是它的元语用法。"(沈家煊,2009:113)

"Wil-liams(1981:211-2)认为,元话语是'有关话语的话语,跟主题无关'。Vande Kopple(1985:83)认为,元话语是有关基本命题信息的内容以外的话语,是引导读者去组织、分类、解释、评价和反映篇章所传达信息的一套机制。"(付晓丽、徐赳赳,2012:261)

元话语是"表达概念意义之外的意义成分,是用来表示发话人组织语篇、吸引受话人、表示对命题内容和对受话人态度的显性语言手段"。(施仁娟,2014:36)

"元话语是语篇中具有人际互动意义的反身性语言表达的总称。"(冉志晗、冉永平,2015:38)

6.5.2 话语标记和元话语的异同

元话语和话语标记有很多相同的特点,如它们都是话语分析中的重要课题,都不是命题内容的一部分,不具有真值条件意义,使用过程体现了元语用意识。当然,两者并不重合,也有一些不同之处,如很多元话语有完整的概念义而话语标记基本不具有概念义;元话语可以是词、短语、句子甚至句段,话语标记的形式一般短小精简。

(5)盛博:啊?公园里还有幼儿园呢?

朱旭:你看见没有,最著名的北海幼儿园。

嘉佳:我就知道这一个。

朱旭:颐和园里头有。

盛博:颐和园里头还有幼儿园呢?

朱旭:对,<u>所以就是说</u>,其实我想讲的是一个环境,就是幼儿园和环境实际上有可能,在公园里总比会所强吧,但是确实没有会所挣钱吧。

(6) 水均益：还有一个问题，这两天我们看的新闻哥伦比亚也是全体出动海陆空，而且它这个精锐的叫欧米加的这个部队也出动了，但是这样的这种解救是一种常规的解救吗？<u>我的意思是</u>，因为丛林很容易擦枪走火，这种方式会不会对人质危害解救不利呢？

宋晓军：这种方式当然我觉得更多的是一种姿态，因为我们知道前一段时间也有一个美国人后来逃出丛林。反政府武装并不一定去马上杀人质，他会养很多年，就是养了好几年，最后偶尔一次解救，这个人就跑出来了，一个美国人。

例（5）和例（6）中的"所以就是说""我的意思是"都是元话语，因为都是命题以外的内容，意义为非真值条件，在话语中有组织语篇和人际互动的作用。但它们都不是话语标记，因为概念义没有发生虚化，形式松散，不符合话语标记基本没有概念义、形式短小稳固的特征。然而，基于对话语标记的不同界定标准，研究者对两者的关系有不同的看法。

6.5.3 话语标记和元话语的关系

虽然近年话语标记和元话语研究在各自领域都取得了大量成果，但探讨两者关系的文章并不多。综合来看，关于话语标记和元话语的关系主要有两种意见，一种意见认为两者等同，元话语就是话语标记；另一种意见认为两者不同。

第一，话语标记隶属于元话语。

李心释、姜永琢（2008：24）认为"语用标记，包括话语标记，就是一种元话语"。陈新仁（2020：9）认为话语标记隶属于元话语，即元话语中那些规约化、程式化的成员可视作话语标记。他提出，其他没有经过语用化过程的成员是开放式的元话语，无标记性；元话语的标记性是一个关于规约化、程式化的程度概念。施仁娟（2014：53-54）认为话语标记来源于元话语，是元话语语法化的结果。基于交际的经济原则和高频使用，部分元话语发生形式的缩减，变得固化、稳定，标记化的机制则是语法化。

第二，元话语隶属于话语标记。

李秀明（2006：68）指出，元话语标记是指"在语篇中对元话语形式进行标识的言语形式。元话语标记也是话语标记的一种"。

我们同意施仁娟（2014）的看法，认为话语标记隶属于元话语，是语法化了的元话语。首先,话语标记处于元话语层面,标识了说话者的元语用意识,因此所有的话语标记都是元话语。其次,元话语中概念义完整、形式复杂的成员不是话语标记。当概念义完整、形式复杂的成员发生了语法化,变得概念义虚化、形式稳固,则可视作话语标记。

6.6 顺应论对语言使用的解释

既然话语标记属于元话语,那么讨论话语标记的功能就可以转换成讨论元话语的功能。这里首先需要重申一下引入元话语概念的目的。在连贯派、关联派的框架下,话语标记为连贯服务,但我们发现副词类话语标记对连贯性并没有贡献,于是需要另外寻找适合的理论来解释话语标记的功能。我们发现,虽然话语标记没有成功地增强连贯性,但依然标识了说话者为追求连贯努力,这是一种说话者对自己话语的监控行为,即元语监控,话语标记则是一种元话语,反映了说话者的元语用意识。这样,话语标记的本质就变成说话者用来实施话语监控的手段。

人类为何会使用元话语?其存在的理据是什么?元话语和说话人的语用意识之间有什么关系?对这些问题,维索尔伦(Verschueren,1999)的顺应论做出了回答。

维索尔伦(Verschueren,1999)专门讨论了元语用现象和元语用意识,并对话语标记的存在理据做出了回答。他分析了话语标记对元语用意识的标示,他的关于话语标记功能的分析一般称为"顺应论"。顺应论把人使用语言的过程定义为一个做出选择的过程,并且,做出选择时可以是有意识的也可以是无意识的,制造话语和理解话语的过程中都会做出选择。(Verschueren,1999:55、58)

6.6.1 顺应论对话语标记的解释

维索尔伦(Verschueren,1999:58)指出,将语言的选择定性为一种"做出选择"的行为,是基于语言具有的3种特性:变异性(variability)、商讨性(negotiability)和顺应性(adaptability)。这三种特性的关系:因为语言具有变异性和商讨性,所以人们使用语言具有顺应性。

第一,变异性。

变异性限定了可以做出选择的可能性范围（Verschueren，1999：59）。比如要表达"突出后面的内容"（延续话题），有"尤其""尤其是""尤其需要指出的是""尤其难得的是""尤其可贵的是"……这些选项可供选择。

（7）因为他广泛接触了生活的方方面面，接触了工人、知识分子和社会各方人士，并结成了深厚友谊，这便大大加深了他对中国社会的了解，加强了他对生活的认识。<u>尤其</u>，他从年轻时代开始，就对人类的理想，不断探索，在理论上进行研究。

例（7）中的"尤其"可以替换成"尤其是""尤其需要指出的是""尤其难得的是""尤其可贵的是"……在语用功能上这些替换项都是相同的，当然能视作话语标记的只有"尤其"，其他都是元话语。至于"尤其"和其他选项的区别下文具体分析。

同时，话语标记"尤其"除了可以表达"突出后面的内容"（延续话题），还可以表达"除此之外，重要的是"（转换话题）。

（8）我的母亲个性很强，不会愿意把自己的孤儿托付给旧日的恋人。<u>尤其</u>，你该记住一点，我母亲和罗太太以前是好朋友，假若我母亲和罗教授恋爱过，一定和罗太太有过摩擦，怎么还肯让我来和罗太太生活在一起呢？

例（7）中的"尤其"前后的内容同属一个话题，而例（8）中"尤其"后面的内容开启了新的话题。达成某种语用功能有多个表达选项，某个话语标记有多种语用功能，这决定了话语标记和语用功能之间非一一对应的关系。

第二，商讨性。

商讨性指选择不是机械地或根据严格的规则或固定形式的功能关系做出的，而是基于高度灵活的原则和策略。（Verschueren，1999：70）这里需要注意的是"规则"和"原则"的对立，其实这也正是语法和语用的对立，即语法需要遵守的是规则，不合规则的句子就"不合法"；语用需要遵守的只是原则，不合原则的句子只是"不合适"。

维索尔伦（Verschueren 1999：71-72）指出，商讨性意味着各种各样的不确定性。首先，说话者选择话语涉及不确定性，因为他做出的选择不一定和他需要表达的东西完全对应，因为没有严格的规则约束选择的做出，而话一旦说出,那些不完全适合当前目的的选择,最终可能会扩展适用性和意义。其次,听话者做出的选择也涉及不确定性。以"不,您慢点说,您再说一下。"这个句子为例,听话者可能把"不"理解为话语标记,也可能错误地理解为否定副词。再次,不确定性还在于,一旦做出选择,无论这个选择是说话者做出的还是听话者做出的,都可以重新协商,这就涉及语言使用的动态性特征。

商讨性特征使话语标记的这些困境得到解释。以上文举过的例子为例:

(4)′宋阳:<u>不</u>,您慢点说,您再说一下。

在宋阳说话时,由于"做出选择"迫在眉睫,他没有太多时间选择用词,导致选择了并不十分合适的"不",因为"不"和所在语境的语义相悖,妨碍听话者的理解。但由于语言的使用不受严格的规则约束,因此不适合的"不"扩展出了话语标记用法,变得语义虚化,从而又变得适合当下的表达需要。从听话者来说,可能错误地理解了"不",但由于理解话语也是可协商的,因此可以重新理解其为话语标记。

第三,顺应性。

顺应性指语言使人类能够从各种可能性中做出可协商的语言选择,从而接近交际需求的满意点。(Verschueren,1999:61)顺应性是变异性和商讨性导致的结果:正因为语言具有变异性和商讨性,所以人们做出的语言选择能够满足交际需求。这里维索尔伦再一次强调了所谓的"满意"只是"接近满意",而不是完全的、必然的满意,不能排除沟通失败的可能。还以"不"为例:宋阳基于语言的变异性从众多选项中选择了"不",虽然这个选择不完全适合当前交际需要,但由于语言有商讨性,所以一方面"不"扩展了适用性,另一方面听话者转变了错误理解,最终的结果是"不"适合当前交际目的,说话者收获了一次"接近满意"的交际行为(当然,也不排除听话者没有转变错误理解,那就成为一次失败的交际)。

维索尔伦以变异性、商讨性、顺应性构建了语用研究的基础,回答了人类使用语言是"做出选择"的认识论层面的内容。而要对某一语言现象进行具体的研究,还涉及四项任务或者说四个研究视角,分别是语境因素、结构对象、动态性和意识凸显性。

第一,语境因素。

语言具有商讨性，按照这个逻辑，所有的话语都是高度不确定的，因为它们可以适应任何语境，因此，"在语言分析中引入语境是使分析得以准确的先决条件"，语境是主动构建起来的（Verschueren, 1999:111），语境化可以消除前述语篇片段中的歧义。语境要素由4个方面组成，分别是语言使用者、心智世界、社交世界和物理世界，后面这3个因素都可能是构成某个具体语境的组成部分，一旦进入语言使用者（说话者或听话者）的"视野线"，就被激活，参与语境的构建。

第二，结构对象。

结构对象就是做出语言选择的对象，包括语言、语码和交际风格。语码是语言的变体，和特定的地理区域、社会阶层、功能分配、使用环境相关联。交际风格指的是在跨种族和跨文化的交流下，在特定的环境中，被某一种族或社会文化认同的语码。交际风格和语码两者的侧重点不同：语码主要指的是由地理区域、社会阶层、使用环境等不同而造成的语言选择的差异；交际风格主要指的是由正式场合和非正式场合而造成的语言选择的差异。"语码转换可以用来表达情感和亲和，或者用来标识和维护权力关系。"（Verschueren, 1999:111）

第三，动态性。

在一定的语境中，说话者选定某种结构对象，释话者选定某种理解，最终意义生成。这全部的过程都缺乏稳定性，体现出顺应性的动态特征，意义的生成总是动态的。

第四，意识凸显性。

并非所有语言选择行为中发生的事情都在意识层面上位于同等的地位，可以是有意识的，也可以是无意识的，这便是顺应的意识凸显性。总的来说，语言使用者在使用语言时或多或少知道自己在做什么，这就是自反意识，这里的"自反意识"属于元语用范畴。元语用可看作是对语用的一种监控、校准，它和语用一起，作用于语言选择的全部过程，自反意识也就是一种元语用意识，话语标记则是元语用意识的标识之一。

6.6.2 顺应论下话语标记存在的理据

话语标记的使用是一种顺应性选择，这一行为并不能成功地增强话语连贯性。既然不一定能成功地增强话语连贯性，那么为何要使用话语标记呢？

那是因为人天生存在元语用意识,用以监控说话的全过程①,使用话语标记是元语用意识的反映,是说话者追求在话语中增加自我印记的策略。说话者固然追求自己的话语是有条理的、易于理解的,但究竟这种追求有没有成功地实现,还必须看听话者一方的理解。

维索尔伦一直强调话语选择的动态性特征,一句话说出来,并不是在当下就已定性,对话语的理解还涉及语境因素(包括心智、社交和物理3个层面)的影响,以及结构对象(包括语码、风格2个层面)的影响。诸多不确定因素决定了所有的话语使用和话语理解都具有可协商性,也就是不定性。话语标记作为语言选择中的一个选项,其使用和理解同样受到多重不确定因素的影响,很难说它一定会达成某种目标。以往不少在顺应论下讨论话语标记的研究对其功能有所误解,认为话语标记的使用必然会达成某个目标。如:

"总之,在交际中尤其是口语交际中存在大量与交际主体的元语用意识有关的标记性结构或词语,它们所起的作用就是实施会话管理与调节,从而确保交际效果的实施。"(冉永平,2002:4)

"维索尔伦认为……在交际过程中,我们常常使用大量与交际主体的元语用意识有关的标记性结构或词语,它们所起的作用就是实施会话调节与管理,从而保证交际的顺利进行以及交际意图的准确传达。"(白娟、贾放,2006)

"自反性可分为两个基本层次,第一个层次是说话人对话语命题的控制和组织……在这一层次上,言说者着眼于语篇的建构,致力于其显性或隐形的连贯,即'形连'或'意连'的获得,从而实现了语言的语篇功能。"(鞠晶、王忠民,2014:169)

上述几位研究者使用了"确保""保证""实现了"这样的表述,将话语标记的功能在静态上做了定性,应该是违反了维索尔伦的本意。

其实说到底,产生这样的分歧还是源于对话语标记界定的不统一——话语标记究竟有没有概念义。如果将副词、连词这样概念层面的表达式归入话语标记,那么它们确实能成功地实现连贯;问题是不管是在共时层面的表意

---

① 这一行为背后的心理动机是人类对有效性、高效性的追求,这或许是人类学更感兴趣的课题,这里不展开讨论。

还是历时层面的演化，话语标记和副词、连词都有本质的差异。我们界定的副词类话语标记不包含副词，它们是语法化了的副词。话语标记本质上是一种元话语，体现了说话者监控话语选择的自反意识，它们未必能"确保"交际效果，有时甚至阻碍话语的理解。区分说话者和听话者视角至关重要，因为话语标记终究表达了说话者追求连贯的愿景，确实是想要使话语连贯的积极手段，但最终的结果是对听话者来说话语标记无益于更连贯地理解话语。

连贯论、关联论在解释话语标记的连贯作用时存在一些无法解决的问题。顺应论对话语标记的本质做出了更为科学的解答，使话语标记的存在有了更有说服力的理据。现在，话语标记的本质已经变得很清楚：它是说话者追求连贯性的手段，但并不能成功地增强连贯性；它是在元语用意识影响下监控语言使用的手段。

6.7　本章小结

虽然连贯派和关联派对于话语标记影响话语连贯性的机制理解不同，但都赞成话语标记能够帮助听话者理解话语，有益于话语连贯性的增强。

连贯派认为话语标记是话语连贯的黏合剂，必须存在于前言和后语之间，用来显现前后语段之间的连贯关系，不排斥其具有逻辑/概念联系。关联派认为话语标记的意义是程序性的而非概念性的，它们作用于语境，引导听话者以最小的心力来获取最大的语境效果，从而实现最佳关联。

连贯派与关联派的相同点是都认为话语标记有助于增强话语连贯性，区别在于：连贯派关注的是相邻话语（语言材料之间）的关系，关联派关注的是话语和语境（语言材料和人之间）的关系；连贯派认为话语标记有概念义，关联派认为编码概念义的表达式不是话语标记。

因为话语标记不能增强连贯性，所以连贯理论和关联理论在解释话语标记功能上都有不令人满意之处，而元话语理论具有较强的解释力：话语标记属于元话语，是元语用意识的凸显，用于校调、监控言语交谈，但是并不一定增强连贯性。

第七章

副词类话语标记功能框架的构建及要素分析

确定话语标记的功能是一项异常艰巨的任务，因为这涉及两个悬而未决的问题，分别是话语标记的界定及其多功能属性。首先，关于话语标记的界定问题至今未形成统一的认识，其中争议较多的一个问题是话语标记是否有意义，即概念义完整、具有程序功能的表达式是否应视作话语标记。如果认为话语标记可以有一定的概念义，那么它必然有概念/命题方面的功能；反之则没有。其次，话语标记的多功能属性得到了研究者的公认，表现为一个话语标记可以有多种功能，而其中的一些功能又可能与其他话语标记的功能重叠。由此，某个话语标记和某种功能不是一对一的关系，而是多对多的关系。

除此以外，话语标记是功能性成分，产生于实际的互动交流之中，为满足交际需求而服务，不受语法规则的限制，这决定了它的功能具有"浮现性"，"变化才是常态"（方梅，2018：导言）。即使是两个完全相同的句法结构，说话者交流目的不一样，话语标记的功能就可能不一样，从这个角度来说，话语标记的功能几乎是无限的，因为人类交流的方式、目的，以及决定这两者的认知世界的方式是无限的。暂且不去讨论是否有可能搜集到某个话语标记的所有语例，即便是搜集到了所有语例，也只能代表当下某个瞬间这个话语标记的所有功能，因为话语还在源源不断地产生。另外，从听话者角度来看，不同的听话者面对某个话语标记，由于其认知能力、学识背景不同，推导出的功能也很有可能不同。

研究副词类话语标记所有成员的功能有两个路子：一种是先找出各个话语标记各自的功能，然后对其归纳总结，也就是归纳法；另一种是先定好功能框架，再把不同的话语标记放入框架，也就是演绎法。因为话语标记的功能除了具有多样性还具有不确定性，如果采用归纳法，很有可能得到一大堆零散的很难归纳出共性的材料。因此我们采用第二种方法，即将重心放在构建话语标记的功能框架上，而不是追求穷尽式地罗列某个话语标记的具体功能——这样很可能因过于追求细节而淹没规律特征。具体做法是先将已有的话语标记的功能框架调整成异议较少、一致程度较高的框架，然后，基于副词类话语标记的特殊性，对功能框架进行修改，剔除明显不适合的功能类别，最终得出副词类话语标记的功能框架。

7.1 话语标记的功能分布

希夫林（Schiffrin，1987：24-28）开创性地提出话语标记具体在5个层面上发挥作用：

（1）交换结构，反映会话交换的机制，显示参与者话轮转换的结果以及这些交替如何相互关联。

（2）行为结构，反映话语中发生的言语行为序列。

（3）概念结构，反映话语中的概念（命题）之间的某些关系，包括衔接关系、主题关系和功能关系。

（4）参与框架，反映说话者和听话者之间的关系以及对话语的取向。

（5）信息状态，反映知识和元知识在话语过程中不断演变的持续性的组织和管理。

之后的大多数研究者在讨论话语标记功能时都或多或少受到韩礼德等系统功能学派关于语言三大元功能说的影响，系统功能语言学中语言的元功能概念对构建话语标记功能框架影响深远。韩礼德认为，语言的功能是千变万化的，具有无限可能性，"但可以把它们归纳为若干个有限的抽象的更具概括性的功能，这就是'元功能'或'纯理功能'（metafunction）。这是种种语言用途所固有的，也就是说，是语言的普遍特征"（转引自胡壮麟，2005：11）。对语言的功能进行归类所遇到的困难和对话语标记功能进行归类的困难如出一辙。以语言的元功能直接作为话语标记的功能框架，不仅符合科学性、逻辑性，还能省去另外设立框架的麻烦。韩礼德和哈桑（Halliday &

Hasan,1976)提出的三个元功能分别是概念元功能、人际元功能和语篇元功能,它们不是离散的,而是可以互相重叠。

确立了框架之后需要思考的是:话语标记是具有这三大元功能的全部功能,还是只有其中的部分功能?几种功能可以在话语标记上重叠吗?要回答第一个问题,依然首先需要回答话语标记是否是编码概念义这个问题。这个看似触及话语标记本质、影响话语标记界定范围的问题,却始终没有获得一致的答案。因此,基于对话语标记的不同界定,其功能分布并不相同,根据是否包含概念层面,可分为两类。

7.1.1 包含概念功能的话语标记的功能分布

雷德克(Redeker,1990:369-374)在韩礼德和希夫林等人的基础上提出自己的话语标记功能框架分为两层:第一层分为概念结构和语用结构;第二层将语用结构再分为修辞结构和顺序结构。她认为如果话语和现实世界存在关系,那么这个话语标记作用于概念结构,包括时间、因果关系等;如果话语表现的主要是说话者的信念和意图,那么作用于修辞结构,包括证据、结论关系等;如果两个话语既没有明显的概念关系,也没有修辞关系,但仍属于同一话语,则话语标记作用于顺序结构,包括转换话题等。在功能视角下,她将话语标记做如下分类:概念结构类话语标记包括:(1)简单连接;(2)语义上丰富的连接;(3)其他时间状语的连接。语用结构类话语标记包括:(1)连词的语用用法;(2)插入语;(3)评价小句。

埃尔曼(Erman,2001:1339)认为话语标记在三个层面起作用,分别是语篇监控、社交监控和元语言监控。需要注意的是,埃尔曼的语篇层面有别于语言三大元功能中的语篇层面,它并不是和概念层面并列的三大元功能之一,而是包含了概念层面。元语言监控也有别于维索尔伦提出的基于元语用意识对说话过程的监控,埃尔曼的元语言监控并不发生于语言使用的任意时间,"当说话者强调话语整体的言外力量时,元语言功能就发挥作用。在日常谈话中,元语言功能最明显的例证是与强调有关"。(Erman,2001:1347)由此,埃尔曼所谓的元语言监控,更像是表情态、语气的内容,其外延小于基于自反意识的对语言使用的监控,与其说这是元语言监控,不如说是情态监控更为适恰。

李勇忠(2003a、2003b)延续了埃尔曼(Erman,2001)的功能框架,同样把元语言功能视作与语篇、人际功能并列的层面。他提出的话语标记的功能框架为：语篇组织功能、人际商讨功能、元语言功能。

虽然话语标记术语的确立、范围的界定问题仍然没有完全解决，但学界越来越明显倾向于认为话语标记几乎没有概念义，以此与连词、副词等区分开，因此，雷德克等人所持的话语标记作用于概念结构这一观点的支持度持续下降。埃尔曼和李勇忠所谓的元语言功能（情态功能）可以划归入语篇功能和人际功能中去，缺乏独立成类的理据。

7.1.2 不包含概念功能的话语标记的功能分布

不包含概念功能指的是第一层级中不包含三大元功能中的概念功能，不考虑小类中是否涉及概念功能。最早利用韩礼德和哈桑语言三大元功能讨论语义变化路径的可能是特劳格特，她在讨论语法化导致的语义变化时套用了语言三大元功能这个框架。（Traugott，1982：247）虽然特劳格特关于话语标记主要的兴趣是历时演变，功能研究并不是她关注的重点，但她提出的语法化意义变化的路径（命题的＞语篇的＞有表现力的）同样是基于语言元功能的设想。（Traugott & Dasher，2002：94）

布林顿（Brinton，2018：11）认为以语言三大元功能作为功能框架"是理解语用标记的多功能性及其发展过程的一个极好方法"。虽然布林顿始终坚持称话语标记基本没有概念义，或只有很少的、减损了的概念义，但对于概念义究竟保留了多少，还是有一种由少到多的观念转变趋向。在其1996年的著作中，布林顿列出了以往话语标记研究中提出的9种功能，她指出这9种功能分属于韩礼德提出的三种语言模式（概念、语篇、人际）中的语篇功能和人际功能，至于概念功能，因为话语标记基本不具有语义或命题内容，所以不具有概念功能，尽管语篇功能和人际功能是从命题内容衍生出来的。具体分布见表7-1。

表7-1 布林顿的话语标记功能列表①

语篇功能	启动话语，包括引起听话者的注意，并结束话语
	帮助演讲者获得或放弃发言权
	充当填充或延迟策略，用于维持话语或保持发言权
	表示一个话题的开启、话题的部分转移（更正、阐述、说明、扩展）或话题的恢复

---

① 根据 Brinton（1996：35、37－38）整理。

续表

语篇功能	提示新信息或旧信息
	标记"顺序依赖",通过明确与两个从句相关的会话含义来约束一个从句与前一个从句的相关性,或通过常规含义来指示话语如何与会话的合作原则相匹配
人际功能	修复自己或他人的话语
	表达对前一话语的反应或对后一话语的态度
	在说话者和听话者之间实现合作、分享信息或表达亲密关系,包括确认共同的假设、表达理解、请求确认、表示尊重或保留面子

不过,布林顿后来(2018:11)又修正了关于概念功能的表述,提出"语用标记在其原始(非语用)功能中的来源被理解为表达这一内容","随着语用标记的发展,命题意义可以或多或少地保留下来"。与1996年将概念功能排除在话语标记功能之外不同,布林顿在2018年的著作中将概念功能纳入了话语标记功能框架,尽管不是正在使用的话语标记的功能,而只是话语标记的原始形式(源词)的功能,但在时间线上使话语标记和概念功能有了联系。

李秀明(2006:78)认为元话语标记是话语标记的一种,在语篇层面和人际层面发生作用,小类划分见表7-2。

表7-2 李秀明的话语标记功能列表

语篇功能	话题结构
	衔接连贯
	证据来源
	注释说明
人际功能	含糊表达
	明确表达
	评价态度
	交际主体

李秀明对于元话语及元话语标记的区分并不明朗,这就导致其元话语标记列表中存在大量概念义完整的表达,如"从某种程度上说","诚如……所言","第二章提到","具有讽刺意味的是","现在的官方说法"等。这些表达理应视作命题的一部分,参与概念表达,删去后命题真值发生变化。现在暂且不论元话语标记的界定是否合理,仅以李秀明列出的元话语标记的成员来看,概念功能理应是元话语标记的功能之一,而李秀明将概念功能排

除在外，令人费解。

刘丽艳（2005：33-55）结合了语言三大元功能说和顺应论，提出话语标记的三大功能是语篇组织、语境顺应和人际互动。小类划分见表7-3。

表7-3　刘丽艳的话语标记功能列表①

语篇组织	形式连贯	整体形式连贯	交际活动起始
			交际活动终结
			话轮转接和延续
		局部形式连贯	占据话轮
			延续话轮
	内容连贯		设立话题
			延续话题
			切换话题
			拉回话题
语境顺应	对语言语境的顺应		
	对现场语境的顺应		
	对背景语境的顺应	对背景语境从暂时忘记到重新想起	
		叙述甲事件时突然想起乙事件	
		对同一言语事件的不同理解	
人际互动	非中心交际	提示交际进程	
		标示交际状态	
	中心交际	对语境假设的限制	
		对认知结果的限制	

刘丽艳将语境顺应置于语篇组织和人际互动同一层面是令人费解的。语境顺应是一种综合观，话轮转接、切换话题、拉回话题、提示交际进程等语篇组织和人际互动手段，本质上都是对语境的顺应。顺应发生在语言使用的任意过程中，理论上没有哪种话语形式可以不受顺应的约束与管辖，因此，比语篇组织功能、人际互动功能高一层级的语境顺应功能不应该放置在同一维度进行讨论。表7-3中"语境顺应"的内容实际上可以划分进语篇组织和人际互动功能中，如"叙述甲事件时突然想起乙事件"显然可以看作语篇组

---

① 根据刘丽艳（2005）第四章内容整理。

织中的"切换话题",就算把"语境顺应"这部分内容删去,也并不会影响话语标记功能的完整性。

孙利萍、方清明(2011:77-79)提出话语标记的功能是有层级的,处于高层次的两个功能分别是衔接连贯功能和主观评价功能,在这两个高层次功能下设有 17 个功能小类。施仁娟(2014:87)基于上述小类划分标准,略作调整,将小类扩充至 22 个,分属于语篇功能和人际功能,见表 7-4。

表 7-4　施仁娟的话语标记功能列表①

语篇功能	说明来源	
	表总结	
	表例举	
	表话题组织	
	表对比	
	表时间	
	表结论	
	澄清事实	
	表递进	
	表让步	
	其他	
人际功能	主观态度	评价型
		果决型
		断言型
		无条件型
		言说型
		肯定/否定型
		让步型
		其他
	交际互动	阐发型
		祈使型
		其他

---

① 根据施仁娟(2014:87-88)内容整理。

殷树林（2012c：43-45）提出话语标记的功能框架为：语篇功能、人际功能和互动功能。其中人际功能指的是用来表明态度、调整语力等，大致相当于埃尔曼和李勇忠的元语言功能。

随着话语标记功能研究的推进，话语标记在语篇层面和人际层面发生作用已经得到共识，但鲜有研究者对语篇功能和人际功能内部的地位及置换情况进行思考。陈家隽（2019：54）对话语标记的人际功能和语篇功能做了进一步的深入思考，她提出两者的地位并不等同，存在"显性功能与隐性功能的互动"模式。具体而言，语篇功能是基础功能，话语标记必然具有语篇功能，但不一定有人际功能。当人际功能不存在时，语篇功能是显性功能；当人际功能凸显时，语篇功能背景化为伴随功能。陈家隽描述的话语标记的功能框架见表7-5。

表7-5 陈家隽的话语标记功能列表①

人际功能	提示说话人态度
	体现交际互动
语篇功能	话语组织：话题功能、话轮功能、语篇组织功能
	话语关系：时间关系、逻辑关系、提供解释及背景信息等
	语篇修正：自我修正或修正他人话语

在语言三大元功能视角下，话语标记的功能体现在语篇组织层面和人际互动层面几乎是所有研究者的共识，但这两个大类下的小类划分分歧很大，最少的仅5类，最多的达22类。在语篇组织功能这个类别中，有的包含概念结构，如施仁娟（2014：87）提到语篇功能话语标记中包括对比型话语标记、递进型话语标记、让步型话语标记等，其他研究者的语篇功能中大多不包括概念结构。在人际互动功能这个类别中，大多数包含提示说话人态度，但刘丽艳（2005）的功能框架中就不包含提示说话人态度这个小类。另外，修正自己或他人的话语，布林顿（Brinton，1996）放置在人际功能下，而陈家隽（2019）放置在语篇功能下。

除了语言三大元功能外，话语分析理论也为话语标记功能分析提供了理论基础与分析视角。方梅（2000）对弱化连词的话语标记功能分析就是基于话语分析理论，她指出汉语中的弱化连词用作话语标记，主要有两方面功

---

① 根据陈家隽（2011）第2章内容整理。

能：话语组织功能和言语行为功能。具体分类见下表 7-6。

表 7-6　方梅的话语标记功能列表①

话语组织功能	设立话题
	找回话题
	话题切换
言语行为功能	话轮转接
	话轮延续

纵观以往研究对话语标记功能框架的描述，几乎是千人千面，造成这一局面的原因是复杂的。首先是话语标记界定范围不一。既然观察的样本都不一样，所得出的结论自然不可能一致。其次是话语标记具有多功能性。同一个话语标记在不同的语境中表现出不同的功能，甚至叠加多种功能，同一功能可由不同的话语标记实现，并且不同的功能之间往往不是离散的，很难划出分界线。再次是语料的收集具有局限性。要列出话语标记的功能框架，理论上需要列出所有现存的话语标记，然后收集话语标记的所有语料，就算漏掉一个都有可能影响功能框架的正确性，但事实上研究者根本不可能列出所有话语标记并收集到所有语料。大多数研究者的研究样本数量是非常有限的，并且多为列举式。这种种因素决定了现有研究几乎不可能构建无争议的话语标记功能框架。

7.2　对已有功能框架的调整

对已有功能框架的调整包括合并、重新分配、剔除三个手段。合并主要涉及关于话题、话轮的表述部分，重新分配主要涉及刘丽艳的"语境顺应"及"中心交际"部分，剔除主要涉及"修正自己或他人话语"部分。由于"修正"可看作宏观的话语监控，它发生于说话的任意时间，不应视为功能小类，因此做剔除处理。调整后的话语标记功能框架见表 7-7。

---

① 根据方梅（2000）P463-466 内容整理。

表 7-7 调整后的话语标记功能框架表

语篇功能	话题、话轮相关（如切换话题、延续话轮等）
	话语关系、衔接连贯（如表示因果、假设等）
	消息来源、注释说明（如表示传信等）
人际功能	评价态度（如表示不满等）
	立场表达（如提示亲疏关系、礼貌与否等）
	交际互动（如表述强调、提醒注意等）

7.3 副词类话语标记的功能框架

7.3.1 基于话语标记的界定

前文已述，虽然一些研究者，如李秀明（2006）、施仁娟（2014）等的功能框架在第一层级中不包含概念功能，但在小类中涉及诸多概念成分，如"表总结、表时间、表结论、澄清事实、表递进、表让步"，"证据来源、注释说明"，"时间关系、逻辑关系、提供解释及背景信息"等。我们界定的副词类话语标记是发生了语法化的副词，基本不具有概念义。这一特征决定了它不能在概念层面发生作用，因此，所有与概念相关的功能都做剔除处理，包括语篇功能中的"话语关系、衔接连贯"及"消息来源、注释说明"。至于人际功能中的"评价态度"，要么必须依赖源词的概念义得出，要么是说话人的话语本身就显明了态度，如：

(1)"我说，你这人怎么老接下茬儿，什么毛病！"（《编辑部的故事》，转引自曹秀玲，2010：40）

这句话中不满的态度是"我说"后续的话语塑造的，即使删去"我说"，不满也依然存在，因此"我说"并没有提示态度的功能。由此，基本不具有概念义的话语标记不能提示态度评价，做剔除处理。这样，语篇功能下仅保留话题、话轮相关功能；人际功能下仅保留立场表达、交际互动功能。

7.3.2 基于副词的本质属性

交际互动功能的主体主要是短句类话语标记，源词形式中一般有行为动词,如"你说""我说"等;副词没有行为义,所形成的话语标记也就不能用来交际互动,因此这一功能也做剔除处理。这样,人际功能下就仅保留立场表达功能。需要指出的是,副词类话语标记的立场表达不是基于语义得出的,而是由使用场合、说话风格赋予的,如"然后"是一种随意表达,与其语义无关。另外,副词最主要的句法功能是修饰动词或动词短语,部分副词可以独立于句子连接篇章,总之,副词的位置特征是位于谓语之前(置后的副词多有修辞意味,这里不做讨论)。"前置"这一特征决定了副词类话语标记在话题、话轮相关功能中不具有终结性,即只有开启、切换、延伸话题的功能,没有终结话题的功能;所用手段只涉及抢占、延续、承接话轮,不涉及结束话轮。于是,最终的副词类话语标记功能框架见表7-8。

表 7-8 副词类话语标记功能框架表

语篇功能	话题功能	开启话题
		切换话题
		延伸话题
	话轮手段	话轮抢占
		话轮延续
		话轮承接
人际功能	严肃表达	
	随意表达	

7.4 构建功能框架的要素分析

在这个功能框架中,剔除了以往功能框架中的诸多内容,副词类话语标记的语篇功能仅与话题、话轮相关,人际功能仅与立场表达相关。这一功能框架可能引起以下争议:语篇功能下是否包括话语衔接连贯功能;话轮手段是否应视为语篇功能。要解决这些争议,需要厘清以下几组关系。

7.4.1 语义和功能的关系

话语标记的语义不是空白的,特别是副词类话语标记,与源词的源流关系都比较清楚,源词语义无可争议地影响着目标词的语义,因此,即使是最支持话语标记语义虚化的历史语用学研究者,也只是保守地说"话语标记基本不具有概念义",而从未承认话语标记完全没有概念义。那么,话语标记的语义等同于功能吗?答案显然是否定的。话语标记是一个功能类别,有别于词汇类别表达命题概念,语法类别提示语法规则,话语标记的功能是语用性的,这是话语标记这个类别得以存在的认知基础。词汇的语义和功能之间具有对应关系,如副词"不"的语义是"单用,回答问话,表示与问话意思相反",那么其功能为"表示否定"。如:

(2) 主持人:你越说不能说,我还越想听听,你老公啥样?
嘉宾:我家那个宝贝呀。
主持人:蓝眼睛?
嘉宾:<u>不</u>,黑皮肤,黑眼睛,黄皮肤。

副词"不"在句子中的功能是对主持人的问话表示否定,其功能和语义相对应。

然而,话语标记的语义和功能没有对应关系,如:

(3) 宋扬:那还能吃吗?
张威:能吃,没问题。但是咱们老北京过去都吃那种自来红、自来白,现在好像没有了,现在很少,除了稻香村。在这儿提醒一下,买稻香村要注意一下,稻香村月饼虽然是北京的老字号,但是稻香村的商标不在北京。
宋扬:稻香村有两个吧?
张威:<u>不</u>,是这样的。稻香村不在北京,在南方,因为稻香村领导人没有商标意识,但是现在南方企业也到北京来也卖月饼,稻香村的,人家是正宗,商标是正宗……

这里的话语标记"不"来源于副词"不",源词的语义或多或少得到了一定的保留,即使是"零否定",也总还是具有一定的否定意味。但是"不"不是对提问者的回答,所以它没有"表示否定"的功能。因此,话语标记"不"有否定意味,但是没有否定功能,其语义和功能是不相对应的。要解释这个问题,就需要了解基本话语和元话语的关系。

7.4.2 基本话语和元话语的关系

之所以话语标记"不"具有否定意味,却没有表示否定的功能,是因为其否定意味转移到了元话语层面,而否定功能只作用于基本话语层面,两个层面的成分自然没有对应关系。上例中的"不,是这样的"中的"不",可以理解为"我认为不能这么说""我想说的不是这个",这是元话语。元话语是基于对话语行为监控的话语,说话者使用话语标记"不"的目的是校调、组织自己的话语,而不是对之前的话语进行否定。

总之,副词类话语标记的语义转移到了元话语层,不再作用于基本话语层,导致其语义和功能相分离。如果说某个表达式衔接两个语段,表达因果、假设等衔接关系,那么这个表达式是作为饰句副词发挥篇章功能,而不是作为话语标记发挥语用功能。因此,话语标记的语篇功能中不包含衔接功能。

7.4.3 语篇功能和人际功能的关系

所有副词类话语标记都既有语篇功能又有人际功能,但是语篇功能和人际功能的地位不是并列、平等的,前者是主体功能,后者是附属功能。副词类话语标记包含语气、时间、关联、程度、否定这5类,除了语气类外,其他4类在源词的语义上都不具有人际互动意味,而有人际互动意味(评价)的语气副词类,因为源词语义发生了虚化,所形成的话语标记也不具备人际互动功能。既然副词类话语标记在语义上没有人际互动意味,为什么我们的功能框架中依然收录了人际功能呢?因为从顺应论中的元语用意识来说,自反意识存在于语言使用的任意过程中,话语标记特别提示了语言使用过程中自我意识的凸显,这种自我意识必然会导致说话人在不同场合、不同立场时选择与之相应的话语标记。话语标记映射了说话人当下的交际风格、立场态度,而交际风格、立场态度表达的就是对某种人际功能的诉求。因此,语篇功能是话语标记"明示"的主体功能,人际功能是"暗含"的附属功能。

7.4.4 话轮和话题的关系

"'话轮'是对话中的基本组成单位,是对话参与者依次交替谈话时一个说话人的一次言谈行为。"(方梅,2000:469)如果说话轮是行为取向的,那么话题则是内容取向的,它是对话中围绕着某个主题形成的内容合集。话轮和话题有时候是对应的,在一个话轮中谈论一个话题,转换话轮时也转换了话题。有时候并不对应,一个话轮中可能包含多个话题,也可能几个话轮都仅涉及一个话题;转换话轮时可能转换了话题,也可能依然继续原有的话题。一些研究者将话轮手段视作话语标记的功能(方梅,2000;刘丽艳,

2005；Briton，2018），确切地说，"话轮功能"不能算作功能，因为它不能脱离话题功能独立存在。人的语言是传达思想的工具，人类说话，就是为了传达一定的内容，这个内容就是某个话题。如果没有传达思想的意愿，就不可能启动话轮功能，无法想象这样荒诞的现象：某人以话语标记"同时"抢占了话轮，然后缄默不语。由此，话轮功能是为话题功能服务的，是实现话题功能的手段；同时，除了开启话题外，切换话题、延伸话题这些话题功能也不能脱离话轮手段而单独实现——要么在话轮延续中实现，要么在话轮抢占或承接中实现。

开启话题有别于"设立话题"（方梅，2000；刘丽艳，2005；陈家隽，2019），"设立话题是指把认识网络里已经存在的一个谈论对象确立为言谈话题。这个话题虽然在前文当中并没有出现过，但是在人们的知识领域里，它和语境中的已有话题存在某种连带关系"（方梅，2000：463）。设立话题可以发生在一段对话的任意位置，而开启话题只能发生在话轮的起始位置。我们认为位于话轮中间的"设立话题"实际上是切换话题，因为大多数谈话总有一个主题，即便这个主题十分分散、随意，也总能归结出一个中心话题，除非是漫无边际的胡言乱语，或者不涉及中心话题的寒暄（寒暄不在我们讨论话轮的范围内）。位于话轮起始位置的"开启话题"相较于"设立话题"更有利于和"切换话题"区分开来，因此取"开启话题"这一术语而不是"设立话题"。由于开启话题只能位于话轮之首，因此它不涉及话轮手段。

话题的切换和延伸通常经过话轮手段才能实现，原因是对正在说话的人来说，切换话题、延伸话题的时候思维往往跟不上原有的语速，容易形成停顿，有丧失说话权的风险，因此通常通过话轮延续的手段来维持说话权；对当下不在说话而想要切换话题或延伸话题的人来说，则须通过主动的抢占话轮的行为来取得说话权，或者在被动的话轮承接中实现话题的切换或延伸。

话轮抢占指的是话轮未结束时另一说话人抢夺说话权，这是主动的行为；话轮延续指的是同一说话人在自己的话轮内对说话权的维持；话轮承接指的是说话人从另一个说话人那里接过话语权，这是被动的行为，在语料中常表现为对疑问句的应答。总结如下：

（1）开启话题不需要经由话轮手段。
（2）话轮手段是实现话题功能的载体。
（3）切换话题、延伸话题须经由话轮手段。

话题和话轮的关系如图 7-1 所示。

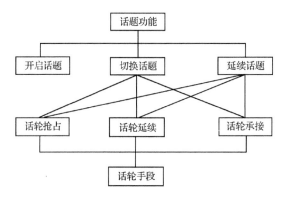

图 7-1　话题和话轮的关系

由于话题功能和话轮手段密不可分，因此功能框架中包含话轮手段。

7.5　本章小结

由于话语标记的语义不作用于概念层，所以不具有概念功能；由于副词没有行为义，所以不能用来交际互动。所以，副词类话语标记在语篇功能中只有话题功能，在人际功能中只有立场表达功能，并且人际功能是附属功能。

构建副词类话语标记的功能框架，必须厘清语义和功能的关系、基本话语和元话语的关系、语篇功能和人际功能的关系、话轮和话题的关系。

第八章

副词类话语标记功能的分类讨论

8.1 副词类话语标记的语篇功能

8.1.1 语气类话语标记的功能①

语气类话语标记共计 10 个甚至、当然、的确、反正、或者、其实、确实、好像、实际上、可能。下面分类讨论语气类话语标记中的成员具有哪些功能。

8.1.1.1 开启话题

基于语料,具有开启话题功能的副词类话语标记只有"当然"1个,占语气类话语标记的10%。如:

(1) 主持人:各位好,欢迎您收看正在直播的《今日关注》。明天就是中国人民的传统佳节除夕了,也是中国人民一年当中最重要的节日春节了。南方受灾的群众能不能过好这个春节?该置办的年货能不能够置办到?物价是不是稳定?我们今天就邀请到了国家发改委价格司的副司长周望军先生和我们一起来做这个节目。您好,周司长。

周望军:主持人您好。

主持人:<u>当然</u>,说到现在各地的灾情,还是有所好转。但是最让人揪心

---

① 本章语料如无说明都来自 CCL、MLC、BCC 这 3 个语料库,为避免过于烦冗,对部分语料做删减处理。

的还是湖南的郴州……

在该例中,"当然"前面的话语是背景介绍以及寒暄,因此排除在讨论范围之外。从"当然"开始,话轮开启,主持人开启了讨论郴州灾情的话题。

8.1.1.2 切换话题

切换话题需要经由话轮手段实现,具有切换话题功能的语气类话语标记共9个,只有"好像"不具有切换话题的功能;所用手段包括话轮抢占和话轮延续,不能经由话轮承接手段切换话题。

第一,话轮抢占。

经由话轮抢占实现切换话题功能的语气类话语标记有7个,占70%,分别是当然、的确、或者、可能、其实、确实、实际上。语例如下:

(2)主持人:那接下来马上我们就请出下一位我们创业课堂的老师,有请冯军,有请。

冯军:其实今天我也是来学习的,因为创业实际上是生活的一种态度,所以一旦要成为创业者之后,可能你要面对着一辈子学习和创业的机会,所以我今天学了很多。

主持人:<u>当然</u>,今天我们要把你请到现场一定是要有执教资格的,所以马上请你入座的同时,也请大家一块来看一看冯军在我们创业课堂的执教资格,来,一块看。

(3)主持人:你看,枪决它是有一套实施细则的,但是12年以后,当我们再关注注射死刑的时候,发现注射什么药物,由谁来执行,在多长时间内可以让犯人死亡,这些似乎都没有一个像标准一样的东西可以去依据。

白岩松:<u>的确</u>,刚才我们节目一开始的时候说,即使是死刑犯的死亡也需要一种公平,我想这种公平里头有两种含义……

(4)"哼,那连吃三顿食堂就是我了。"

"<u>或者</u>,我们去吃素面馆吧?反正大宝不爱吃,趁她不在,正好去。"

"咦,好主意!"

(5)辛晓琪:……所以我就坚持下来了,所以我今天我会,我会,新专辑我会继续做,然后演唱会我一定要继续开,所以我不好意思今天就是,我觉得就是,最主要是让妈妈跟大哥他们在天上都会微笑。

陈鲁豫：<u>可能</u>，可能人有时候需要给自己这样的心理的暗示，就是如果你每天让自己去快乐起来，可能一开始你是假装快乐，但慢慢慢慢可能会成为一种习惯，可能总会走出那个不快乐的阶段，会变得真的快乐起来。

（6）李文：第一次赢钱，拜托。对，那我投资这么多，五年来的立案费，律师费你没算，赔本了。

窦文涛：<u>其实</u>，你要这么能挑刺儿，你不如去当什么政协委员，什么的，多为人民群众发现一些需要改正的现象啊。按你这个性格，眼里不揉沙子，你别光为了你自己啊，你为了全国人民啊。

（7）刘军红：日本的做法和美国做法实际上有一致的地方……

主持人：<u>确实</u>，在面对全球性公共事件的时候，各国由于在法律、防控标准和水平的不同，也出现了一些对接的问题，我们了解一下。

（8）水均益：您当时四十岁，差不多和我现在一样大。

西哈努克：是和你一样大。

水均益：<u>实际上</u>，就我所知，您领导下的五六十年代，就像刚才录像中所展示的一样，是柬埔寨的黄金时代，是一个和平美好的时代。

从例（2）到例（8），话语标记都出现在话轮之首，因此看作话轮的抢占。例（2），主持人继冯军表达了"来学习"的态度之后，以"当然"开头，将话题转向介绍冯军执教资格，"当然"的语义是后指的，可以理解为"当然，我想说的是……"例（3），"的确"将话题由注射死刑没有标准转向死刑公平问题，"的确"的语义前指兼后指，既对前面的话语表示认可，也对后面的命题表示强调。例（4），"或者"将话题由吃食堂转向建议吃素面馆，语义后指，相当于"或者这样吧……"例（5），"可能"将话题由讨论辛晓琪为什么坚持做音乐转向讨论怎么变得真的快乐起来，语义后指。例（6），"其实"将话题由赔本转向批评李文的性格，语义后指，相当于"其实我想说的是"。例（7），"确实"将话题由讨论针对病毒防范各国不同的做法转向对接问题，语义指向与"的确"类似，为前指兼后指，既对前面的话语表示认可，也对后面的命题表示强调。例（8），以"实际上"将话题由讨论年龄转向讨论20世纪五六十年代的柬埔寨，语义后指，相当于"实际上我想说的是"。

第二，话轮延续。

经由话轮延续实现切换话题功能的语气类话语标记有6个，占60%，分别是甚至、当然、反正、或者、其实、可能。语例如下：

（9）窦文涛：而且他就说他怎么培养他女儿，他说这个小的时候，他女儿读书，说那个时候流行看武侠小说，然后，他采取的办法不是说不让她看，而是说他帮他女儿买了金庸、古龙、梁羽生，全买齐了……<u>甚至</u>，他就说包括这女儿学钢琴，他都讲，一看到商店领他女儿到买钢琴的地方，钢琴很贵嘛，他家境也不是很富裕，他就跟他女儿说，说有点儿贵，但是你做一个决定，是吧，决定交给你……

（10）主持人：其实您今天带到现场的这几项，在拉斯维加斯的国际电子展上获奖的产品，让我们可以很直观地看到，手机、电脑、互联网结合在一起之后，会有什么样的终端产品出现在我们的面前。<u>当然</u>，我想对于很多人来说，我们也希望知道这样的一种新趋势，到底会给未来的市场发展带来什么样的新机会和新变化？刘戈这方面有没有一些自己的研究？

（11）"没有情商也没有智商。"

"我相信你有的！！！"

"没的！不过现在不在意了！<u>反正</u>，不要争不要抢，自己日子还是好过的。"

（12）"对不起，我拒绝你。"

"其实你可以不用这么急着回答的。<u>或者</u>，你可以委婉地回绝，这样对我的伤害相对会比较轻些。"

（13）陈和武：我觉得可以从两个方面吧，第一个打击酒后驾驶，催生另类商机这个火爆说明什么呢？我觉得第一，说明市场还是有很大的需求的。也就是说喝酒驾车的人还是大有人在，从这里我们也可以看出，目前酒后驾车这个违法成本还是很低，并不能够阻止部分酒后驾驶人员的侥幸心理。<u>可能</u>，我担心的一个问题就是此次行动，因为现在是国庆60周年，要保稳定，要开展全国两个月的打击酒后驾车，两个月之后这个行动结束了之后，是不是又会恢复到原来的状况，又变成一个短期化的政策，这个是很担心的。

从例（9）到例（13），话语标记都出现在没有变换说话者的话轮中间，因此看作话轮的延续。例（9），"甚至"将话题由引导女儿管理时间转向让女儿独立做决定，语义后指。例（10），"当然"将话题由讨论电子产品的结合会产生什么终端产品转向请嘉宾谈新趋势会带来的变化,语义后指。例(11),"反正"将话题由讨论情商、智商高低转向日子还是好过的愿景,语义后指。例(12),"或者"将话题由说话人嫌回答太着急转向讨论怎样拒绝对"我"伤害轻些,语义后指。例(13),"可能"将话题由讨论打击酒后驾驶催生另类商机转向担心酒后驾车变成短期化政策,语义后指。

在话题相关功能中,语气类话语标记发挥话题切换功能的比例远高于开启话题的比例,切换话题是语气类话语标记的主体功能,10个成员中只有"好像"一个没有此功能。经过话轮抢占和话轮延续实现的成员分别为7个和6个,其中的"当然""或者""其实""可能"既可以经由话轮抢占手段也可以经由话轮延续手段实现话题切换。

8.1.1.3 延伸话题

延伸话题可以经由话轮抢占、话轮延续和话轮承接三种手段实现。所有的语气类话语标记都具有延伸话题的功能。

第一,话轮抢占。

经由话轮抢占实现延伸话题功能的语气类话语标记有8个:当然、的确、反正、可能、其实、确实、甚至、实际上。例子如下:

(14) 许子东:因为这个是世界纪录。

梁文道:对,他们就是所谓"更高、更快、更强",帮我们跑出人类的水平了。

窦文涛:<u>当然</u>,现在大家也不太承认博尔特是人类了,他一般网上就说是外星人入侵地球了。

(15) 记者:据了解,怀柔地界以内,被定位成泥石流高危点的地区还有很多……但是让人担心的是目前一些私人开发的旅游景点和度假村很多也建在这种泥石流高危点的范围以内,对于这些没有经过审批的景点或者是私人的住所,要如何地规范和保护,是目前面临的一个难点。

张锋:<u>的确</u>,像刚才张处长介绍到的咱们北京泥石流这样一些高发点,包括其他地质灾害的一些易发点,很多都是风景优美的山区,现在我们在发展沟域经济,很多也是利用这样一些得天独厚的资源,在进行旅游资源开发,可能市场上还有一定的秩序不是那么的好……

(16) 左左:下一个就是这两天不是该高考了嘛,在高考之前,有好多地方的网吧全都给关了,网给你断了,然后就有一些网友在网上发帖子。

立新：<u>反正</u>，我说，打一个不太恰当的比方，就在这个问题上，管理部门简直就是耗子进风箱两头受气。

（17）马光远：这个从《行政法》本身来讲的话，的确有很欠妥的地方。

主持人：<u>可能</u>，对于我们的交管部门来说，这个工作就要做得更细致一些。

（18）邓俊：对，我觉得确实咱们的市民百姓在这方面也是做了一些深入思考，确实对我们今后相应的制度建设上、加强管理上，我觉得很有借鉴意义。

宋扬：因为每天大家都在吃饭，每天都在产生这样的废弃物。

老郭：<u>其实</u>，我又想说，还是投入不够，刚才说这个投入是什么，刚才第一个投入是市政府直接建设，大型垃圾处理厂，运行这些体系、这些环节。

（19）嘉宾：其实真的是，经过这一次灾难，我们再次印证患难见真情，灾难见人性。

主持人：<u>确实</u>，这种璀璨的人性是值得人永远地去学习和称赞的。目前为了寻找失踪的人、车，军队每天有两三百人进行救灾，而且人数还在增加当中。……

（20）蔡若焱：其实人员的管理是一个非常复杂的管理，他们可能现在关注仅仅是某一个层级的外来人口，其实北京市的外来人口组成根据我们的调查是非常多方位的。高的，可能有。

白琳：很高端的科技人才。

蔡若焱：<u>甚至</u>，比如说咱们中央领导同志的家属都是非北京居民，都有可能，对吧……

（21）鞠萍：前几天，我和童话大王郑渊洁一起参加一个学校开学典礼。郑渊洁上台教所有孩子说一句话。跟着他高喊三遍，说如果有坏人要摸你或者脱你衣服的话，你就大喊一声："我还不到14岁，你要坐牢的！"……

张小梨：<u>实际上</u>，家长在孩子的生活过程中、日常过程中，上幼儿园以后，就可以告诉他，除了妈妈以外，甚至爸爸，都不可以碰你身体的哪个位置，不要去做什么东西，这些东西都可以和孩子讲的。

从例（14）到例（21），话语标记都出现在变换说话者的话轮之首，因此看作话轮的抢占。与例（2）到例（13）不同的是，这 8 个例子中的话语标记后接的内容都不涉及话题的切换，都是对原有话题的继续讨论，因此归类为延伸话题。在语义指向方面，和"切换话题"部分一样，前指兼后指的有"的确"和"确实"，其余都为后指。

第二，话轮延续。

经由话轮延续实现延伸话题功能的语气类话语标记有 7 个：当然、反正、好像、或者、可能、甚至、实际上。例子如下：

（22）主持人：也就是说这个是当地的纪委才能看到。

张鸿：对。所以这里边呢，你要填写你的房产、你的汽车、你的股票等等这些来源，这个其实是真正的财政那一块申报的。<u>当然</u>，也有很多媒体在争论，说是不是应该分公开和秘密，是不是应该所有的都公开，是不是应该保护县处级以上干部，他们自己的财产隐私。

（23）"好像河间县的人特别多。"

"河间啊，倒不见得，他们这个，<u>反正</u>，这个这个八旗这个，现在这旗人老人儿也少了。都是，年轻的，都不太知道了。反正我这儿也是听我们家那老人说的吧。"

（24）陈燕：如果把胳膊腿撞折了，接下去也好了……我没有想到我那么大的痛苦，一个月就复发了，又坐到轮椅上。那个时候我觉得，<u>好像</u>，作为一个盲人本身就看不见，再坐在轮椅上让别人照顾，觉得活着就没有什么希望。

（25）姚明：许多人问我，休斯顿火箭让你做状元秀，你感觉怎样呢？兴奋吗？有时我说是，只是因为这么说显得得体。其实我并不兴奋。首先，我已经知道自己会做状元秀，<u>或者</u>，至少知道可能性很大。其次，这事我已经等得太久，真正到来时已经不是惊喜了，我只是松了口气。

（26）窦文涛：试管婴儿技术容易导致生出双胞胎。

竹幼婷：当初在做法律规定的时候，其实他是连性别不能挑的，因为你其实是希望能够有个小孩，<u>可能</u>，就像你说的，我们可以挑两个或者三个小孩没有问题，这在台湾也有名人这样做过，我觉得这还可以接受。

（27）韩志鹏：如果预先有个告知的话，大家就不会这么被动，政府不会那么被动，学生家长也不会那么被动。无论是初一、初二、初三也好，他们都已经在起跑线上了，<u>甚至</u>，你比如初三，他们已经在冲刺，你现在改变游戏规则，你认为公平合理吗？

（28）金乾生：我去美国大峡谷，我就是坐着直升机去观光的，因为任何交通工具没有办法跟它相比较。你要是坐着汽车去看大峡谷，和坐着直升机去看大峡谷，那是完全不一样的大峡谷。<u>实际上</u>，就包括我们的长辈，他辛辛苦苦一辈子，可能连飞机见都没见过，那么在这种情况下，我们把飞行体验、飞行旅游，做起来……

从例（22）到例（28），话语标记都出现在没有变换说话人的话轮中间，因此看作话轮的延续。这7个话语标记后续的内容同样不涉及话题的切换，因此归类为延伸话题。语义指向方面，全部为前指。

第三，话轮承接。

话轮承接只服务于延伸话题，不服务于切换话题。经由话轮承接延伸话题的话语标记有7个：当然、的确、反正、可能、其实、确实、实际上，占总量的70%。例子如下：

（29）吕祖善：应该讲我们两地文化的交流还是有一定的成效……当然，两地同胞非常关注《富春山居图》什么时候能够合并展示，我相信这也是两地同胞共同的期盼和心愿，作为我们来讲，极力地促成这一个《富春山居图》能够合并展示。

记者：如果在台湾展也可以，或者到浙江展，您倾向于哪边？

吕祖善：<u>当然</u>，我们也知道在故宫博物院的这一部分，可能到浙江展示还有一点困难，但是我们可以我们先过来，迈开这一步，当然我们也希望台北"故宫博物院"跟有关方面，也能更积极促成在台北"故宫博物院"的这一部分，也能够到浙江去展示。

（30）主持人：不过我们看刚才教授做出那个研究的数字的话，学生论文的抄袭率很高……其实对于学生来说，如果他面临找工作和写论文，他当然能权衡出谁重谁轻，当然找工作最重要了，我不知道您在大学里遇到的情况什么样？

王锡锌：<u>的确</u>，我们现在学术论文，如果从学生层面来讲，那么学生本科毕业，学士学位必须写论文，论文通过才能获得学位，有各种各样的硕士，包括有学术研究型的硕士，但也有一些职业培训型的硕士，这些也都要有论文，论文换学位。

(31) 窦文涛：……然后又聊一人，说巩俐了，说巩俐入这个新加坡籍了，最近也是闹闹嚷嚷说得很多。

梁文道：她老公以前是，以前那个老公是新加坡人，是吧？

窦文涛：<u>反正</u>，网上基本上是往哪儿聊呢？往爱国不爱国这个方向上聊，但是我觉得文道有个角度就很有意思。

(32) 主持人：好长时间一个简单的动作练不会，你会怎样？

嘉宾：那郁闷，琢磨它、研究它这个动作，但是主要责任可能就是我们还没有找到他沟通的方法，从自己身上找原因。

主持人：你烦不烦啊？

嘉宾：<u>可能</u>，这就是我们的工作吧，那样才有乐趣，等你想出来了，训出来了，那才叫快乐。

(33) 陈太太：他自己要养蜂的话很简单，他就来学技术嘛，学技术，你想，学到会的话，他自己回去当老板，要不了多少本钱，就可以养了，所以他就怕这样，因为它那个蜜蜂，要一箱变两箱是速度蛮快的。

记者：多多少少那个时候，应该还是会有些失落吧？

陈信治：<u>其实</u>，失落当然有，但是我认为这个不重要，重要是你自己。

(34) 张峰：好，非常感谢郝先生，你看郝先生也谈到了现在群租房的现象……但是我们要问了，类似这样的，你规定了，但是我实际上不去登记，你有什么办法进行核实？这个操作上我们确实也比较怀疑，我不知道杨代表对这个问题怎么看？

杨秀奇：<u>确实</u>，刚才你也谈到，我感觉目前在出租房发现问题已经在实际当中体现出来了，因为作为甭管是业主也好，还是中介也好，他们出租房以后，他不给你提供这个信息。

(35) 主持人：比如说我们国家有《艾滋病防治条例》，其中有"四免一关怀"，国家去爱这些艾滋病病毒携带者的时候，在这个过程中，如果我要得到免费的治疗，或者得到相关医疗单位的治疗，总会避免不了暴露我个人的信息；如果我不暴露的话，可能我就得不到这些治疗，那怎么办？

靳薇：<u>实际上</u>，董倩你提的这个问题是非常好的。有些人他觉得，一方面你要保护他们的隐私；一方面，我们要最终对他们进行治疗，这个矛盾怎么处理？

从例（29）到例（35），话语标记都出现在针对提问的话轮之首，因此视为话轮承接。在话题内容上，不涉及话题的切换，而是对已有讨论的延伸，在语义指向方面，除了"的确""确实"是前指兼后指，其余都为后指。

8.1.1.4 小结

语气类话语标记作为一个类别，覆盖了语篇功能中的全部内容，包括开启话题、切换话题、延伸话题；内部的成员承担语篇功能的不同情形呈现出一定的规律性。分布情况见表8-1。

表8-1 语气类话语标记语篇功能分布表

语篇功能		话语标记									
		当然	的确	反正	好像	或者	可能	其实	确实	甚至	实际上
开启话题			√								
切换话题	话轮抢占	√	√			√	√	√	√		√
	话轮延续	√		√		√	√	√		√	
	话轮承接										
延伸话题	话轮抢占	√		√			√	√	√	√	√
	话轮延续	√		√	√	√	√				
	话轮承接	√	√	√			√	√	√	√	√
功能覆盖率		86%	43%	57%	14%	43%	71%	57%	43%	43%	57%

首先，以不同成员的功能覆盖率为考察对象。

从表8-1可知，"当然"的覆盖率最高，达86%；"好像"的功能覆盖率最低，仅14%；其余成员的覆盖率在43%～71%的区间。如果将功能覆盖率视作衡量话语标记典型程度的标准，那么"当然"的典型程度最高，"好像"的典型程度最低。

第一，衡量话语标记典型程度的设想。

我们提出一个设想：一个表达式充当话语标记的能力与其语法化程度有关，语法化程度越高，则越容易成为话语标记，功能越全面。提出这个设想有这样的理论依据：语法化程度越高，语义越弱化，就越容易失去真值语义表达功能，从而降级为发挥话题相关功能的话语标记。又由于语法化是个渐进的过程，如果某些表达式虽然还没有完成语法化，但是有强烈的发生语法化的趋势，那么这个表达式也容易发展成话语标记。由此，衡量话语标记的典型程度，主要有两个指标：语法化程度和语法化趋势。

第二，关于语法化程度的判断。

现有研究对语法化程度的判断，主要是依据"历时上形成的时间先后"（沈家煊，1994：21），即主要针对同一个表达式不同历史时期的比较。语气类话语标记都源于语气副词这一个词类，从词类的历时演变历程来说，其语法化程度是一致的，无法比较高低。

除此以外，副词内部还有一种特殊的用法可作为衡量语法化程度的参照，即副词的篇章连接功能，也就是特劳格特所说的"饰句副词"的功能。特劳格特提出的语法化历程中包含饰谓副词>饰句副词这一环，饰句副词发挥的就是篇章连接功能，副词发挥篇章连接功能是语法化的结果（张谊生，2002；巴丹，2018）。由此，某个副词的篇章连接功能（饰句副词）在所有功能（饰谓副词+饰句副词）中占的比例越高，则其语法化程度越高。饰句副词发挥篇章连接功能的形式，主要是位于句首，且后面有停顿，表现为以逗号隔开。因此，我们以位于句首、以逗号隔开的形式作为饰句副词，视为发挥篇章连接功能，饰句副词与此副词出现总次数的比值，即为衡量语法化程度的标准，比值越大，语法化程度越高，反之则越低。

第三，关于语法化趋势的判断。

使用频率在语法化的促成因素中占有重要地位，共时层面下的频率调查指的是"在语料库中搜索疑似向某种语法状态移动的表达"（Hopper & Traugott，2003：129）。对话语标记研究来说，这种"语法状态"当然是充当话语标记，因为语法化的链条是饰谓副词>饰句副词>话语标记，充当话语标记是最终目标形式。因此，最理想的频率数据应该是指：在尽量多的语料中，某个表达式作为话语标记出现的次数和出现的总次数的比值。但实际操作中有两个不可避免的问题。

首先，很多时候某个表达式既可以看作话语标记也可以看作饰句副词，即处于桥梁环境中的话语标记数量非常多，巴斯-温加滕和库珀-库伦在统计though 的用法时发现，有明确话语标记功能的 though 占11%，而处于话语标记和非话语标记之间灰色地带的 though 占63%之多（转引自 Hopper & Traugott，2003：129）。比如例（36）中的"当然"，既可以看作饰句副词，表示对后续内容的评价"当然是这样"，也可以看作话语标记，作为元话语表示"当然了我想说的是"。这样的例子非常多，因此，我们在选择考察对象时，放弃话语标记，在饰谓副词＞饰句副词＞话语标记这个链条中选取中间形态"饰句副词"作为主体对象，这样不会遗漏歧义状态的话语标记，更能较正确地展示语法化的趋势。

（36）因为美元如果大幅度下滑，那对中国不是好事，对世界也不是好事情，所以我们这样做也是为了大局出发。<u>当然</u>，目前最大的问题是经济，处于危机状态，所以双方关系也比较好。

其次，"尽量多的语料"当然是最理想状态，但囿于资料和时间的限制，我们不得不把语料范围框定在一个合适的范围。虽然话语标记对语体的选择没有绝对性的要求，但一般而言主要出现在口语交际中，口语中话语标记的使用频率更能反映话语标记的典型程度，因此我们选择的是口语交际性较强的语料，具体为 CCL 语料库中的"当代—口语"部分，以及 MLC 语料库中的三个电视访谈栏目。其中，"当代—口语"部分语料规模为 3 081 723 字次，《鲁豫有约》为 2 529 893 字次，《乡约》为 1 202 667 字次，《铿锵三人行》为 7 623 860 字次。

第四，验证。

既然衡量话语标记典型程度的两个指标都与饰句副词有关，那么接下来的工作就变得很明确：在一定语料中统计某个表达式出现的总次数和作为饰句副词出现的次数，以后者除以前者，得出的比值即为衡量话语标记典型程度的参数。考虑到语料规模的限制和语言使用习惯的偏差，这里只关注最大值和最小值，即如果参数最大的那个副词是功能覆盖率最高的"当然"，参数最小的是功能覆盖率最低的"好像"，那么基本可以证明我们的设想是正确的，即语法化程度、语法化趋势与充当话语标记的能力正相关。所得数据见表 8-2。

表 8-2　语气副词充当饰句副词的次数和出现总数的比值统计表

	语气副词		当然	的确	反正	好像	或者	可能	其实	确实	甚至	实际上
CCL	当代—口语	饰句副词	85	13	9	0	3	2	45	1	5	12
		总数	524	119	183	265	421	976	895	187	225	235
		比值	16.2%	10.9%	4.9%	0	0.7%	0.2%	5.0%	0.5%	2.2%	5.1%

第八章 副词类话语标记功能的分类讨论

续表

	语气副词		当然	的确	反正	好像	或者	可能	其实	确实	甚至	实际上
MLC	《鲁豫有约》	饰句副词	46	8	5	4	5	11	27	8	0	1
		总数	696	140	703	1 171	1 075	3 738	3 574	464	264	211
		比值	6.6%	5.7%	0.7%	0.3%	0.5%	0.3%	0.7%	1.7%	0	0.5%
	《乡约》	饰句副词	3	0	0	0	0	0	5	1	0	1
		总数	141	25	117	282	105	451	259	117	82	59
		比值	2.1%	0	0	0	0	0	1.9%	0.9%	0	1.7%
	《铿锵三人行》	饰句副词	132	12	4	4	3	4	32	13	7	22
		总数	5 048	529	1 261	5 345	6 446	8 414	11 721	1 715	3 158	2 170
		比值	2.6%	2.3%	0.3%	0.07%	0.05%	0.05%	0.3%	0.8%	0.2%	1%
合计		饰句副词	266	33	18	8	11	17	109	23	12	36
		总数	6 409	813	2 264	7 063	8 047	13 579	16 449	2 483	3 729	2 675
		比值	4.15%	4.06%	0.79%	0.11%	0.14%	0.13%	0.7%	0.93%	0.32%	1.35%

由表 8-2 可得，充当饰句副词的次数和出现总数的比值最大的是"当然"，为 4.15%，最低的是"好像"，为 0.11%。也就是说，语气副词中，语法化程度/趋势最高的是"当然"，最低的是"好像"，这个结果和语气类话语标记功能覆盖率的最高值、最低值吻合——功能覆盖率最高的是"当然"，为 100%，最低的是"好像"，为 17%。此结果证明了我们的设想正确，即语法化程度/趋势更高的表达式更容易发展成典型的话语标记。

第五，元话语特征对话语标记典型程度的影响。

从表 8-2 可见，语法化程度/趋势最高，从而最常充当话语标记的两个成员是"当然"和"的确"；语法化程度/趋势最低，从而最不常充当话语标记的两个成员是"好像"和"可能"。副词"当然""的确"都表示强调，能够增强语力，副词"好像""可能"都表示揣测，能够减弱语力，这似乎反映出了一些规律性的内容。我们知道，话语标记本质上是元话语，那么，越是符合元话语特征的表达式，就越容易充当话语标记，由此问题的关键转化为元话语的特征是什么。

元话语是元语用意识的表现，对话语标记来说，说话人使用话语标记就是想要发挥话语标记的话题功能，而不管是开启、切换还是延伸话题，都是使话题前景化。话题前景化是一种主动的选择，目的是吸引听话者的注意，必然要求"吸引注意"这个行为具有确定性。"当然""的确"作为元话语可表达"当然,我想说的是""的确,我想说的是";而"好像""可能"很难视作元话,"好像,我想说的是""可能,我想说的是"语通常不被接受,因为揣测性、模糊性和"想说"所具有的直陈性相矛盾——既然不确定要不要说,又怎么"想说"呢?当然,在一些特殊语境下,"好像""可能"可以发挥话语标记功能,如在下级对上级的对话中表达谦虚、礼貌的态度时可用这两个话语标记,但"特殊语境"说明这种用法是有标记的,并不是常规用法。因此,源词语义与元话语特征的适配程度也是影响话语标记典型程度的重要因素。

其次,以话题功能下成员占比为考察对象。

表 8-3　语气类话语标记话题功能分布表

功能	手段	数量	占比	去除重复合计	总占比	特例①
开启话题	—	1	10%	1	10%	当然
切换话题	话轮抢占	7	70%	9	90%	好像
切换话题	话轮延续	6	60%	9	90%	好像
切换话题	话轮承接	0	0	9	90%	好像
延伸话题	话轮抢占	8	80%	10	100%	—
延伸话题	话轮延续	7	70%	10	100%	—
延伸话题	话轮承接	7	70%	10	100%	—

从表 8-3 可知,切换话题和延伸话题没有显著区别,前者为 9 个,占比 90%,后者为 10 个,占比 100%。开启话题功能显著降低,仅有 1 个成员具有此功能,占比 10%。这和话语标记源词的语义有一定的关系。语气类副词在语义上表达的是某种态度、评价等,而开启话题时需要的是引导性的、介绍性的表达,一般还没有涉及太多主观评价,所以语气类话语标记中能够发挥开启话题功能的成员数量较少。而切换话题和延伸话题时,基于元语用意识,自反意识多多少少映射到表达中,语气类话语标记的源词恰好是表示主观态度和评价的,由此,和切换、延伸话题时的元语用意识契合,形成语气类话语标记主要用来切换或延伸话题的结果。

---

① "特例"指的是占比小的那部分内容,如"开启话题"功能下,只有"当然"有此功能,为特例;"切换话题"功能下,只有"好像"没有此功能,为特例。

再次，以话轮手段中成员占比为考察对象。

表8-4 语气类话语标记话轮手段分布表

手段	功能	数量	占比	去除重复合计	总占比	特例
话轮抢占	切换话题	7	70%	9	90%	好像
	延伸话题	8	80%			
话轮延续	切换话题	6	60%	8	80%	的确、确实
	延伸话题	7	70%			
话轮承接	切换话题	0	0	7	70%	或者、甚至、好像
	延伸话题	7	70%			

从表8-4可知，话轮抢占、话轮延续、话轮承接间没有显著差别，话轮抢占手段相对高一些，包含9个成员，话轮承接相对最低，包含7个成员。

第一，特例分析："好像"。

"好像"不具备切换话题的功能，也不能用于话轮抢占，除了与其充当话语标记典型程度不高、使用频率较低有关外，还与元话语特征有关。前文已述，开启话题、切换话题、延伸话题都是主动的使话题前景化的行为，按照说话者想要达成目的而付出的努力程度来排列，依次为切换话题＞延伸话题＞开启话题。由此，用于切换话题的元话语的自我意识凸显程度最强，需要最明确、最有力的驱动手段。而"好像"是个模糊表达，语势弱，用于切换话题会显得不够明确，这也证明了源词的核心义依旧限制着话语标记的功能发挥。

第二，特例分析："的确""确实"。

"的确""确实"不能用于延续话轮，与其语义的指向性有关。前文已述，"的确""确实"的语义指向与其他成员不同，其他成员（除"当然"）都为后指，而"的确""确实"为前指兼后指，明确些说，是必须兼有前指性和后指性。罗耀华、齐春红（2007：30）称为"前依赖""后依赖"，指出"前依赖是指，副词小句，须有前言或上文，或为答话、接话，或为自述句等背景性的成分"。从收集到的语料来看，"的确""确实"只能出现在新话轮的起始位置，也就是说，在话轮起始位置，"的确""确实"才兼具前指性和后指性。那么，为什么"的确""确实"不能出现在话轮中间用于延续话轮呢？或者说，为什么话语标记"的确"和"确实"的语义指向必须兼有前指性和后指性呢？

(1) 前指。

前指的时候,"的确""确实"都可以独立成句,后面可以没有进一步的阐述,也可以追加原因等内容。副词独用是较特殊的一种现象,赵元任认为"动词性词语变来的多音节副词,单说时又恢复了原来的动词性,不再像个副词了"(转自陆俭明,1982:38)。独立成句的语气副词"虚化的程度相对不是最高的,其意义中还保留一些动作性的因素"(史金生,2002。转引自罗耀华、齐春红,2007:34)。我们赞同这种看法,"确实"在例(37)、(38)中不再像个副词,在句中充当的是谓语。

(37) 赵楠:他们觉得自己做得不够好的方面主要体现在哪几个方面?

嘉宾:从他们自己选择的情况来看,第一个是工作总结做得不是特别好。能够控制干扰这一点可能做得不太好。

赵楠:这个挺难的。

嘉宾:<u>确实</u>。

(38) 主持人:一传十,十传百,来找你的人越来越多吧。

赵章光:<u>确实</u>,到我家里是不要钱的。

主持人:治好了也不要钱。

赵章光:不要钱,不收钱。

前指的"的确""确实"呈现出逆语法化的趋向,演变路径是:副词 > 动词短语,这和话语标记的形成路径(动词短语 > 副词 > 饰句副词 > 话语标记)背道而驰。前指的"的确""确实"概念义充实,呈现和话语标记相逆的演变趋向,因此不能视作话语标记。

(2) 后指。

一些研究者认为"后依赖"的"的确""确实"具备话语标记特征(罗耀华、齐春红,2007;罗耀华、朱新军,2007)。我们认为后指的"的确""确实"只能视作饰句副词,而不是话语标记,根本原因与其语义的特殊性有关,进一步说,是其语义的特殊性阻碍其成为元话语,进而无法视作话语标记。如:

(39) 刚才片子中有市民提到父母的医保问题,<u>的确</u>,现在不少深圳市民把父母从老家接到深圳颐养天年,有的父母由于各种原因,没有参加医保,在深圳看病是一笔不小的开支。

这里的"的确"与饰谓副词相比，辖域、主观性增加，语法化程度更高，但仅仅是饰句副词而不是话语标记。

"的确"的意思是"完全确实。表示十分肯定"；"确实"的意思是"对客观情况的真实性表示肯定"（《现代汉语八百词》）。这两个词都用来表示对事实的肯定，当需要对一个事实进行肯定时，通常是这样一个逻辑过程：首先摆出这个事实；然后对这个事实进行判断——究竟是真的还是假的；最后，认为是真的，从而进行肯定。也就是说，肯定一个事实的时候，必然伴有怀疑、判断的过程。罗耀华、齐春红（2007：34）指出"当着意肯定一个事实时，通常也要具备这样一个前提，就是有人怀疑这个事实的真实性"。那么，"的确""确实"完整的语义表达可以是"到底是不是这样呢？是的，的确/确实……"就是这种由"肯定"带来的怀疑性，成为"的确""确实"转化为元话语的障碍。

我们知道，元话语的语义不是指向基本话语层面的概念、命题的，而是指向组织基本话语这一行为，如"尤其，P"，不是指"P 尤其……"，而是"我尤其想说的是 P"。由于"的确""确实"带有说话者本人的自我怀疑意味，如果作为元话语，那么完整的语义表达是"我要说话这个事实是不是真的呢？是的，我的确想说……"这种自我怀疑在元话语中事实上是不存在的，因为使用元话语就是为了组织话语从而表达出来。不可能存在这样矛盾而荒谬的情形：一边组织话语进行表达，一边又对进行表达的真实性做怀疑与审判。

饰句副词不等于话语标记，只有能视为元话语的饰句副词才是话语标记。后指的"的确""确实"的语义指向只能是基本话语层面的，不能转化为元话语，因此不能视作话语标记。

（3）前指兼后指。

单纯的前指和后指的"的确""确实"都不能视作话语标记，兼具前指性和后指性的才可视作话语标记。要满足前指兼后指，"的确""确实"必须位于话轮之首，这样，怀疑性指向前一说话者的话语，确定性指向自己接下来要说的话语，语义表达为："你说的是不是真的呢？是真的。而我接下来想说的是……"

副词"的确""确实"语义中有和元话语特征不兼容的成分，即自我怀疑性。当它们位于话轮中间用于延续话轮时，怀疑性即为对自我的怀疑，阻碍其发展为元话语；当它们位于话轮之首时，怀疑性成为对他人的怀疑，不妨碍其发展为元话语。因此，"的确""确实"只能位于话轮之首，充当抢占话轮、承接话轮的手段，而不能位于话轮中间，充当延续话轮的手段。仍以前文所举的例子为例：

(19)′嘉宾：其实真的是，经过这一次灾难，我们再次印证患难见真情，灾难见人性。

主持人：确实，这种璀璨的人性是值得人永远地去学习和称赞的……

"确实"可以看作对嘉宾所说内容怀疑后的肯定+引出"这种璀璨的人性是值得人永远地去学习和称赞的"的意愿，这样，"确实"就成了一个元话语层面饰句副词，满足了充当话语标记的要求。

8.1.2 时间类话语标记的功能

时间类话语标记共3个：首先、然后、同时。

8.1.2.1 开启话题

时间类话语标记的3个成员都不具备开启话题的功能。"首先"没有此功能的原因是：副词"首先"表示"时间上最先，最早"，或"摆在首位。常用于列举事项。后面常与'其次、第二、然后'等搭配"（《现代汉语八百词》），这和开启话题的功能天然相合，即开启话题的"首先"应视作副词而不是话语标记。"然后""同时"不能开启话题的原因是开启话题是把新信息前景化，其预设是这个信息还没有在言谈中出现过；而话语标记"然后""同时"的时间限制性虽然不再表现在概念层面，却仍然表现在元话语层，表达的是"然后，我想说的是"，"同时，我想说的是"，它们都预设着言谈中已经存在某些信息，"然后""同时"是说话者对旧信息的回应。即"然后""同时"的核心义的预设和开启话题的预设不符，所以不具备开启话题的功能。

8.1.2.2 切换话题

能够经由话轮抢占和话轮延续手段切换话题的有"然后""同时"，"首先"不具备这两个功能；能够经由话轮承接切换话题的有"首先""然后"，"同时"不具备此功能。

第一，话轮抢占。

(40) 卢庚戌：对，然后他一句话我就记住了，他说为什么青蛙的叫声，一个村的人都能听见？是因为它的发声很科学，然后……

高晓松：听一下，清华的同志们，都是这么研究问题的。

卢庚戌：<u>然后</u>，那年我已经毕业很多年了，也二十七岁了，就二十七岁像晓松老狼他们早火了。

(41) 陆少宣：澳门特区政府它是比较支持这一块，它的有一些基金或者一些免费的学校，教育的课程，会提供给澳门本土的设计师……

彦旭：<u>同时</u>，不同于过去，把广东沿海作为产业基地，如今的澳门商人更多地把目光放到了首都北京，北京为澳门经济的多元化发展提供着前所未有的机遇。

从例（40）到例（41），话语标记都位于话轮起始位置，视为话轮抢占。例（40）中，"然后"将话题由讨论研究青蛙发声问题转向对自己27岁境况的回忆。例（41）中，"同时"将话题由讨论澳门在服装设计方面的成绩转向北京为澳门发展提供的机遇。

第二，话轮延续。

(42) 陈鲁豫：他们说你这三年多没有给自己放过假是吗？

李玉刚：没有，我昨天晚上有工作到4点多才结束。<u>然后</u>，因为昨天是北京城的第一场雪嘛，我发了一条微博，其实我发微博也挺，挺纠结的，因为我特别不想在凌晨发微博。

(43) 宋扬：是，所以我们说这次我们整个中国的房地产调控它是多方面的，立体的，既有保障房的建设，公租房的建设……这样一个组合政策出台之后，大家都有好处，这就是最好的一个事情。<u>同时</u>，年轻人，其实有的时候年轻人迫不得已，你说自己想买房吗？

从例（42）到例（43），话语标记都位于话轮中间，视为话轮延续。例（42）中，"然后"将话题由不给自己放假转移到发微博一事。例（43）中，"同时"将话题由讨论组合政策的好处转向怀疑年轻人是不是想买房。

第三，话轮承接。

(44) 主持人：……我们也知道，今天你到社区进行采访，政府在抚慰这些受害者的家属，还有包括普通的市民，这些方面做了哪些工作？

张泉灵：<u>首先</u>，受害者的家属不光是社区去做工作，它专门有一个善后工作小组，所以会形成一对一甚至二对一的状态，他们是有专人去做工作的。

（45）程莉莎：不是，就有一天真的跟他分手了……直到有一天，有一年的圣诞节，我从外地拍完戏回来，因为当时我失恋嘛，就老听那个刘若英的歌，她的歌特别适合失恋的时候听，然后那天那……

陈鲁豫：失恋不能老听这种歌，那不越听越难过吗？

程莉莎：<u>然后</u>，然后那一年，刘若英在北京开演唱会。

陈鲁豫：对。

程莉莎：圣诞节，我就跟我自己，我说呀，那我回来我一个人，我干吗去呢，我就特别想去听那演唱会，正好我有一朋友有这票，我说哎呀，那你，你就给我吧，你就让我去听吧。

从例（44）到例（45），话语标记都位于以问号结束的新一话轮的起始位置，视为话轮承接。例（44）中，"首先"将话题由讨论受害者受到的帮助转向介绍抚慰工作的布置情况。例（45）中，"然后"将话题由讨论失恋听歌的问题转向回忆刘若英开演唱会。

8.1.2.3　延伸话题

"首先""然后""同时"都能够经由话轮抢占和话轮延续实现延伸话题功能；能够经由话轮承接实现延伸话题功能的有"首先"和"然后"，"同时"不具备此功能。

第一，话轮抢占。

（46）老郭：我听人家说消毒柜达不到多少消毒的功能。

宋扬：为什么？

老郭：我听说是。

宋扬：你得拿出证据。

老郭：科学文章曾经说过，具体危害不知道。

郑和兴：<u>首先</u>，普通的家用电器，都是经过测试的，应该都是比较安全的。但是这个安全，得保证正确地使用……

宋扬：应该说正常产品，正常使用范围内都是正常。你买音响，每天开160分贝，那两天耳朵就聋了，看你使用的情况。

(47) 曾宝仪：因为以前常常说父母在不远游。

梁文道：是。

曾宝仪：<u>然后</u>，比方说我爷爷，因为生病了很多年，所以这些年，比方说我想去什么地方的时候，我常常是已经都计划好了，但是我去不了，因为我觉得他突然又住院了，或者是今天又说进入加重病房了。

第二，话轮延续。

(48) 主持人：有时候也是因为赌球而最后导致了操纵。

张路：对，赌球是一种，有不赌球的也操控比赛，比如某俱乐部出于它的利益做假球，这也是操控比赛，这个性质上有一些不同。<u>首先</u>，我觉得对于足球博彩我们国家现在没有法律，没有法律的结果造成了混乱。

(49) 张馨予（新闻发布会）：首先是第一张网友所谓的，说是我出台，然后是客人帮我拍的照片，这是在酒店陪客人出台。<u>然后</u>，其实那天是我和我的两个发小，回学校领毕业证的时候，然后一起在酒店，学校附近的酒店的合影。可是在我出道以后，却有人拿这些照片过来看图说话，引起了说坐台之说。

(50) 截至去年年底，天津市共有10家国办养老机构，154家社会办养老机构，数量远远不能满足养老需求，<u>同时</u>，社会办养老机构还存在设施水平、管理水平和服务水平参差不齐的问题。

第三，话轮承接。

(51) 刘思伽：……但是捡漏，一般人好像如果有这样的事的话，都愿意和别人提一下。您遇到的捡漏的事多吗？

白明：<u>首先</u>，非常不幸，我这一辈子没捡过漏。

(52) 陈鲁豫：你准备好了吗？

陈××：我差不多了。

胡××：通常鲁豫会坐在这个位置。

陈××：是吗？

胡××：<u>然后</u>，对，嘉宾坐在那边，就再往那边一点，对，好，对对对，这个我们两个以这样的方式谈话，还是蛮怪的。

从例（46）到例（52），话语标记都是对正在谈论的话题的延伸。

8.1.2.4 小结

第一,功能分布。

对比时间类话语标记 3 个成员的功能覆盖率,"然后"最高,达 86%,可视作典型程度最高的时间类话语标记。具体见表 8-5。

表 8-5 时间类话语标记语篇功能分布表

语篇功能		话语标记		
		首先	然后	同时
开启话题				
切换话题	话轮抢占		√	√
	话轮延续		√	√
	话轮承接	√	√	
延伸话题	话轮抢占	√	√	√
	话轮延续	√	√	√
	话轮承接	√	√	
功能覆盖率		57%	86%	57%

第二,"然后"功能覆盖率最高的原因。

话语标记"然后"的习得时间早,使用频率非常高(邹立志,2018),这与源词语义相关。副词"然后"表示一件事情之后接着又发生另一件事情,它的基础语义显示的是时间的顺序性,这时完全是客观的。经历语法化后,主观性逐渐变强,可以表示空间顺序、事理顺序和无序顺序(何洪峰、孙岚,2010)。空间是三维的,本无所谓的顺序,但加入了人的因素后,视点扫描顺序产生相应的时间顺序;事理顺序包括假设、因果等,由于结果总是在假设、原因等后面,由此产生时间顺序;无序顺序则取决于人的思维过程,先想到的在先,后想到的在后,同样产生时间顺序。也就是说,客观世界中本没有时间顺序的东西,经由人的认知,都变得具有顺序性,表达空间顺序、事理顺序、无序顺序时都可以用"然后"代替。比如:

(53)我们学校旁边是一个超市,(超市旁边)是一个公园。因为我很喜欢散步嘛,(所以)就经常会去公园走走。(突然想起)你还没去过图书馆吧?我带你去看看。(自拟语料)

在这个生造的语料中,括号中的内容分别表示空间顺序、事理顺序和无序顺序，而它们都可以被"然后"代替，其中表达事理顺序和无序顺序的"然后"可视作话语标记，由于空间顺序和时间顺序间的联系相对明显，"然后"的概念义虚化程度不高，不视为话语标记。

当然，括号中的内容被"然后"代替后，谈话会显得比较随意，显得说话者逻辑思维能力不太强。之所以人们会使用"然后"代替事理顺序和无序顺序表达，是因为人在说话的时候总是受到时间一维性的约束，即说话的时候时间永远是朝着一个方向前进的，将本来没有方向性的非一维的事理顺序、无序顺序转化为"然后"，便和时间的一维性相契合，不需要花费额外的脑力来处理因果、并列、条件、转折、突发等逻辑和非逻辑关系，使说话比较容易和轻松。由此，话语标记"然后"的使用频率是非常高的。

高使用频率造成"然后"的高语法化程度，使其成为典型的话语标记，因此功能覆盖率在时间类话语标记中最高。

8.1.3 程度类话语标记的功能

程度类话语标记有"特别"和"尤其"2个，其功能实现手段较为单一，都只能用作话轮延续手段；在话题功能方面则有切换话题和延伸话题的功能。

8.1.3.1 在话轮延续中切换话题

（54）记者：……这里面有很大篇幅是对台湾一些政经民情的一些报道，还有您写的一些评论。<u>特别</u>，这后边还有您此行台湾的一些相关报道，好像有很多有趣的事情。比如说您在弹琴，能不能给我们讲一下，您弹琴的故事。

（55）我真的服了，他所说的这种情形，并非难以理解。<u>尤其</u>，我相信陶启泉有不少亲身经历，所以经他咬牙切齿说来，也格外传神。

8.1.3.2 在话轮延续中延伸话题

（56）在计算机网络上进行信息处理的计算活动被称作分布式计算……在现实世界中，大量科学问题的计算和事务处理的任务靠传统的顺序或并行计算机系统并不能解决问题。<u>特别</u>，对于那些需要从地域上分布的多个数据采集点获得数据并进行实时数据交换和实时处理的问题而言，没有网络计算机系统的支持是难以想象的。

(57)"我真没有想到,"尔旋说,由衷地激赏地看着她,"你演得太棒了!尤其,你怎么能有那么多眼泪?"

"我……"她愣了愣,"我也没想到,眼泪说来就来,我想,我是情不自已,这一切……真的使我感动。你……相信吗?我真的哭了。"

例(56)和例(57)都是在话轮延续中进一步延伸话题。

8.1.3.3 小结

第一,功能分布。

程度类话语标记"特别"和"尤其"的功能分布见表8-6。

表8-6 程度类话语标记语篇功能分布表

语篇功能		话语标记	
		特别	尤其
开启话题			
切换话题	话轮抢占		
	话轮延续	√	√
	话轮承接		
延伸话题	话轮抢占		
	话轮延续	√	√
	话轮承接		
功能覆盖率		14%	14%

第二,"特别""尤其"只能用于话轮延续的原因。

副词"特别"和"尤其"语义接近,在上文的4个例子中,两者都可以互换。作为副词时,它们表示在全体或与其他事物比较时特别突出,作为话语标记时,其概念义转移到元话语层面,表示"特别想说的是""尤其想说的是",不再要求前后的事物具有可比性,成为监控、组织话语的一种手段,主要提示话语表达的顺序性、递进性。既然表示的是话语的递进性,必然存在"前言",并且发出"前言"的和"特别想说""尤其想说"的为同一认知主体,这样,"特别"和"尤其"就只能存在于话轮之中,用于话轮延续了。

8.1.4 否定类话语标记的功能

否定类话语标记共计3个:不、别、没有。其语篇功能语例如下。

8.1.4.1 开启话题

(58) 白琳：好，现在一位陈女士给我们打来热线电话了，让我们接通热线，陈女士您好。

陈女士：您好，听得到吗？

白琳：有什么观点您请讲。

陈女士：<u>没有</u>，我就是听你们说这个调解员，我觉得挺好的。我可能比喻得不恰当，反正我们住的小区也有类似的调解员，不过都是大妈……

否定类话语标记的 3 个成员中只有"没有"可以用来开启话题。例(58)中"没有"前面的内容还没有涉及谈话主题，陈女士以"没有"开启了关于调解员看法的谈话。

8.1.4.2 切换话题

第一，话轮抢占。

(59) "保持到你有了男朋友。"

"<u>别</u>，万一我不婚主义，想养一大群狗子怎么办。"

"到时候让那群狗子牵着你去见你新郎。"

(60) 窦文涛：你知道还听说有一个什么高校老师嫖娼给抓住了……

梁文道：这都有大局观，多有大局观啊，这好多。

许子东：<u>不</u>，你看刚才那个事，我觉得男打女的这个还是最触动人心的，就整个这一段，你觉得没有，所以有些古老的道德……

(61) 主持人：因为你前面提到了向先生的老师，也和向先生是不同的观点，是不是？

宋鸿兵：向先生来回答。

主持人：向先生要挑战一下老师的权威了。

向松祚：<u>没有</u>，其实蒙代尔先生因为我跟他很熟，他对黄金市场他写过很多的文章，如果你看他的文章，他曾经讲过，就是说 71 年以后黄金非货币化的情况很严重……

从例（59）到例（61），"别""不""没有"都位于话轮起始位置，视为话轮抢占。例（59）中，以"别"将话题从"保持……"切换为讨论如果不婚狗怎么办；例（60）中，以"不"将话题由讨论被抓老师有大局观切换为讨论"男打女"触动人心;例(61)中,以"没有"将话题由挑战权威切换为介绍蒙代尔的文章。

第二,话轮延续。

(62)记者:但你拍完这个之后,我就看你的制作方给你一个定位叫"国民导演、悲喜巨匠",这个帽子是……

冯小刚:……所以,哪个帽子你最好都别真的,说这个帽子不错,我接着得了。别,我就是我微博里写的那个人,谁也别往上架我。

(63)立新:是啊,居民王先生说了,这次居民们没辙了,因为在围挡处站了一排近百名工人,居民们上去,人家给拦下来了,无奈,只得报警,但是民警赶到的时候,第二排健身器材已经给拆了。不,这开发商到底想干什么?

(64)陈鲁豫:导演观察得挺细致的,你自己来想一下,你是外表看起来还挺谈定,可能胆挺大,但内心其实胆特别小,然后特别脆弱,特别不确定。

刘烨:经常半夜自己偷偷哭呢,开玩笑,这别到时候。没有,就是我不知道我跟那个,跟陆川在一块就,他因为也是无话不谈的好朋友,这么长时间了,就说包括有些心里边的你说压力也好,脆弱也好,愿意对好朋友袒露、展示,然后一些自己内心更真实的想法。

从例(62)到例(64),话语标记都位于话轮中间,视为话轮延续。例(62)中,以"别"将自己所说的话题由"扣帽子"切换到申明"我"就是那么个人;例(63)中,以"不"将自己所说的话题由介绍拆除健身器材一事切换到质疑开发商想干什么;例(64)中,以"没有"将自己所说的话题由调侃自己偷偷哭切换到与陆川的关系。

第三,话轮承接。

(65)伍六一:马小帅,还不快照?

许百顺:别,他还没举手投降呢!

(66)窦文涛:必须假装成不担心的样子吗?

张艾嘉:不,我现在其实我现在越来越明白一件事情,就是当他已经到了这种,我们讲成人了,18、19岁以后,我就只能以一个朋友,我就希望他能够把我当一个朋友,这是我最希望的……

(67) 主持人：……要在社保方面提高水平就要有更多的投入，好像并没有因为经济问题而拖累了发展社会保障的后腿，为什么呢？

郑功成：没有。我觉得一方面是我们发展的目的，到底是为什么发展，为谁发展。2009年交出了一份非常清晰的答卷，我们是为了保障民生、改善民生而发展的。

从例（65）到例（67），话语标记都位于以问号结束的新一话轮的起始位置，视为话轮承接，并且分别在承接话轮时切换了话题。

8.1.4.3　延伸话题

(68) 陈鲁豫：要唱，你唱什么吧？是唱自己的歌还是唱别人的歌？

黄渤：别，我今天没太有准备，别把自己的歌给毁了，还是毁别人吧。

(69) 窦文涛：似乎觉得小沈阳浅薄，那么您怎么看呢？

王蒙：不，那小沈阳要从内容的意义上来说，他不如赵本山，赵本山那多少对现实他联系一点，沾点边。小沈阳一个是逗着大家玩儿，一个我说到这儿和老子有关系了，这个小沈阳他所以招人喜欢，就是他摆出一副为大家服务的，就是把自己看成为天下之嬉，为天下之蛊，为天下之品。

(70) 刘思伽：还有写蛋挞的诗呢？

王玉强：没有，其实有一句诗叫最是那一低头的温柔，似水莲花，不胜凉风的娇羞。当然后面不用再说了，就是你一低头拿着蛋挞再一吃，拿牙一碰一触蛋挞皮的时候那个酥酥的感觉，下面是酥的，上面是软的……

从例（68）到例（70），"别""不""没有"都是在话轮承接中延伸话题。

8.1.4.4　小结

第一，功能分布。

(1) "没有"比其他2个成员多了开启话题的功能。

(2) 所有成员都能以不同的话轮手段切换话题。

(3) 所有成员都能在话轮承接中延伸话题。

内部成员承担不同语篇功能的分布情况见表8-7。

表 8-7 否定类话语标记语篇功能分布表

语篇功能		话语标记		
		别	不	没有
开启话题				√
切换话题	话轮抢占	√	√	√
	话轮延续	√	√	√
	话轮承接	√	√	√
延伸话题	话轮抢占			
	话轮延续			
	话轮承接	√	√	√
功能覆盖率		57%	57%	71%

由表 8-7 可知，否定类话语标记的语篇功能覆盖率中较高的是"没有"，比"别"和"不"多了开启话题的功能。一般来说，开启话题时使用的话语是主动的、自由的（沈家煊，1989），如"我说""那个"等，反映了说话者的说话意愿，而"没有"独用时是用来回答问题，位于应答位置，具有被动性。从预设的角度来看，说出"没有"，则预设着"有"，即必须存在可以被否定的东西。可是话题起始位置表示此时话题还未开始，并不存在可被否定的主体。话语标记"没有"对不存在的内容进行否定，是很奇怪的现象。同样是表示否定的"不"，却不能用于开启话题。下面具体论述原因。

第二，"没有"可以开启话题的原因。

话语标记不是完全没有语义，总是留存着源词语义的影响，以大部分话语标记来说，虽然其语义作用于元话语层面，但核心义不会变。副词"没有"的核心义为表示否定，话题起始位置不存在可供否定的对象，那么话语标记"没有"究竟否定的是什么呢？我们认为"没有"是对语用预设的否定。话语标记"没有"不是对命题、话语的否定，而是对语用预设的否定，如例（61），语境为主持人礼貌地请陈女士发表看法，一般而言，听众对发言人的发言总是抱有较高的期待，如希望发言是有意思的、有启发的等，陈女士由此得出的语用预设为"大家可能会认为我接下来说的内容是有意思的、有启发的"。又由于预设都是可以取消的，因此陈女士可以否定这个预设：大家可能会认为我接下来说的内容是有意思的、有启发的，实际上不是这样，没有这回事。至于否定预设的原因，可能是的确与事实不符，也可能是自谦。既然是"预设",就可以没有实体话语作为载体,只要存在语境,就存在语用预设,话题起始位置的语用预设是环境赋予的,这就是语义前指、具有被动性的"没有"可以用于开启话题的原因。

第三,"不"不能开启话题的原因。

副词"不"独用时用于回答问话,表示"与问话意思相反"(《现代汉语八百词》)。从语义和位置分布来说,"不"和"没有"非常接近,那么为什么"不"不能开启话题呢?进一步说,为什么"不"不能否定语用预设呢?"不"和"没有"有一项重要的区别:"'不'否定判断而'没'① 否定叙述","'不'作主观否定、'没'作客观否定"(侯瑞芬,2016:309)。具体来讲,说"没有"的目的是否定事实,针对的是"事";而说"不"的目的主要是表达自己"不同意",针对的是"人"。例如:

(71)甲:他俩昨天去看电影了。

乙:A. <u>没有</u>,他俩昨天在宿舍呢。

B. *<u>不</u>,他俩昨天在宿舍呢。

C. <u>不</u>,你弄错了吧,他俩昨天在宿舍呢。(自拟语料)

对甲的回答,"没有"否定的是事件,"不"否定的是判断。"看电影"是昨天的事,是不需要判断的既成事实,基于合作原则,说话者一般不会故意说谎,在说出"他俩昨天去看电影了"时,预设了甲认为"他俩昨天去看电影了"这件事是真实的。当然事实上"他俩昨天去看电影了"可能是假的,可能"他俩"跟甲说了要去看电影,最后却没去,也可能甲理解错了"他俩"的意思,误以为"他俩"去看电影了,但不管怎么样,说话的当下甲必须坚信"他俩昨天去看电影了"是真的,否则就成了故意撒谎。甲的话语可以分解如下:

<u>他俩昨天去看电影了。</u><u>这件事是真的。</u>
X(事件)　　　　　Y(判断)

X是甲叙述的事件,有可能真也有可能假,"没有"用于否定事件,可以对事件X做判定,因此A句成立。Y是甲的判断,"不"用于否定判断,

---

① 包含"没有"。

只能针对 Y 做判定而不能针对 X 做判定，所以 B 句不成立而 C 句成立。

接下来我们回顾一下什么是语用预设。前文已述，语用预设是说话者基于各种背景知识，在一定的环境下产生的假设。发生在对话中的语用预设主要是指向听话者的，即说话者会假设听话者的反应、感想、期望等。如果预设和说话者本人的认知状态相符，那么对话会无障碍地进行。如例（61），如果陈女士认为自己接下来的话确实是"有意思的、有启发的"，或者没有自谦意味，那么她不会使用"没有"来否定此预设而是直接开始自己的讲话。如果预设和说话者的认知不符，说话者就需要否定预设从而消除预设。可是，无论预设是符合认知还是不符合认知，预设行为都不能被否定。以"事件"和"判断"来划分的话，例（61）预设的内容可分解如下：

<u>我接下来的话是有意思的、有启发的。</u>大家可能这么认为。
　　　X（事件）　　　　　　　　　Y（判断）

由于"不"是主观否定，否定的是判断，在这里理应是对"大家可能这么认为"的否定，问题是，"大家可能这么认为"是做出预设的基础，如果否定这一点，认为大家不可能这么认为，那就根本不会做出预设。如果用"不"来否定，就出现这样荒谬的现象：大家可能这么认为，不，大家不会这么认为。即做完语用预设，却对自己做预设这一行为表示不同意。这简直是逻辑思维混乱不堪的表现。

总结如下：

（1）"没有"可以位于话题起始位置开启话题，是因为它是对语用预设的否定，做语用预设有时候不需要具体的话语作为原材料，无声的语境就能作为原材料。

（2）同样表示否定的"不"不能开启话题，是因为它不能对语用预设做否定。

（3）"没有"可以否定语用预设的本质原因是它是客观否定，是对事实的否定；"不"不能否定语用预设的本质原因是它是主观否定，是对判断的否定。

第四，否定类话语标记都不能在主动的话轮手段中延伸话题的原因。

"别""不""没有"不能在话轮抢占、话轮延续中延伸话题，也就是不能在主动的话轮手段中延伸话题，归根结底还是与话语标记的界定有关，简单来说就是：在主动的话轮手段中延伸话题的"别""不""没有"不是话语标记。

（1）位于话轮开头时。

当"别""不""没有"既能充当副词又能充当话语标记时是这样区分副词用法和话语标记用法的：当后续成分是对否定、劝阻的理由说明，通常看作副词用法；当后续成分是新的话题，看作话语标记用法。因为否定是有标记的，从人类的认知规律来说，否定一个事物，通常要对否定的理由加以说明，而说明的这个理由，无疑只能是对话题的延伸。作为话语标记时，由于不是对真值性的否定，因此后续成分可以不加说明而另起一个新的话题。所以，否定类话语标记位于话轮开头时不能延伸话题，是因为如果它们用于延伸话题，那么通常会被判定为副词而不是话语标记。

（2）位于话轮中间时。

对"不"来说，在话轮中间用来延伸话题时发挥的是副词的语用否定功能。"不"有语用否定的功能，与其主观否定特性有关，即不是对事实（真值）的否定，而是对判断（适宜性）的否定，这样，位于话轮中间时就可以对自己先前话语的适宜性做否定，后续成分为修正后的内容，也就是关于话题的延伸。因此，当"不"位于话轮中间，后续成分是关于同一话题的延伸时，通常视作发挥语用否定功能而不能视作话语标记。

"没有"在话轮中间延伸话题时，通常是将前面的话处理成一个假设，"没有"是对这种假设的客观否定，是对命题真值的否定。如：

（72）阿刚：我那个朋友打开门看着我，按常理说会说，你回来了，赶紧到家里坐。<u>没有</u>，他打开门看了我两眼之后，立马转身回去打电话跟另外一个朋友说，你见了阿刚没有，你看他变成什么样了。

说话者以"按常理"做了假设，然后说出假设的内容，再以"没有"否定了自己所做的假设，后续成分是对真实情况的说明。将话题的延续性视作线性结构的话，例（72）的结构是线性的，见图8-1。

那个朋友……	会说：你回来了，赶紧到家里坐	没有	他打开门看了我两眼之后……
前话题————→	假设————→	否定————→	后话题

图8-1 "没有"否定命题真值时的结构

"没有"否定语用预设时,预设的内容是隐藏的,只存在于说话者思维中而没有实体,对听话者来说,很多时候甚至意识不到说话者做了预设。以例(64)为例,其结构是非线性的,见图 8-2。

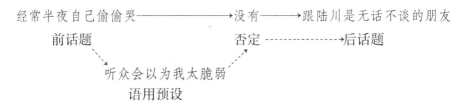

图 8-2 "没有"否定语用预设时的结构

图 8-2 中实线箭头为听话者所得的话题走向,虚线为说话者实际的话题走向。从说话者来说并没有切换话题,因为"跟陆川是无话不谈的朋友"是用来撤销预设的,但从听话者来说,"跟陆川是无话不谈的朋友"跳过了语用假设的部分,与之前调侃偷偷哭之间没有明显的关系。所以,"没有"位于话轮中间时,如果后续成分是话题的延续,那么只能视作副词;只有后续成分切换了话题,"没有"才能视作话语标记。因此,话语标记"没有"不能在话轮中间延伸话题。

"别"在话轮中间延伸话题时也是副词用法,意义是真值条件的。"别"表示劝阻、禁止,一般来说不应该出现在话轮中间,因为人不太可能对自己表示禁阻。因此,"别"的句子环境是比较复杂的,其语义可能指向更前的部分,是对前一说话者话语的延迟回应,也可能指向转述或假想的内容,如:

(73)在这块不妨说一个今天更有趣的,今天北京市石景山检察院还起诉了一个醉驾摩托车的,在我们的概念当中好像只是四个轮子的,<u>别</u>,摩托车也算机动车,你的酒精含量一旦超过去了,开了,也一样入刑。

例(73)中,"别"是对"醉驾只针对四个轮子"这一想法的禁阻,也就是说,在话轮中间时,"别"用于对他人话语或假想进行禁阻,当后续话题不变时,后续成分视为禁阻的原因,这时是副词用法。只有当后续成分切换了话题,"别"才能被视作话语标记,所以其不能用于在话轮中间延伸话题。

第五,否定类话语标记能在话轮承接中延伸话题的原因。

被动的话轮手段为话轮承接,即前一话轮以提问或祈使句结束,把话轮主动权交给下一说话者。当结束句是特殊疑问句时，必须针对问题做具体回答，而不能仅表示否定，因此在这一环境下"别""不""没有"只有话语标记用法，不会产生副词用法的歧解，由此，对后续的话题也就没有限制——无论后续说什么，"别""不""没有"都不可能理解为副词。当结束句是祈使句时，则不能以"没有"做否定回答，"没有"在祈使句后不可能理解为副词。总之，"不""别"在话轮承接的特殊疑问句语境中能够延伸话题，"没有"在特殊疑问句和祈使句中都能延伸话题。

总结如下：

（1）"别""不""没有"不能在话轮抢占和话轮延续中延伸话题，是因为这3个成员在这里既能视作话语标记又能视作副词，一旦后续成分是与话题有关的内容，那么"别""不""没有"就通常被判定为副词用法而不是话语标记。

（2）"别""不""没有"理应不能出现在话轮中间，因为人不会否定、禁阻自己的话语或行为，之所以它们都能出现在话轮中间是因为："不"是语用否定用法，不是否定命题的真值而是否定说话的适宜条件；"没有"和"别"只能出现在复杂的句子环境中，可能是对对话的延迟回应，也可能是对假设、转述的回应。

（3）"别""不""没有"可以在话轮承接中延伸话题，是因为在话轮承接的环境中它们不可能充当副词，只能视作话语标记。

8.1.5 关联类话语标记的功能

关联类话语标记成员只有一个："就"。在话题功能方面，"就"不能开启话题，可以切换话题，经由的手段有话轮抢占和话轮延续；可以延伸话题，经由的手段有话轮抢占和话轮承接。

8.1.5.1 切换话题

第一，话轮抢占。

(74) 孙越：谁这么大仇这是。

岳云鹏：我记得很清楚，就从这钻，钻上来一股风，蹭一下就钻上来。

于谦：穿少了。

岳云鹏：<u>就</u>，就突然间台上就换了一个人。

第二，话轮延续。

(75)陈鲁豫:失落?

周迅:失落,对,我觉得这个感觉就是这样的。

陈鲁豫:就感觉到了,然后它就那一瞬间就过去了,是那个意思吧?

周迅:啪,对,就没了,<u>就</u>,当然还是很开心,回去换了牛仔裤,然后接着出去玩这样,对。

例(74)中,"就"将话题由觉得贺岁档电影了不起转向不喜欢贺岁档。例(75)中,"就"将话题由讨论失落的感觉转向表述当时还是很开心。

8.1.5.2 延伸话题

第一,话轮抢占。

(76)窦文涛:对,有钱了。

梁文道:<u>就</u>,有钱、土气、牛气冲天,你看那1吨重的金牛。

第二,话轮承接。

(77)陈鲁豫:如果碰到喜欢的,你会主动去追人家吗?

余男:我会让他感觉到吧,我不太会主动去追。

陈鲁豫:你怎么让他感觉到?

余男:<u>就</u>,我看他,他就知道。

陈鲁豫:你看他,他就知道。

例(76)和例(77)都是对原有话题的延伸。

8.1.5.3 小结

第一,功能分布。

话语标记"就"的功能分布见表8-8。

表8-8 关联类话语标记语篇功能分布表

语篇功能		话语标记
		就
开启话题		√
切换话题	话轮抢占	√
	话轮延续	√
	话轮承接	

续表

语篇功能		话语标记
		就
延伸话题	话轮抢占	√
	话轮延续	
	话轮承接	√
功能覆盖率		57%

第二,"就"不能开启话题的原因。

话语标记"就"来源于表承接的关联副词,承接性被打破后,主要是使后续成分焦点化,从这一点来看,"就"似乎应该有很强的开启话题的能力,因为话语标记用于开启话题的主要目的之一就是使后续成分焦点化、前景化。之所以"就"不能开启话题,是因为其有消极评价的意味。"就"成为话语标记受到省略用法的推动,而主观省略都带有某种消极的目的,如不适合说、不好意思说等,这和开启话题的心理追求是相反的,因此不能开启话题。

8.2 副词类话语标记的人际功能

副词类话语标记的人际功能不是显性的而是隐性的,因其功能不是语义等语言因素赋予的,而是社会阶层、交际群体等非语言因素赋予的。只要进行表达,就会形成表达的立场,提示亲疏关系、礼貌与否等,这些无疑直接影响人与人的交往。将表达立场按两分法,形成追求严谨、威严感,以及追求随意、松弛感两部分。前者主要是正式、严肃场合的表达诉求,后者主要是非正式、轻松场合的表达诉求。

8.2.1 严肃表达和随意表达的区分

我们在 MLC 语料库中选取 6 个栏目,根据谈话内容,将语料区分成"严肃"和"随意"两部分,"严肃"部分的谈话内容为社会政经类,包括:《焦点访谈》语料规模 2 061 725 字次,《东方时空》1 395 674 字次,《议政论坛》916 275 字次,共 4 373 674 字次。"随意"部分的谈话内容为生活娱乐类,包括:《铿锵三人行》语料规模 7 623 860 字次,《乡约》1 202 667 字次,《鲁豫有约》2 529 893 字次,共 11 356 420 字次,两部分语料字数的比值为 0.385。

出自"严肃"语料,表示该话语标记的人际功能是表达严谨、威严的立场;出自"随意"语料,表示该话语标记表达随意、轻松的立场。由于"严肃"和"随意"是相对的,绝大部分话语标记在这两者中都有表现,因此我们取两者的比值作为衡量人际功能的标准,即"严肃"语料中的目标语料数量÷"随意"语料中的目标语料数量。考虑到两部分语料的样本总量不一样,这个比值还应除以语料字数的比值。于是,"最终比值"的计算方法为:

"严肃"语料中的目标语料÷"随意"语料中的目标语料÷0.385

语料统计情况及最终比值见表 8-9。

表 8-9　副词类话语标记的人际功能倾向统计表①

成员	"严肃"语料中的出现次数				"随意"语料中的出现次数				最终比值
	《焦点访谈》	《东方时空》	《议政论坛》	总数	《铿锵三人行》	《乡约》	《鲁豫有约》	总数	
当然	31	31	27	89	132	3	46	181	1.28
的确	8	19	0	27	12	0	8	20	3.51
反正	0	0	0	0	4	0	5	9	无穷小
好像	0	0	0	0	4	0	4	8	无穷小
或者	1	1	0	2	3	0	5	8	0.65
可能	0	2	0	2	4	0	11	15	0.35
其实	127	2	1	130	32	5	27	64	5.28
确实	1	6	6	13	13	1	8	22	1.54
甚至	0	0	0	0	7	0	0	7	18.18（修正）
实际上	53	18	4	75	22	1	1	24	8.12
首先	22	14	2	38	11	0	3	14	7.05
然后	9	3	1	13	137	10	167	314	0.11

---

① 此表统计的目标语料是韵律独立的饰句副词,即饰句副词后加逗号的形式,以免遗漏兼具饰句副词、话语标记功能的用例。剔除了单用时明显不能视作饰句副词的用法,如"特别,特别"连用,"尤其"后面跟"是"等。

续表

成员	"严肃"语料中的出现次数				"随意"语料中的出现次数				最终比值
	《焦点访谈》	《东方时空》	《议政论坛》	总数	《锵锵三人行》	《乡约》	《鲁豫有约》	总数	
同时	129	70	21	220	5	2	9	16	35.71
尤其	0	1	0	1	0	0	0	0	无穷大（修正）
特别	0	0	0	0	1	0	1	2	1.30（修正）
不	0	0	0	0	335	22	127	484	无穷小
别	0	1	0	1	0	3	6	9	0.29
没有	1	28	2	31	564	73	391	1 028	0.08
就	0	0	0	0	6	0	29	35	无穷小

需要指出的是，此表中有3个比值需要修正：

（1）"特别""尤其"在整个MLC语料库中的语例都很少，"特别"为3个，"尤其"为8个，那就需要考虑我们选定的栏目样本数量是否太少，不足以涵盖这两个话语标记的使用情况。由此，对"特别"和"尤其"，不是在6个栏目中统计出现次数，而是在整个MLC语料库中统计出现次数。结果为："特别"出现的3个栏目为《海峡两岸》《锵锵三人行》《鲁豫有约》，"严肃"和"随意"的比值为 $1 \div 2 \div 0.385 \approx 1.30$；"尤其"出现的8个栏目均为社会政经类，"严肃"和"随意"的比值为无穷大。

（2）"甚至"在"随意"语料中全部出自《锵锵三人行》，且多出自固定主持人窦文涛之口，我们怀疑主持人固定的说话风格对"甚至"的语料统计产生了干扰，使统计结果出现偏差，由此在整个语料中统计其用法。结果为：在整个MLC语料库中韵律独立的饰句副词"甚至"为56个，其中7个出自《锵锵三人行》，其余全部出自新闻类节目，"严肃"和"随意"的比值为 $49 \div 7 \div 0.385 \approx 18.18$。

由上文分析可知，比值越大，则越趋向于严肃表达；比值越小，则越趋向于随意表达。将表达的正式度和随意度设置成一根向两端延伸的直线，以数值"1"作为区分严肃表达和随意表达的界标，那么在"严肃"顶端的是比值无穷大的话语标记"尤其"，即"尤其"是表达正式度最高的话语标记，按比值由大到小排列，正式度递减的依次是"同时""甚至""实际上"

"首先""其实""的确""确实""特别""当然";在"随意"顶端的是比值无穷小的话语标记"反正""好像""就""不",按比值由小到大排列,随意度递减的依次是"没有""然后""别""可能""或者"(图8-3)。

图8-3 副词类话语标记的人际功能分布

8.2.2 严肃表达和随意表达的语义特征

话语标记基本没有概念义,这已经成为共识,但我们观察线段两端的这些成员,发现其源词的语义限制着其人际功能的发挥。

(1)语气副词中,强调语气对应"严肃"表达,揣测语气对应"随意"表达。

"严肃"表达的成员中包括"甚至""当然",这些副词都表示强调;"随意"表达的成员中包括"好像""可能""或者",这些副词都表示揣测。之所以造成这样的分化,是因为在正式场合,谈论的话题通常是政经新闻,是客观事实,对客观事实通常需要明确有力的表达,避免模棱两可,避免歧义。强调带来的是更多的责任,一般而言,只有当所述内容具有足够的可信度时,说话者才会使用强调语气,从而避免自己失信。因此,使用强调语气可以彰显自己承担言谈责任的能力,进而证明自己的可信度及威严性。而随意表达时,谈论的话题通常是日常生活,说话者没有太大的必要来证明自己的可信度和威严性,因此就较少使用强调语气。另外,基于中国的谦虚传统,论及自身生活时通常会降低语力,采用较低的语势来表达,这也是"随意"表达中较多揣测语气的原因之一。

(2)时间副词中,明确性对应"严肃"表达,模糊性对应"随意"表达。

"严肃"表达中包含"首先""同时",这两个副词都可以明确表示某个时间点。"首先"指这个时间点处于所有事件的起始,"同时"指这个时间点与某事同时发生,当然作为话语标记时"首先""同时"的时间义已经转移到元话语层面,不再表示事件的时间点,而是表示说话这一行为的时间点。但无论如何,确立时间点都是要承担风险的,更不用说时间点还能带来其他含义。设想一下这样的场景：在一个重要会议中，有多位身份地位不同的嘉宾出席。主持人说："首先，热烈欢迎 A 嘉宾，同时，让我们也热烈欢迎 B 嘉宾。"如果 B 嘉宾才是地位最高者，那么这样的话语就十分不妥，因为"首先"因其时间点的特殊性已被赋予了"最重要"的隐含义。如果以"然后"进行代替："我们热烈欢迎 A 嘉宾，然后，我们热烈欢迎 B 嘉宾。"这样的表达就没什么问题，因为"然后"的承接义和交谈这一行为的时间性是完全契合的——话总得一句接着一句说。因此，夸张地说，"然后"可以代替任意一个话语标记，因为把下一句话语归结为"接下来我要说"总是没有错的。在纷繁杂乱的思绪中确定时间点是不容易的，与"首先""同时"具有的高风险相比，"然后"就安全得多。但是，高风险的表达也就意味着话语具有高信赖度，因此，在"严肃"表达中，说话者倾向于使用"首先""同时"来提高自己的可信赖度。在"随意"表达中，则基于轻松的交谈话题而倾向于使用"然后"。

（3）程度副词中，客观性对应"严肃"表达，主观性对应"随意"表达。

虽然"尤其"和"特别"都归属于严肃表达，但是"尤其"的占比大大高于"特别"，就这两者进行比较的话，"特别"的随意性要大于"尤其"，因此这里把"尤其"对应于严肃表达，而把"特别"对应于随意表达。

"严肃"表达中的"尤其"表示突出时一般需要有比较项，可以是全体，也可以是其他事物，而"特别"对此没有要求。也就是说，"尤其"表示的"突出"是客观比较后得出的，而"特别"表示的"突出"是主观认定的，"特别"的主观性大于"尤其"。作为话语标记，概念义转至元话语层面，"尤其"的比较项不再是具体事物，而是说话者的意愿，"尤其"不再具有客观性，语义上和"特别"没有什么区别。之所以"尤其"表达的严肃性大于"特别"，是因为副词"特别"的使用频率远高于"尤其"。根据赵娜（2013：23）的统计，2012 年《人民日报》中"特别"的用例是"尤其"的 2.19 倍，《语料库在线》中则为 3.01 倍。高频使用首先带来的是在口语中的大量使用。虽然我们统计的语料都是口语交际语料，但"严肃"表达更倾向于书面语表达，"随意"表达更倾向于口语表达，因此前者多使用"尤其"，后者多使用"特别"。

(4) 肯定对应"严肃"表达，否定对应"随意"表达。

"严肃"表达中的"的确""确实"都为肯定，"随意"表达中的"不""没有"都为否定。同样是切换话题，既可以用源词表示肯定的话语标记"的确""确实"，也可以用源词表示否定的话语标记"不""别"，区别在于使用前者有表达尊重的效果，而后者有调侃意味。"随意"表达时多处于放松状态，有调侃意味的表达更能营造轻松的交谈氛围。至于"没有"，是对语用预设的否定，正式交谈多为就事论事，假想、预设容易产生歧义和误解，容易破坏表达的严谨性，因此"严肃"表达中多不采用。

人际功能总结如下：

（1）副词类话语标记没有显现的人际功能。首先，话语标记基本没有概念义，无法表达赞美、批评、不满等态度评价。其次，由于副词没有行为义，所以其作为话语标记时不具备互动功能。

（2）副词类话语标记的人际功能是隐性的，是说话者所处的社会阶层、说话场合赋予的。虽然不直接参与人际互动建设，但表达立场的不同倾向无疑能够影响人际互动氛围。如"严肃"表达追求严谨、威严感的互动氛围；"随意"表达追求随意、松弛感的互动氛围。

（3）虽然话语标记基本没有概念义，但副词的语义对其作为话语标记的功能分布有限制作用，同一个副词小类中的成员，依据其语义，分布呈现一定的规律性，总结如图 8-4：

图 8-4 人际功能的语义取向

（4）副词语义限制话语标记人际功能分布的原因，是概念义没有因为语法化而消失，而是转移到了元话语层面，虽然它不再在命题层面影响概念义，但还是作为核心义在元话语层面保留了下来。

8.3 副词类话语标记功能总结

下面将副词类话语标记的所有成员的功能统计如表 8-10 所示。

表 8-10　副词类话语标记功能统计表

成员	语篇功能							语篇功能数量	人际功能	
	开启话题	切换话题			延伸话题				严肃表达	随意表达
		话轮抢占	话轮延续	话轮承接	话轮抢占	话轮延续	话轮承接			
当然	√	√	√		√	√	√	6	√	
的确		√			√			3	√	
反正			√		√	√	√	4		√
好像						√		1		√
或者		√	√			√		3		
可能		√	√		√	√	√	5		√
其实		√			√	√	√	4	√	
确实		√			√	√		3	√	
甚至			√		√	√		3	√	
实际上		√			√	√	√	4		
别		√	√	√		√		4		√
不		√	√	√		√		4		
没有	√	√	√		√	√		5		
首先			√	√	√	√		4	√	
然后		√	√	√	√	√	√	6		
同时		√	√		√	√		4	√	
特别			√			√		2	√	
尤其			√			√		2	√	
就		√	√		√		√	4		√
总计	2	13	14	5	12	12	13	—	10	9

8.3.1 以话题功能为考察对象

切换话题是副词类话语标记最常见的功能，所有成员中只有1例（"好像"）无此功能，可见源词的语义对切换话题这一功能几乎没有限制，即无论作为副词时表达的是程度义、时间义、否定义、揣测义还是确定义，几乎都可以用来在话语交流中切换话题。也就是说，副词类话语标记用于切换话题时是最自由的、最不受限制的。反过来说，正是因为出现在切换话题的环境中，副词原有的逻辑关系、数量关系、顺序关系等才得以被打破，才能充当话语标记，因此切换话题的环境是最容易形成话语标记的环境。

用于延伸话题时不如用于切换话题时自由，3个否定类话语标记不能在主动的话轮手段中延伸话题，可见，延伸话题功能的发挥受到否定副词语义的限制。

8.3.2 以话轮手段为考察对象

由于话轮只是话题功能的实现手段，不能单独存在，因此对话轮手段的讨论都离不开话题功能。

在切换话题和延伸话题两个功能下，经由话轮抢占和话轮延续实现的数量相差不多，分别是13、14个和12、12个。与此形成对比的是话轮承接手段在切换话题和延伸话题中使用量的巨大差异，用于切换话题仅5例，用于延伸话题为13例。

在话轮承接中切换话题比例较低的原因与合作原则和礼貌原则有关。承接话轮是被动的话轮手段，是由上一个说话者指派给下一个说话者的。一般而言，如果在接过话轮的时候切换话题，会让听话者认为自己刚刚的交谈没有意义或让人不感兴趣，对说话者而言是一种缺乏礼貌的行为，因此通常说话者会避免在承接话轮时切换话题。当然，如果是在关系亲密的随意交谈中，则谈话更自由，受到的礼貌约束较少。

8.3.3 以人际功能为考察对象

副词类话语标记在人际功能下的两个小类中出现的数量差异不大，"严肃"表达为10例，"随意"表达为9例，可见，总体而言副词类话语标记对交际场合的选择没有明显的倾向性。具体来说，副词语义对交际场合呈现出明显的限制作用：强调语气对应"严肃"表达，揣测语气对应"随意"表达；明确性对应"严肃"表达，模糊性对应"随意"表达；客观性对应

"严肃"表达，主观性对应"随意"表达；肯定对应"严肃"表达，否定对应"随意"表达。

8.3.4 以话语标记为考察对象

所有的副词类话语标记中，功能最多的两个是"当然"和"然后"，分别为语气副词和时间副词。"当然"作为话语标记功能强大与其语法化程度较高有关，前文已述，其作为饰句副词时出现的次数和出现的总次数的比值在语气副词中位列第一，显示其具有较高的语法化程度或趋势。"然后"功能的强大与其语义有直接关系，客观世界的多维性投射到人的认知，经由话语表达出来，在时间上就只有一维性，即所有的逻辑关系、空间关系等，被人以话语说出来，都可以被"然后"替代。

8.4 本章小结

语气类话语标记覆盖了语篇功能中的全部内容，其中"当然"功能覆盖率最高，"好像"最低，与语法化程度相符，因此语法化程度或趋势与充当话语标记的能力正相关。元话语特征也影响话语标记典型程度，表强调（语势强）的容易成为元话语，模糊性表达等（语势弱）不容易成为元话语。

时间类话语标记中"然后"功能覆盖率最高，原因是客观世界中本没有时间顺序的东西，经由人的认知，都变得具有顺序性，表达空间顺序、事理顺序、无序顺序时都可以用"然后"代替，造成其使用频率处于非常高的位置。

程度类话语标记只能用于话轮延续，原因是其源词义表示"比较后突出"，因此必然需要存在前言。

否定类话语标记中"没有"的功能覆盖率最高，可以开启话题，因为是对语用预设的否定，可以没有实体话语作为载体。"不"不能开启话题，原因是"不"是主观否定，不能对语用预设做否定。否定类话语标记都不能在主动的话轮手段中延伸话题，都可以在话轮承接中延伸话题。

关联类话语标记"就"不能开启话题与其语义的消极评价意味有关。

在人际功能方面，"尤其"是表达正式度最高的话语标记，依次递减的是"同时""甚至""实际上""首先""其实""的确""确实""特别"

"当然";随意度最高的是"反正""好像""就""不",依次递减的是"没有""然后""别""可能""或者"。

源词语义对人际功能的影响:

(1) 语气副词中,强调语气对应"严肃"表达,揣测语气对应"随意"表达。

(2) 时间副词中,明确性对应"严肃"表达,模糊性对应"随意"表达。

(3) 程度副词中,客观性对应"严肃"表达,主观性对应"随意"表达。

(4) 肯定对应"严肃"表达,否定对应"随意"表达。

第九章

话语标记研究观照下的副词研究

9.1 副词的主观性排序①及"典型副词"的范围

张谊生（2014：23）以主观性程度的高低将副词分成 3 个层次，从高到低依次是评注副词、限制副词、描摹副词。副词充当话语标记的能力印证了张谊生的分类标准：评注副词充当话语标记的能力最强，限制副词次之，描摹副词没有充当话语标记的能力。那么，限制副词内部是否还可以根据主观性进行分类呢？张谊生（1996b：91）从不同类别的副词共现顺序不同的角度对副词小类进行了排序，指出"共现顺序的形成，在很大程度上取决于副词的主观倾向的强弱"。我们认为不同类别副词充当话语标记的能力，以及韵律独立情况也体现了副词主观性的强弱。

9.1.1 副词的主观性排序

9.1.1.1 以充当话语标记能力为标准

所有副词类别充当话语标记情况见表 9-1。

---

① 本章所列副词小类出自张谊生（2014：21-23）。

表 9-1　副词小类充当话语标记情况表

副词类别	评注副词	时间副词	否定副词	程度副词	关联副词	频率副词	范围副词	重复副词	协同副词	描摹副词
充当话语标记数	10	3	3	2	1	0	0	0	0	0

当然，从科学性来说，仅凭充当话语标记的数量很难说明问题，合理的做法应该是求话语标记在副词小类成员总数中的占比，以此为考察标准。然而，本研究的副词来源于 4 个文献，不同文献之间小类划分存在诸多交叉之处，很难以某一种作为标准。因此，这里把时间副词、否定副词、程度副词、关联副词合并为一类，不细究其中主观性的差异。而评注副词主观化程度最高已经得到公认，不必赘言。

协同副词、范围副词、重复副词、频率副词这 4 个小类的成员没有一个可以充当话语标记，说明其主观性程度最低。张谊生（2014：23）认为从语义来看，这 4 个小类都涉及"量"的概念，都是客观量在主观认知的投射，如协同副词是空间量在关系领域的表现，范围副词是空间量在范围领域的表现，重复副词是时间量在重复领域的表现，频率副词是时间量在频度领域的表现。

由此，按照充当话语标记的能力，所有副词可分成 3 类。

（1）有很强的充当话语标记的能力，成员为评注副词，主观性最强。

（2）有一定的充当话语标记的能力，成员有时间副词、否定副词、程度副词和关联副词，主观性次之。

（3）没有充当话语标记的能力，成员有频率副词、范围副词、重复副词、协同副词和描摹副词，主观性最低。

9.1.1.2　以韵律独立为标准

没有充当话语标记能力的 4 类限制性副词，可以根据韵律是否能独立来检验其主观性。韵律独立在副词中是一个很重要的现象，它是副词发展为话语标记的必要条件，只有韵律能够独立，才可能前移至句子前成为饰句副词，进而成为话语标记，它提示句法联系弱、主观性高、语法化程度高。因此，我们以韵律独立与否作为判断主观性高低的标准。在这四者中，按照是否可以前移成为韵律独立的副词，可以分成两类。

首先，韵律不能独立。

韵律不能独立的是协同副词和重复副词。

第一，协同副词。

协同副词虽然是副词，但语义与主语结合得较紧密，与谓语的关系较为松散，以"一起"为例。

(1) ［背景］小张和小王是一个公司的同事。

小李：昨天，小张和小王<u>一起</u>在楼下快餐店吃饭。（自拟语料）

在这句话中，按照传统的句法分析，"一起"修饰"在楼下快餐店吃饭"。然而，说"一起"真的是为了说明"吃饭"的行为状态吗？如果是这样，那么可以这样理解：小张和小王吃饭的行为是一起完成的。问题是，吃饭这个行为本身是个人行为而不是集体行为，该怎么理解一起完成吃饭这个动作呢？总不可能是在同一个碗里你吃一勺我吃一勺吧。对"一起吃饭"的正确理解是某些人处在有限的某个空间内、在差不多的时间内完成吃饭这个行为。由此，"一起"其实是对人与人之间空间、时间关系的限制，而不是对动作行为的限制。

从句子表达的焦点信息来看，"一起"突出的同样是人而不是行为。如：

(2) ［背景］小张和小王关系不好，互不来往。小李想向小陈表达看见小张、小王一起吃饭的惊讶。

小李："昨天，小张和小王在楼下快餐店吃饭。"（自拟语料）

小陈没有领会小李的意思，毕竟每个公司员工都经常在楼下快餐店吃饭。于是小李追加了一句：

"<u>一起</u>。"

对小陈而言，在听了小李的第一句话后，"小张和小王"（人物）以及"吃饭"（行为）都是已知信息，他会将"一起"指向人物还是行为呢？毫无疑问应该是人物，他如果同样对此感到惊讶，必然是因为"小张、小王一起干了某件事"，而不是因为"某人在一起吃了饭"。

那么对于集体行为而言是否也是如此呢？以下句为例：

(3) 小张和小王<u>一起</u>把柜子抬走了。（自拟语料）

抬柜子看起来是集体行为，而实际上完成抬柜子的动作还是属于个人行为——小张和小王各自分别需要做出弯腰、抬起、行走等动作，虽然为了协调，考虑两人的动作幅度、频率应尽量一致，但本质上仍是各做各的，只是这个个人行为有共同的施加对象。因此，事实上根本不存在什么集体行为，所谓的"一起做某事"，只是对人与人之间的空间、时间做了限制，而不是对动作行为做限制。也就是说，"一起"的语义实际上指向的是主语而不是谓语，这就动摇了其副词身份，可以视作"准谓语"。以下句为例：

（4）[背景] 小张和小王经常一起吃午饭。午饭时间快到了，小张在办公室门口遇到匆匆路过的小王。

小张：等会儿我们<u>一起</u>吃啊。（自拟语料）

将这句话进行缩略，能让听话者理解的无疑应该是 B 句：

A. 等会儿我们吃。
B. 等会儿我们<u>一起</u>。

A 句是将"一起"视为修饰"吃"的状语，B 句是将"一起"视为谓语。甚至 B 句还可以进一步缩略：

C. 等会儿<u>一起</u>。
D. <u>一起</u>。

D 句"一起"单独成句，谓语特征非常明显。当然，这里的单独成句不能视为韵律独立，这只是陆俭明（1982：40）所说的口语里句法成分的省略。

由此，协同副词与句中动词的关系很松散，主要依附于主语，句法功能类似于谓语动词，词汇义实在，指向客观世界，因此我们认为协同副词的主观性是最低的。

第二，重复副词。

重复副词内部成员的主观性并不一致，像"又""再"等是评注副词的兼类，说明这类成员主观性比"重新""再三"等强。

对"重新""再三"这类成员来说，它们对动词有极强的依赖性，与动词联系非常紧密，当一个句子中有两个动词时，其位置的改变会带来不同的解读。以"重新"为例：

（5）他<u>重新</u>拿饭盒去打饭了。

（6）他拿饭盒<u>重新</u>去打饭了。（自拟语料）

例（5）是表达拿饭盒这个行为发生重复，打饭可能只发生了一次——饭盒掉地上了，所以重新拿一个饭盒去打饭。例（6）是表达打饭这个行为发生重复，拿饭盒可能只发生了一次——饭吃完了，重新去打饭。

那么能否将例（5）的"重新"视为修饰整个事件"拿饭盒去打饭"呢？我们倾向于认为是不合适的。"重新"的词汇义客观性非常强，表示"从头另行开始；再一次"（《现代汉语八百词》）。"再一次"这个释义是不太妥当的，在下文详细讨论；"从头另行开始"这一意义非常具体，限定了事件的主体、发生的时间和状态，即同一行为，从头开始重复一遍才能称为"重新"。这就决定了越是简单的动作行为越容易被"重新"修饰，越是复杂的事件，从头开始重复发生一遍的可能性越低，也就越难进入"重新"的语义辖域。以下面这个复杂句为例：

（7）他［　］卷起袖子，［　］打开窗户，［　］抖抖抹布，［　］擦起桌子。（自拟语料）

在例（7）中，"重新"可以进入任意一个空位［　］，但无论进入哪个空位，它都只能管辖紧贴的那个动作行为。从这一点来看，"重新"有些类似于描摹副词，主观性排倒数第二。

对"又""再"这类成员来说，它们的主观性强于"重新""再三"。"重新"关注的是动作行为本身，而"又""再"关注的都是动作行为的结果。如例（8）：

（8）A. <u>重新</u>说一遍，这次说得可能会更好。

　　　B. <u>再</u>说一遍，看我饶不了你。

　　　C. <u>又</u>说一遍，真啰唆。（自拟语料）

A 句中"重新说一遍"的后续成分是对"说"这个行为本身的补充，关注的是"说"这个行为过程；而 B、C 两句的后续成分都和"说"无关，是对"说"这个行为引起的结果的说明，关注的是动作行为的结果。既然关注的是结果,那么就带上了人的主观色彩,如说"再"可以有威胁意味,说"又"有不满意味。"又""再"对动词的粘附性弱于"重新",可以进入稍复杂的句子,如:

(9) 他<u>又</u>拿饭盒去打饭了。

这句中"又"可以管辖"拿饭盒去打饭"这整个事件。然而其进入复杂句的能力是有限的,通常只能修饰涉及两个动作的连动句。从这一点来看,"又""再"相当于典型的限制副词,主观性排倒数第三。

其次,韵律能够独立。

有部分成员能够韵律独立的是频率副词(如"通常""往往""偶尔")和范围副词(如"最多""多半")。

第一,频率副词。

部分频率副词韵律独立,可以前置单用,如:

(10) 孙虹钢:有些地方鼓励兼职。<u>通常</u>,企业不允许自己的员工在外面兼职,但是接受其他企业的员工来兼职。

(11) 那该是一种多么悠长的幸福!可是,<u>往往</u>,这都只能成为一种期盼。

但这种前置独用的频率副词并不是饰句副词,不涉及跨越句子层次的变化,只是为了强调和突出重点临时发生的移位。虽然它们还不是饰句副词,但毕竟是突破了韵律独立这一障碍。频率副词实际上限制的是状态、事件而不是动作行为,它们直接修饰光杆动词是非常罕见的。如:

(12) A. *他<u>常常</u>跳。　　B. 他<u>常常</u>跳绳。
　　　A. *他<u>偶尔</u>写。　　B. 他<u>偶尔</u>写日记。(自拟语料)

例(12)中,A组如果没有语境指明跳的是绳、写的是日记,那么句子都不成立。只有将光杆动词转换成词组,表示事件而不是动作,句子才成立。同样的句子换成重复副词:

(13) A. <u>重新</u>跳。　　　B. <u>重新</u>跳绳。(?)
　　　A. <u>重新</u>写。　　　B. <u>重新</u>写日记。(?)

由例（13）可知，A组中对光杆动词的直接修饰才是接受度更高的表达，词组表示的事件反而不太能受重复副词的修饰。

做这一对比是为了说明，频率副词和动词的联系不紧密，当句子成分较复杂时，频率副词只能是对整个状态或事件的修饰而不是对动词的修饰。如：

（14）他<u>常常</u>拿饭盒去打饭。

例（14）中表达的是"他拿饭盒去打饭"这件事是常常发生的，而不是"去打饭"这个行为是常常发生的。这就使频率副词能够进入复杂句，修饰、限制整个事件。如例（7）这个复杂句：

他<u>常常</u>卷起袖子，打开窗户，抖抖抹布，擦起桌子。

这里，"常常"就只能位于最前面，管辖后面整个事件。当需要强调频率时，可以前移至主语前，不过，前移后频率副词没有获得主观情态义。

总之，频率副词与动词的联系变得松散，倾向于修饰状态、事件而不是动作行为本身，可以前移到主语前表示强调，韵律独立，主观性在限制性副词中排倒数第四。

第二，范围副词。

范围副词不涉及行为动作，对动词依赖性低，一些范围副词可以语法化为评注副词，如"最多"，甚至可以语法化为连词，如"只是"。因此，范围副词在不可充当话语标记的4类副词小类中主观性是最高的。

9.1.1.3 排序结果

这样，我们就以主观性的高低为标准，对副词中的小类进行排序，得到以下结果，见图9-1。

评注 > 时间、否定、程度、关联 > 范围 > 频率 > 重复 > 协同 > 描摹

图9-1 副词小类主观性排序

9.1.2 "典型副词"的范围

一个有意思的现象是，并不是所有小类的副词都有主观化的倾向，以重复副词中的两个小类为界，主观性高的那一小类和频率副词组成了"典型副词"这个类别。所谓"典型副词"，指的是句法上"只能充当状语的虚词"

(朱德熙，1982：192)，这部分词在虚化端不会和连词兼类，在实化端不会和动词短语兼类，它们的语义辖域只有紧邻的动词，不能管辖句子。将评注副词和实词作为主观化程度的高、低两极，以"典型副词"为界，左边的主观化程度向高偏移，右边的主观化程度向低偏移。整个副词系统，是一个以"典型副词"为起点，分别向高主观性和低主观性做放射性偏移的动态系统，见图9-2。

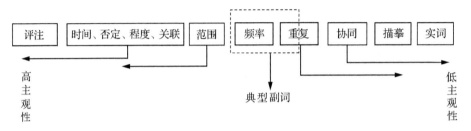

图 9-2 副词的主观化倾向与"典型副词"范围

9.2 评注副词的主观性分类

要成为话语标记，必须满足以下条件：（1）韵律独立；（2）可移动至主语前，充当饰句副词；（3）不影响命题真值。张谊生（2014：21）列出的110个双音节评注副词中，有62个都满足上述条件，说明评注副词成为话语标记的倾向性是很高的。不满足这3个条件的成员，大多是文言意味比较明显、使用频率比较低的副词，如"断然""断乎""委实""宁肯""定然""未始"等。吴福祥（2005b：26）也指出："汉语的态度副词（语气词，如'毕竟''其实''显然''实际上''事实上''恐怕'）……都应看作话语标记。"他甚至没有对语气副词的范围做限定，而是整体性地指出语气副词应看作话语标记。然而，我们发现真正能视作话语标记的评注副词只有10个。也就是说，大部分评注副词，即使满足了话语标记的3个限定性条件也不能视作话语标记，说明还有某些因素限制着评注副词向话语标记转化。

9.2.1 评注副词的客观性与主观性

首先来看满足3个限定条件的62个评注副词：

难怪、难道、究竟、索性、简直、莫非、幸亏、幸而、幸好、反正、显然、居然、诚然、当然、固然、果然、果真、或许、也许、兴许、恰好、恰巧、正巧、正好、刚巧、偏巧、偏生、偏偏、好歹、确实、其实、甚至、大约、大概、八成、高低、横竖、终究、终于、总算、似乎、真是、真的、好像、仿佛、依稀、俨然、貌似、必定、必须、的确、一定、想必、分明、何不、何必、不妨、未必、无非、敢情、本来、原来。

评注副词表达人对事物的态度与评价，理应可以与"我觉得"组合成"我觉得+评注副词+小句"的形式，然而我们发现可进入"我觉得+评注副词"的成员反而占少数。根据是否能与"我觉得"组合，将评注副词分成两大类，见表9-2。

表9-2 评注副词的客观性与主观性分类表

不可以和"我觉得"组合（客观性）	表疑问	难道、究竟、莫非、何不、何必
	表直陈①	总算、终于、难怪、果然、果真、原来、居然、敢情、终究、本来、诚然、固然、想必、显然、八成
	表评价	幸亏、幸而、幸好、恰好、恰巧、正巧、正好、刚巧、偏巧、偏生、偏偏
	表命令	不妨、索性
可以和"我觉得"组合（主观性）	表推论	或许、也许、兴许、大约、大概、高低、仿佛、好像、依稀、俨然、貌似、似乎、未必、其实、甚至、分明
	表确信	当然、确实、必定、必须、的确、一定
	表正反	横竖、反正、好歹、无非
	表强调	真是、真的、简直

由表9-2可知，62个韵律独立、可充当饰句副词、不影响命题真值的副词，有29个可以和"我觉得"组合，我们把这一类称为主观性评注副词；有33个不能接受"我觉得"的语义限制，这其中包括表疑问、表直陈、表评价和表命令4类，我们把这一类称为客观性评注副词。表疑问和表命令的评注副词不能和"我觉得"组合的原因比较明显，这里不展开讨论，重点讨论表直陈和表评价这两类。

---

① 评注副词表直陈，是指评注行为是基于事实做出的，而不是基于主观判断做出的。

(15) 穗珠又是一个不吭气，闷头在市中心转了三天，托朋友的熟人，熟人的朋友，三姑托六婆，六婆又托小舅子，终于在黄金地段找了一家粮店，千方百计地盘下来，找装修图纸，出设计方案，厂里出钱是有限的，工商、税务还得自己跑，然后请了律师跟厂里签承包合同。<u>总算</u>，小小的"平安药店"平安诞生。

(16) 沉默了好长时间，我开始试探他的价格，在来这儿的路上，我就听词作者给我介绍，他的要价一般在3万元左右。<u>果然</u>，他开口的价码就是3万。

(17) 无论新题，还是老题，能让你自乱阵脚的只有你自己。<u>幸亏</u>，我当时抱了"死马当活马医"的态度，心情没有太大起伏，再加上新题不是很难，所以勉强通过。

(18) 而且这个事情确实，刘先生，我觉得您应该不会在我们直播间说假话，肯定是有这样的事情发生。<u>正好</u>，刚才咱们这儿有一段采访录音和咱们的热线电话，咱们一起再讨论讨论。

从例（15）到例（18），说"总算"必须要有前文，"总算"不是说话者认为的，而是事实决定的。同理，说"果然""幸亏""正好"也必须有上文做铺垫。也就是说，"总算""果然""幸亏""正好"这样的词，其实不纯粹是说话者的主观判断，说出它们时必须要有非常具体、可靠的事实作为证据。与其说它们是说话者对事物的评价，不如说是客观规则在认知域的投射，因此，虽然它们是评注副词，但具有较强的客观性。

9.2.2 客观性评注副词和主观性评注副词的区分方法

使用客观性评注副词做评价时需要以人类共有的知识（规则）作为标准，这会带来两方面的限制：（1）要有相关事实作为评注的证据；（2）如果没有相关事实作为证据，那么评注时不能违背客观规律或约定俗成的规定。可以是否能修饰非必然事件来区分这两种评注副词。

客观性评注副词：

(19) *<u>原来</u>，青菜比萝卜好吃。 *<u>终于</u>，青菜比萝卜好吃。
  *<u>难怪</u>，青菜比萝卜好吃。 *<u>果然</u>，青菜比萝卜好吃。
  ……
  *<u>八成</u>，青菜比萝卜好吃。 *<u>正好</u>，青菜比萝卜好吃。（自拟语料）

青菜和萝卜哪个更好吃本是"萝卜青菜，各有所爱"，没有客观标准。说"原来""终于"时，说话者代表的其实是整个人类的公共认知，与其说是对事物的主观判断，不如说是陈述客观世界的规则。既然代表的是人类公共知识，则必须担负起相应的责任，需要足够的证据来支撑自己的论断。没有证据证明青菜一定是比萝卜好吃的，因此以上句子不成立。如果加上条件"降霜了"，则以上句子都成立，因为人们普通承认经霜打后的青菜变得甜糯可口，这一普遍认识可以为做出评注提供证据，使话语符合常理，从而实现合作原则中质的原则，即不说谎。

主观性评注副词：

(20) <u>当然</u>，青菜比萝卜好吃。　<u>或许</u>，青菜比萝卜好吃。
　　 <u>反正</u>，青菜比萝卜好吃。　<u>真的</u>，青菜比萝卜好吃。（自拟语料）

对主观性评注副词而言，则不需要事实证据，因为只是说话者本人的主观判断，说话者只需要对自己的认知负责，不需要对社会公共认知负责。因此例（20）中的句子都成立。

再如：

(21) ［背景］说话当天为冬至。
　　 *<u>想必</u>，今天挺热。　*<u>难怪</u>，今天挺热。
　　 *<u>果然</u>，今天挺热。　*<u>八成</u>，今天挺热。（自拟语料）

按照自然规则，冬至时节天气不太可能热，因为客观性评注副词需要对公共认知负责，不能用于评注不合常理的句子。例（21）中的句子违背客观规律，所以不成立。如果改成符合一般认知的话语"今天挺冷"，那么不需要其他事实作为证据，句子也成立。

(22) ［背景］说话当天为冬至。
　　 <u>好像</u>，今天挺热。　<u>反正</u>，今天挺热。
　　 <u>真的</u>，今天挺热。　<u>简直</u>，今天挺热。（自拟语料）

而对于主观性评注副词而言，评注时的依据是自己的主观感受，因此可以与客观实际有出入，即便冬至这天确实很冷，可是只要说话者确实觉得热，就没有违反合作原则，因此例（22）中的句子成立。

我们知道,从副词到话语标记的演化是语法化,一般而言,语法化中伴随着主观化的发生,即从饰谓副词＞饰句副词＞话语标记,主观性逐渐增加,但评注副词是异类。从句中前移到句首做饰句副词,评注副词的主观性并没有发生变化:对客观性评注副词而言,作为饰谓副词时,做出评注的依据是全人类的公共认知,前移做饰句副词后,依据依然是全人类公共认知;对主观性评注副词而言,做饰谓副词和饰句副词时做出评注的依据都是说话者个人的认知。比较以下句子:

(23) A. 他长在海边,<u>尤其</u>喜欢游泳。他长在海边,<u>尤其</u>,他喜欢游泳。

B. 他长在海边,<u>当然</u>喜欢游泳。 他长在海边,<u>当然</u>,他喜欢游泳。

C. *他长在海边,<u>果然</u>喜欢游泳。*他长在海边,<u>果然</u>,他喜欢游泳。(自拟语料)

在 A 组中,程度副词"尤其"作为饰谓副词管辖"喜欢游泳",做出"尤其"这一评价的依据是事实,没有主观色彩;前置作为饰句副词后,管辖"他喜欢游泳"这整个命题,加入了说话者的解读,"尤其"成为说话者的主观判断;当这句话和前面的话题没有关联,则"尤其"转为元话语层面的话语标记。B 组,评注副词"当然"作为饰谓副词时已经带有说话者判断的意味,判断的依据是说话者的主观评价,成为饰句副词后,判断主体和判断依据不变。C 组,评注副词"果然"作为饰谓副词时也已经带有说话者判断的意味,但评判的依据是全人类公共认知,因为长在海边的人未非必然喜欢游泳,所以 C 句不成立;作为饰句副词后,判断主体和判断依据也不变,所以 c 句依然不成立。

方梅(2022:12)指出评注副词"这类副词无论在任何位置上,都带有言者判断的解读",这证明了评注副词作为饰谓副词和饰句副词主观性没有区别,但容易形成这样的误解:评注副词都具有高主观性。实际上,评注副词内部成员间的主观性强度并不一致:客观性评注副词主观性低,成为饰句副词后主观性也不会增强,所以不会发展为话语标记;主观性评注副词主观性高,成为饰句副词后主观性不变(依然高),所以容易发展为话语标记。本次研究的语气类话语标记全都出自主观性评注副词,没有一个出自客观性评注副词，并且，主观性评注副词中还有一些虽然现在还不是典型话语标记，但正在成长为话语标记的成员，如"简直了""真是""真的是""必须的""或许"。可见，主观性评注副词对话语标记的能产性是非常高的，而客观性评注副词的能产性为零。

因此，将评注副词界定为"对相关命题或述题进行主观评注"（张谊生，2014：48）似乎并不准确，像"果然""原来""难怪"这样的评注副词，固然是说话者的评注，但评注者的视角不是个人的主观感受，而是全人类的公共认知。因此，确切来说，客观性评注副词不是说话者的主观评注，而是对客观规律的陈述。

以往的研究认为，这类词不能视作话语标记是因为概念义没有发生虚化，意义是概念性的而非程序性的，但没有解释为什么它们很难发生虚化。我们认为，有两个因素致使它们语义难以发生虚化：首先，它们实际上不是说话者本人的主观评注，而是对客观规律的陈述，主观程度很低；其次，评注副词从饰谓副词转化为饰句副词的过程中主观性不发生变化，因此无法提升主观性。主观化是语法化中重要的伴随现象，主观性无法得到提升，就无法发生语法化，因此它们概念义完整，无法成为话语标记。

9.3 话语标记的释义问题

9.3.1 现状：话语标记在词典释义中的缺失

副词发生语法化成为话语标记，概念义虚化，转移至元话语层面，成为组织、调整话语的手段，从作用于命题的概念成分成为言语行为，语义必然发生了变化，那么，这种语用层面发生的语义变化是否应该在词典中体现出来呢？亦即，词典中是否应该有话语标记的一席之地呢？一般认为，语用义依赖于语境，具有临时性和可撤销性，与编码义不在同一层面，所以目前几部词典，包括通用词典《现代汉语词典（第7版)》和虚词词典《现代汉语八百词》《现代汉语虚词词典》一般都不收录副词的话语标记用法。这似乎蕴含了这样的观点：理解语境是不需要学习的，人天生能区分不同语境中的副词用法和话语标记用法；或者，话语标记用法毫无意义，没有对其释义的必要。母语者或许可以在常规的生活、认知中习得不同的语境意义，而非母语者没有词典的帮助,或许很难理解语境中的话语标记用法。另外,没有识别出话语标记用法的话,有可能造成理解困难,因此理解话语标记的语义并不是毫无意义的。

副词类话语标记用法在口语交际中出现的频率很高。以"不"为例,在访谈类节目《鲁豫有约》(共2 529 893字次)中,单用的"不"共出现125次,其中24次为话语标记用法,占所有单用的"不"的19.2%,然而在三部词典中,均未收录话语标记用法。以下是这三部词典对"不"的释义:

《现代汉语词典(第7版)》:单用,做否定性的回答(答话的意思跟问题相反)。

《现代汉语八百词》:单用,回答问话,表示与问话意思相反。也用来更正自己说的话。

《现代汉语虚词词典》:单说。用于应答句,表示否认对方的意见或看法。多用于答话。也可用于自述句,更正自己的说法。

如果以上述释义来理解下列例句,会得到意义完全相反的解释:

(24)陈鲁豫:是的,你的歌基本上我们都在心里面都会唱,但唱出来的确是很难。

汪×:<u>不</u>,你可以降调,一般,一般韩红、那英她们都是在喝大了以后,十二点以后开始点我的歌,原调。

(25)赵××:你记不记得就是你去了内蒙古饭店。

陈鲁豫:我记得,我记得,但当时具体怎么说的我都忘了。

赵××:没有,当场哪能给打分啊,他就是让我看一看,看一看完了以后他就说这个孩子你觉得行不行。

陈鲁豫:您当时说行还是不行啊?

赵××:我当时没说不行。

陈鲁豫:但也没说行。

赵××:<u>不</u>,咱们得任何一件事情咱们都得凭良心说,咱们得真诚是吧,我当时因为他让你去做一个综艺的,那种场合的那种节目,我个人就觉得你当时欠缺的就是一个比较能够掌控全场的那么一个气度。

例(24)中,如果理解为词典释义,那么汪×是在否认自己的歌难唱,而实际上汪×是承认自己的歌难唱的,并且提出了解决的办法。例(25)中,如果理解为词典释义,那么赵××是在否认"没说行",也就是承认自己说了"行",而实际上他以转换话题的方式暗示自己确实"没说行"。

这一情况同样发生在"然后"上。在《鲁豫有约》中搜索独用的"然后",共出现192次,其中184次都是话语标记用法,占比95.8%。可以说,日常交际中"然后"充当话语标记占绝对优势地位,然而三部词典对"然后"的释义均没有涉及话语标记用法:

《现代汉语词典(第7版)》:表示一件事情之后接着又发生另一件事情。

《现代汉语八百词》:表示一件事情之后又发生另一件事情。前句有时用"先、首先"等,后句有时用"再、又、还"等。

《现代汉语虚词词典》:表示接着前一行为状态后发生或出现。连接短语、分句、句子。上文多有"先、开始、起初"等,后文有时有"再、又"等。

以词典释义来理解例(25):

(25)[背景]公司总部突击检查办公室卫生情况。

经理(指着面前的办公桌):小张,你快把这个办公桌的杂物整理一下,赶紧赶紧。

小张:好的经理。

经理(环顾四周):<u>然后</u>,把门口那个柜子先清理了,快点快点。

小张:经理,我到底先清理哪个呢?

小张的摸不着头脑已经说明"然后"的歧解性带来的理解困难。

由此,"不""然后"等话语标记用法不是简单的"插入语,可省略"之类的表述就能涵盖的,其副词用法和话语标记用法之间具有背离性,由副词的编码义不能推出话语标记意义,甚至会得出相反的解释。其他副词类话语标记,除了语气类话语标记外,都存在同样的问题。这和限制性副词基本的语义功能有关。

限制性副词"主要是用来对动作、行为、性质、状态加以区别和限制的"。(张谊生,2000a:59)既然是对被修饰语加以区别和限制,那么必然涉及对立性、序列性和量级这 3 个标准：对立性用于区别有无、是否等本质的对立；序列性用于区分时间、逻辑的前后顺序；量级用于区别高低、多少等程度的比较。副词和话语标记的序列性对立如图 9-3 所示。

"不"作为副词和话语标记的序列性对立：否定→不一定→肯定
　　　　　　　　　　　　　　　　　　　　　副词　　话语标记

"然后"作为副词和话语标记的序列性对立：后发生→不一定→先发生
　　　　　　　　　　　　　　　　　　　　　　副词　　话语标记

"尤其"作为副词和话语标记的序列性对立：程度高→不一定→程度低
　　　　　　　　　　　　　　　　　　　　　　副词　　话语标记

"就"作为副词和话语标记的序列性对立：承接→不一定→非承接
　　　　　　　　　　　　　　　　　　　　　副词　　话语标记

图 9-3　副词和话语标记的序列性对立

所以，副词和话语标记之间不仅仅是"有概念义"和"无概念义"的区别，以"不、没有"为例，有概念义表示否定，无概念义表示不否定，这是对立性的区别。副词作为半虚半实的词类，对其归类必须同时考虑句法分布和语义，可以说语义是其语法表现的一部分，既然话语标记用法影响了副词的语义，就会影响副词的本质属性和基本功能。语法化的"去范畴化"在副词类话语标记的形成上表现如此突出，以至于威胁到副词的身份认定，因此，给副词释义时不应该遗漏充当话语标记的用法。

然而，副词用法和话语标记用法毕竟存在语法和语用的鸿沟，如何平衡编码义和语用义，是给具有话语标记功能的副词释义的关键问题。

9.3.2　话语标记释义建议

董秀芳（2021：1）指出虚词释义首先应该区分语义功能和语用条件，并认为"更好的释义方式是首先讲清虚词的语义功能，如果有需要，再指明其语用条件"。所谓"语义功能"，功能自然是句法功能，那语义究竟是什么呢？储泽祥、谢晓明（2002：10）指出"虚词也有语义内容，体现为涵盖义"，即从实词那里继承的细节义被虚化后留下来的那部分意义，张绍杰（2010：75）称为"默认意义"。这给了我们很大的启发：副词释义，最好先讲清其核心义（涵盖义），再指明其语用条件。以"然后"为例，可以这样释义：

［副］表示承接。

A. 用于时间上的承接，表示一件事后起于另一件事。

B. 用于逻辑上的承接，表示一件事引起另一件事。

C. 用于关联，表示一件事和另一件事相关。

D. 用于口语交际，表示接下来要说……

再以"尤其"为例，两部词典对其的解释为：

《现代汉语词典（第7版)》：表示更进一步。

《现代汉语八百词》：表示在全体中或与其他事物比较时特别突出。一般用在句子的后一部分。A. 尤其+形/动；B. 尤其+是；也用于其他方面。

《现代汉语词典（第7版)》的释义仅说明了"尤其"的核心义，对通用类词典来说这样是没问题的，因为大众使用词典一般就是为了知道某个词的"意思"，把意思说清，任务就完成了。而《现代汉语八百词》作为虚词词典，主要任务是辨析虚词用法，所以释义就比较全面，但这个全面的解释反而让人费解：在总项里框定了使用范围"在全体中或与其他事物比较时"，可在分项里又说"也用于其他方面"。

我们认为可以这样释义：

［副］表示更进一步。

A. 用于在全体事物中做比较。

B. 用于与其他事物做比较。

C. 用在两个小句之间，表示突出后一小句。

D. 用于口语交际，表示话题的延续。

当然，以上释义绝非毫无问题，我们只是以此为例，认为董秀芳（2021）提出的虚词的释义方式可以沿用到话语标记的释义上来，认为用"核心义+语用条件"的模式能够更准确、全面地展现副词的语义分布。

9.4　本章小结

副词充当话语标记的能力以及韵律独立情况，都体现了副词主观性的强弱，按照充当话语标记能力以及韵律独立情况，所有的副词小类主观性可分成7个等级,从高到低依次为:评注副词;时间副词、否定副词、程度副词、关联副词;范围副词;频率副词;重复副词;协同副词;描摹副词。"典型副词"指的是重复副词中主观性高的那个小类和频率副词。

评注副词可分成主观性的和客观性的两类,区分方法是看其是否能修饰非必然事件。

词典不重视对话语标记的释义,容易引起理解困难,应重视话语标记的身份,可采用"核心义+语用条件"的模式来给话语标记释义。

第十章

结　语

10.1　研究结论

本研究主要涉及副词类话语标记的界定、分类、形成和功能以及话语标记研究观照下的副词研究5个方面的内容，在回顾以往话语标记研究后，归纳出副词类话语标记的独特属性。

界定方面，持历时视角，认为概念义发生虚化，意义转移至元话语层，表达的是程序性意义的表达式才是话语标记，概念义完整、处于句子开头、发挥程序功能的表达式并非话语标记，而是发挥篇章功能的饰句副词。最终确定的副词类话语标记成员为19个。

分布方面，以副词小类作为分类标准，8个小类中有5个类别可以充当话语标记，分别为语气类、否定类、时间类、程度类、关联类，其中语气类成员最多。另外3个小类不能充当话语标记，和副词概念义主观性较低、难以发生语法化有关。

形成方面，以语法化理论作为理论基础，回顾、反思以往研究，并结合副词类话语标记的特性，认为副词类话语标记的形成是特殊的语法化。之所以是语法化，是因为输出项具有语法性、过程符合典型语法化特征；之所以是特殊的语法化，是因为增加的是语用功能而不是语法功能。但由于语用功能与语法化界定不在一个层面，所以归根到底，特殊的语法化依旧属于语法化。基于语法化理论对副词类话语标记的形成进行个案研究，发现语法化理论能令人满意地解释话语标记的形成，副词类话语标记的发展都遵循着概念义的淡化、辖域的增加、主观性的增加等规律。

功能方面，在回顾、比较了话语连贯理论、关联理论、顺应论和元话语理论对话语标记功能的解读后，基于副词类话语标记的个性，提出副词类话语标记并不能增加连贯性这一观点。因为副词类话语标记在概念层没有意义，不会给话语增加逻辑、命题层面的内容；基于副词源词语义的干扰，对话语标记的理解容易产生误解。副词类话语标记在语篇功能中只有话题功能，在人际功能中只有立场表达功能，并且人际功能是附属功能。副词语法化的程度或趋势与功能的多样性正相关，副词语义对人际功能的发挥有限制性。

10.2　价值与创新

在副词系统中研究话语标记，对副词研究与话语标记研究都有裨益。

10.2.1　对话语标记而言

传统研究话语标记多从话语分析角度进行，与语用联系紧密，与语法联系较少。自从加入历时视角以后，话语标记才跟语法成分有了沟通的通道。副词作为半虚半实的词类，语法化不同阶段的矛盾现象在其身上体现得最全面，很多话语标记的形成都经历了饰谓副词＞饰句副词＞话语标记的历程，因此副词是研究话语标记的最佳来源和样本。

10.2.2　对副词而言

副词演化为话语标记的过程中，涉及一些特殊的现象，如语用否定、预设否定、主动省略等，这些现象串联起了副词与话语标记、语法与语用。研究副词类话语标记，实际上就是找出更多的"特殊现象"的过程。因此，话语标记为副词研究提供了很多新的切入点，丰富了副词研究方法。

另外，副词研究领域传统的热点问题，如小类划分、兼类问题、多义现象等，以话语标记作为语法化的终点对其观照，也能获得新的解释。

10.3 问题与不足

首先，在对副词类话语标记的界定上，选取的可能充当话语标记的副词的考察范围不够广。我们选取了3篇涉及副词关联功能的文献和4篇涉及副词语气功能的文献，不一定能够涵盖所有有潜力成为话语标记的成员：也许某个副词有关联功能或情态功能，但是这7篇文献都没有收录；也有可能某个副词没有关联功能和情态功能，但能充当话语标记。考察对象的确定部分依赖于前人的研究，这是本研究最具风险之处。

其次，功能研究方面，由于副词类话语标记只有语篇功能，因此功能讨论的章节内容就显得较为单一，虽然以各种角度的统计以及特例分析极力充实这部分内容，但相对而言仍较为单薄。而且，功能统计的语料没有限定一个范围，而是基于3个语料库进行的，这当然能最大化地呈现功能分布，避免遗漏，但语料过多，导致功能挖掘不够深入，流于程式化。

参考文献

中文专著类

1. 鲍尔·J. 霍伯尔,伊丽莎白·克劳丝·特拉格特. 语法化学说[M]. 2版. 梁银峰,译. 上海:复旦大学出版社,2008.
2. 贝恩德·海涅,乌尔丽克·克劳迪,弗里德里克·许内迈尔. 语法化:概念框架[M]. 龙海平,等译. 北京:世界图书出版公司,2018.
3. 曹炜. 现代汉语词汇研究[M]. 北京:北京大学出版社,2004.
4. 曹炜. 现代汉语词义学[M]. 广州:暨南大学出版社,2009.
5. 曹秀玲. 汉语话语标记多视角研究[M]. 北京:中国社会科学出版社,2016.
6. 陈家隽. 汉语话语标记的语用功能与历时演变[M]. 上海:复旦大学出版社,2019.
7. 崔蕊. 现代汉语虚词的主观性和主观化研究[M]. 北京:知识产权出版社,2014.
8. 丹·斯珀波,迪埃珥·威尔逊. 关联:交际与认知[M]. 蒋严,译. 北京:中国社会科学出版社,2008.
9. 方梅. 浮现语法:基于汉语口语和书面语的研究[M]. 北京:商务印书馆,2018.
10. 何自然,冉永平. 新编语用学概论[M]. 北京:北京大学出版社,2009.
11. 胡明扬. 词类问题考察[M]. 北京:北京语言文化大学出版社,1996.
12. 胡壮麟,朱永生,张德禄,等. 系统功能语言学概论[M]. 北京:北京大学出版社，2005.

13. 胡壮麟. 新编语篇的衔接与连贯［M］. 上海：华东师范大学出版社，2018.

14. 季薇. 现代汉语程度副词研究［M］. 北京：光明日报出版社，2011.

15. 刘焱. 现代汉语批评性话语标记研究［M］. 上海：上海财经大学出版社，2019.

16. 罗耀华. 副词化、词汇化与语法化：语气副词探微［M］. 武汉：华中师范大学出版社，2015.

17. 吕叔湘. 汉语语法分析问题［M］. 北京：商务印书馆，1979.

18. 马建忠. 马氏文通［M］. 北京：朝华出版社，2017.

19. 潘海峰. 汉语副词的主观性与主观化研究［M］. 上海：同济大学出版社，2017.

20. 彭睿. 语法化理论的汉语视角［M］. 北京：北京大学出版社，2020.

21. 冉永平，莫爱屏，王寅. 认知语用学：言语交际的认知研究［M］. 上海：上海外语教育出版社.

22. 冉永平. 语用学：现象与分析［M］. 北京：北京大学出版社，2006.

23. 石毓智. 语法化理论：基于汉语发展的历史［M］. 上海：上海外语教育出版社，2011.

24. 史金生. 现代汉语副词连用顺序和同现研究［M］. 北京：商务印书馆，2011.

25. 史金生. 语法化的语用机制与汉语虚词研究［M］. 上海：学林出版社，2017.

26. 宋晖. 现代汉语转折类话语标记研究［M］. 北京：社会科学文献出版社，2018.

27. 孙利萍. 现代汉语言说类话语标记研究［M］. 北京：社会科学文献出版社，2017.

28. 王力. 中国现代语法［M］. 北京：商务印书馆，1985.

29. 许家金. 青少年汉语口语中话语标记的话语功能研究［M］. 北京：外语教学与研究出版社，2009.

30. 耶夫·维索尔伦. 语用学诠释［M］. 钱冠连，霍永寿，译. 北京：清华大学出版社，2003.

31. 殷树林. 现代汉语话语标记研究[M]. 北京：中国社会科学出版社, 2012c.
32. 张伯江, 方梅. 汉语功能语法研究[M]. 北京：商务印书馆, 2014.
33. 张黎. 汉语口语话语标记成分研究[M]. 北京：北京语言大学出版社, 2017.
34. 张秀松. 词汇化与语法化理论及其运用[M]. 北京：外语教学与研究出版社, 2020.
35. 张亚军. 副词与限定描状功能[M]. 合肥：安徽教育出版社, 2002.
36. 张谊生. 现代汉语副词阐释[M]. 上海：上海三联书店, 2017.
37. 张谊生. 现代汉语副词分析[M]. 上海：上海三联书店, 2010.
38. 张谊生. 现代汉语副词研究（修订本）[M]. 北京：商务印书馆, 2018.
39. 周明强. 现代汉语话语标记系统与认知研究[M]. 北京：中国社会科学出版社, 2022.
40. 朱德熙. 语法讲义[M]. 北京：商务印书馆, 1982.

中文论文类

1. 白娟, 贾放. 汉语元语用标记语功能分析与留学生口头交际训练[J]. 语言文字应用, 2006（S2）.
2. 曹秀玲, 杜可风. 言谈互动视角下的言语言说类元话语标记[J]. 世界汉语教学, 2018（2）.
3. 曹秀玲, 王清华. 从基本话语到元话语：以汉语让转义"×然"类词语为例[J]. 中国语文, 2015（6）.
4. 曹秀玲. 从主谓结构到话语标记："我/你V"的语法化及相关问题[J]. 汉语学习, 2010（5）.
5. 陈家晃, 刘成萍. 驳Blakemore的程序意义理论[J]. 中北大学学报, 2012（1）.
6. 陈家隽. 国内外话语标记研究：回顾与前瞻[J]. 汉语学习, 2018（5）.
7. 陈小荷. 主观量问题初探：兼谈副词"就""才""都"[J]. 世界汉语教学, 1994（4）.
8. 陈新仁. 衔接的语用认知解读[J]. 外语学刊, 2003（4）.

9. 陈新仁. 基于元语用的元话语分类新拟［J］. 外语与外语教学，2020（4）.

10. 陈新仁. 语用身份：动态选择与话语建构［J］. 外语研究，2013（4）.

11. 陈忠敏. 语法化的类别、特点及机制［J］. 当代修辞学，2021（6）.

12. 储泽祥，谢晓明. 汉语语法化研究中应重视的若干问题［J］. 世界汉语教学，2002（2）.

13. 丁健. 语法化视角下的双音节副连兼类词［J］. 汉语学习，2011（5）.

14. 董秀芳. 词典释义中虚词的语义功能与语用条件辨析：以语气副词的释义为例［J］. 辞书研究，2021（4）.

15. 董秀芳. 词汇化与话语标记的形成［J］. 世界汉语教学，2007（1）.

16. 董秀芳."是"的进一步语法化：由虚词到词内成分［J］. 当代语言学，2004（1）.

17. 方梅. 从副词独用现象看位置敏感与意义浮现［J］. 中国语文，2022（1）.

18. 方梅. 会话结构与连词的浮现义［J］. 中国语文，2012（6）.

19. 方梅. 篇章语法与汉语篇章语法研究［J］. 中国社会科学，2005（6）.

20. 方梅. 认证义谓宾动词的虚化：从谓宾动词到语用标记［J］. 中国语文，2005（6）.

21. 方梅. 饰句副词及相关篇章问题［J］. 汉语学习，2017（6）.

22. 方梅. 自然口语中弱化连词的话语标记功能［J］. 中国语文，2000（5）.

23. 封宗信. 语言学的元语言及其研究现状［J］. 外语教学与研究，2005（6）.

24. 冯光武. 汉语语用标记语的语义、语用分析［J］. 现代外语，2004（1）.

25. 冯光武. 语言的主观性及其相关研究［J］. 山东外语教学，2006（5）.

26. 冯光武. 语用标记语和语义/语用界面［J］. 外语学刊，2005（3）.

27. 冯军伟. 让步条件标记"就"的语法化及动因：兼论话题标记"就"的两种语法化模式［J］. 汉语学报，2022（3）.

28. 付晓丽，徐赳赳. 国际元话语研究新进展［J］. 当代语言学，2012（3）.

29. 付晓丽. 话语标记与元话语之辨［J］. 现代语言学，2020（3）.

30. 高增霞. 自然口语中的话语标记"回头"［J］. 中国社会科学院研究生院学报，2004a（1）.

31. 高增霞. 自然口语中的话语标记"完了"［J］. 语文研究，2004b（4）.

32. 郭锐. 虚词义项划分的原则［J］. 世界汉语教学，2022（4）.

33. 何春燕. 语用否定的类型及使用动机［J］. 解放军外国语学院学报，2002（3）.

34. 何洪峰，孙岚. "然后"的语法化及其认知机制［J］. 云南师范大学学报（对外汉语教学与研究版），2010（5）.

35. 何自然，冉永平. 关联理论：认知语用学基础［J］. 现代外语，1998（3）.

36. 何自然. 推理和关联：认知语用学原理撮要［J］. 外语教学（西安外国语学院学报），1997（4）.

37. 侯瑞芬. 再析"不""没"的对立与中和［J］. 中国语文，2016（3）.

38. 胡范铸. 从"修辞技巧"到"言语行为"：试论中国修辞学研究的语用学转向［J］. 修辞学习，2003（1）.

39. 胡建锋. 话语标记"不"的"信息修正"指示功能及其虚化［J］. 对外汉语研究，2013（1）.

40. 黄蓓. Traugott 的主观性概念解析［J］. 宁波大学学报（人文科学版），2017（1）.

41. 黄梦迪. 二十年国内话语标记研究现状及展望［J］. 语文学刊，2021（5）.

42. 江蓝生. 超常组合与语义羡余：汉语语法化诱因新探［J］. 中国语文，2016（5）.

43. 江蓝生. 概念叠加与构式整合：肯定否定不对称的解释［J］. 中国语文，2008（6）.

44. 姜望琪. 语用推理之我见［J］. 现代外语，2014（3）.

45. 蒋严. 论语用推理的逻辑属性：形式语用学初探［J］. 外国语，2002（3）.

46. 金立鑫，杜家俊. "就"与"才"主观量对比研究［J］. 语言科学，2014（2）.

47. 景晓平，陈新仁. 关联理论框架下的预设新论 [J]. 外国语言文学，2011（1）.

48. 鞠晶，王忠民. 元话语对话性的顺应论阐释 [J]. 学术交流，2014（6）.

49. 李葆嘉. 汉语元语言系统研究的理论建构及应用价值 [J]. 南京师大学报（社会科学版），2022（4）.

50. 李华. 插入语的修辞功能 [J]. 修辞学习，2001（4）.

51. 李泉. 副词和副词的再分类 [M] // 胡明扬. 词类问题考察. 北京：北京语言文化大学出版社，1996.

52. 李泉. 从分布上看副词的再分类 [J]. 语言研究，2002（2）.

53. 李思旭. 从词汇化、语法化看话语标记的形成：兼谈话语标记的来源问题 [J]. 世界汉语教学，2012（3）.

54. 李心释，姜永琢. 对话语标记的重新认识 [J]. 汉语学习，2008（6）.

55. 李勇忠，李春华. 话语标记与语用推理 [J]. 国外外语教学，2004（4）.

56. 李勇忠. 语用标记与话语连贯 [J]. 外语与外语教学，2003a（1）.

57. 李勇忠. 论话语标记在话语生成和理解中的作用 [J]. 四川外语学院学报，2003b（6）.

58. 李宗江. "即、便、就"的历时关系 [J]. 语文研究，1997（1）.

59. 李宗江. 关于话语标记来源研究的两点看法：从"我说"类话语标记的来源说起 [J]. 世界汉语教学，2010（2）.

60. 李宗江. 也说话语标记"别说"的来源：再谈话语标记来源的研究 [J]. 世界汉语教学，2014（2）.

61. 厉杰. 口头禅的语言机制：语法化与语用化 [J]. 当代修辞学，2011（5）.

62. 廖秋忠. 篇章与语用和句法研究 [J]. 语言教学与研究，1991（4）.

63. 刘丽艳. 跨文化交际中话语标记的习得与误用 [J]. 汉语学习，2006（8）.

64. 刘丽艳. 作为话语标记语的"不是"[J]. 语言教学与研究，2005（6）.

65. 刘森林. 元语用论概述 [J]. 解放军外国语学院学报，2001（4）.

66. 陆丙甫. 副词"就"的义项分合问题 [J]. 汉语学习，1984（1）.

67. 陆俭明. 副词独用考察［J］. 语言研究，1983（2）.

68. 陆俭明. 现代汉语副词独用刍议［J］. 语言教学与研究，1982（2）.

69. 罗耀华，刘云. 揣测类语气副词主观性与主观化［J］. 语言研究，2008（3）.

70. 罗耀华，齐春红. 副词性非主谓句的成句规约：语气副词"的确"的个案考察［J］. 汉语学习，2007（2）.

71. 罗耀华，朱新军. 副词性非主谓句的成句规约：语气副词"确实"的个案考察［J］. 云南师范大学学报（哲学社会科学版），2007（3）.

72. 马国彦. 话语标记与口头禅：以"然后"和"但是"为例［J］. 语言教学与研究，2010（4）.

73. 马国彦. 与副词"就"有关的两种引述性否定［J］. 中国语文，2022（2）.

74. 马清华. 汉语语法化问题的研究［J］. 语言研究，2003a（2）.

75. 马清华. 词汇语法化的动因［J］. 汉语学习，2003b（2）.

76. 马真. 修饰数量词的副词［J］. 语言教学与研究，1981（1）.

77. 苗兴伟. 关联理论对语篇连贯性的解释力［J］. 外语教学与研究，1999（3）.

78. 苗兴伟. 关联理论与认知语境［J］. 外语学刊（黑龙江大学学报），1997（4）.

79. 苗兴伟. 论衔接与连贯的关系［J］. 外国语（上海外国语大学学报），1998（4）.

80. 潘海峰. 语言的主观性与主观化研究及其相关问题：兼论主观化与语法化的关系［J］. 上海师范大学学报（哲学社会科学版），2016（6）.

81. 潘晓军. 从新兴虚词到话语标记："事实上"与"实际上"的固化历程探微［J］. 阜阳师范学院学报（社会科学版），2016（2）.

82. 彭睿. 如何定位汉语语法化的"特色"［J］. 语言教学与研究，2017（5）.

83. 彭睿. 语法化·历时构式语法·构式化：历时形态句法理论方法的演进［J］. 语言教学与研究，2016（2）.

84. 齐春红. 语气副词与句末语气助词的共现规律研究［J］. 云南师范大学学报（哲学社会科学版），2007（3）.

85. 邱述德，孙麒. 语用化与语用标记语［J］. 中国外语，2011（3）.

86. 屈承熹. 汉语副词的篇章功能［J］. 语言教学与研究，1991（2）.

87. 冉永平. 话语标记语的语用学研究综述［J］. 外语研究，2000a（4）.

88. 冉永平. 言语交际中的元语用现象及其功能解析［Z］. 第九届当代语言研讨会论文，2002.

89. 冉志晗，冉永平. 语篇分析视域下的元话语研究：问题与突破［J］. 外语与外语教学，2015（2）.

90. 邵洪亮，胡建锋. "固然"的连、副之辩：兼及连词和副词的分界问题［J］. 世界汉语教学，2015（4）.

91. 邵洪亮. 副词"还是"的元语用法［J］. 语言教学与研究，2013（4）.

92. 邵敬敏. 主观性的类型与主观化的途径［J］. 汉语学报，2017（4）.

93. 沈家煊. 语用原则、语用推理和语义演变［J］. 外语教学与研究，2004（4）.

94. 沈家煊. "糅合"和"截搭"［J］. 世界汉语教学，2006（4）.

95. 沈家煊. "语法化"研究综观［J］. 外语教学与研究，1994（4）.

96. 沈家煊. "语用否定"考察［J］. 中国语文，1993（5）.

97. 沈家煊. 副词和连词的元语用法［J］. 对外汉语研究，2009（00）.

98. 沈家煊. 谈谈功能语言学各流派的融合［J］. 外语教学与研究，2019（4）.

99. 沈家煊. 语言的"主观性"和"主观化"［J］. 外语教学与研究，2001（4）.

100. 沈家煊. 语用法的语法化［J］. 福建外语，1998（2）.

101. 盛继艳. 也谈话语标记"你说"［J］. 汉语学习，2013（3）.

102. 施仁娟. 论元话语与话语标记的关系［J］. 宁波大学学报（人文科学版），2017（7）.

103. 石毓智，李讷. 十五世纪前后的句法变化与现代汉语否定标记系统的形成：否定标记"没（有）"产生的句法背景及其语法化过程［J］. 语言研究，2000（2）.

104. 石毓智，徐杰. 汉语史上疑问形式的类型学转变及其机制：焦点标记"是"的产生及其影响［J］. 中国语文，2001（5）.

105. 史金生，胡晓萍. "就是"的话语标记功能及其语法化［J］. 汉语学习，2013（4）.

106. 史金生. 语气副词的范围、类别和共现顺序［J］. 中国语文，2003（1）.

107. 司红霞. 再谈插入语的语义分类［J］. 汉语学习，2018（6）.

108. 孙利萍，方清明. 汉语话语标记的类型及功能研究综观［J］. 汉语学习，2011（6）.

109. 孙雅平. 从语法化"扩展效应"看反预期话语标记的形成：以"不料""谁知"为例［J］. 语言科学，2020（4）.

110. 王伟，周卫红. "然后"一词在现代汉语口语中使用范围的扩大及其机制［J］. 汉语学习，2005（4）.

111. 王伟. 试论现代汉语口语中"然后"一词的语法化［J］. 北京第二外国语学院学报，2004（4）.

112. 王欣. "不"和"没（有）"的认知语义分析［J］. 语言教学与研究，2007（4）.

113. 王银霞. 论话语标记生成机制的研究［J］. 语言教育，2019（1）.

114. 王寅，严辰松. 语法化的特征、动因和机制：认知语言学视野中的语法化研究［J］. 解放军外国语学院学报，2005（4）.

115. 王寅. 狭义与广义语法化研究［J］. 四川外语学院学报，2005（5）.

116. 王正元. 话语标记语意义的语用分析［J］. 外语学刊，2006（2）.

117. 王志英. "不"字独用的语用否定功能［J］. 对外汉语研究，2016（1）.

118. 魏兴，郑群. 西方语法化理论视角下对汉语话语标记"你看"的分析［J］. 外国语文，2013（5）.

119. 魏在江. 关联与预设［J］. 外语与外语教学，2006（8）.

120. 魏在江. 语篇连贯的元语用探析［J］. 外语教学，2005（6）.

121. 吴福祥. 汉语语法化研究的当前课题［J］. 语言科学，2005b（15）.

122. 吴福祥. 也谈语法化的机制和动因［J］. 语文研究，2021（2）.

123. 吴福祥. 汉语语法化研究的几点思考［J］. 汉语学报，2020（3）.

124. 吴福祥. 汉语语法化演变的几个类型学特征［J］. 中国语文，2005a（6）.

125. 吴土良. 单用"不"构成的一种辞格及句式［J］. 语文研究，1985

(1).

126. 吴亚欣，于国栋. 话语标记语的元语用分析［J］. 外语教学，2003（4）.

127. 鲜丽霞，李月炯. 汉语话语标记研究综述［J］. 广西师范学院学报（哲学社会科学版），2015（1）.

128. 向明友，黄立鹤. 汉语语法化研究：从实词虚化到语法化理论［J］. 汉语语法化研究，2008（5）.

129. 向明友，卢正阳，杨国萍. 语用化与语法化纷争之管见［J］. 现代外语，2016（4）

130. 谢世坚. 话语标记语研究综述［J］. 山东外语教学，2009（5）.

131. 邢福义. 论"不"字独说［J］. 华中师院学报，1982（3）.

132. 徐晶凝. 汉语语气表达方式及语气系统的归纳［J］. 北京大学学报，2000（3）.

133. 徐赳赳. 关于元话语的范围和分类［J］. 当代语言学，2006（4）.

134. 徐盛桓. 新格赖斯会话含意理论和含意否定［J］. 外语教学与研究，1994（4）.

135. 徐时仪. 否定词"没""没有"的来源和语法化过程［J］. 湖州师范学院学报，2003（1）.

136. 徐时仪. 论词组结构功能的虚化［J］. 复旦学报（社会科学版），1998（5）.

137. 许家金. 话语标记的现场即席观［J］. 外语学刊，2009a（2）.

138. 许家金. 汉语自然会话中"然后"的话语功能分析［J］. 外语研究，2009b（2）.

139. 玄玥. 话语标记"当然"的语法化［J］. 语文研究，2017（4）.

140. 闫建设. 现代汉语口语中话语标记语"没有"的功能研究［J］. 河南科技大学学报（社会科学版），2016（4）.

141. 颜红菊. 话语标记的主观性和语法化：从"真的"的主观性和语法化谈起［J］. 湖南科技大学学报，2006（6）.

142. 杨国萍，向明友，许硕. 话语标记语语法化研究述评［J］. 语言学研究，2017（2）.

143. 杨荣祥. 现代汉语副词次类及其特征描写［J］. 湛江师范学院学报

（哲学社会科学版），1999（1）.

144. 杨智渤. "当然"的填补功能与话语标记用法研究［J］. 东北师大学报（哲学社会科学版），2021（1）.

145. 姚双云，姚小鹏. 自然口语中"就是"话语标记功能的浮现［J］. 世界汉语教学，2012（1）.

146. 姚双云. 名源话语标记的语义类型、形成机制与语用功能［J］. 语文研究，2020（2）.

147. 姚双云. 敏感位置、认识状态对互动功能的影响：以独立话轮"然后（呢）"为例［J］. 语言教学与研究，2022（5）.

148. 姚小鹏. 追补性"当然"的篇章功能［J］. 语言教学与研究，2011（6）.

149. 殷树林. 话语标记的性质特征和定义［J］. 外语学刊，2012b（3）.

150. 殷树林. 论话语标记的形成［J］. 湖南科技大学学报，2012a（2）.

151. 殷树林. 说话语标记"不是"［J］. 汉语学习，2011（1）.

152. 于国栋，吴亚欣. 话语标记语的顺应性解释［J］. 解放军外国语学院学报，2003（1）.

153. 俞如珍. 语义预设、语用预设和会话含义［J］. 四川外语学院学报，1996（1）.

154. 张伯江. 功能语法与汉语研究［J］. 语言科学，2005（6）.

155. 张成福，余光武. 论汉语的传信表达：以插入语研究为例［J］. 语言科学，2003（3）.

156. 张绍杰. 语法和语用：基于语言使用的互动视角［J］. 外语学刊，2010（5）.

157. 张新华. 副词"就"的话题焦点功能研究［J］. 语言研究集刊，2021（1）.

158. 张秀松. 话语标记化的性质之争［J］. 外语学刊，2019（4）.

159. 张谊生. 揣测与确信评注的兼容模式及其功用与成因［J］. 世界汉语教学，2016（3）.

160. 张谊生. 副词的篇章连接功能［J］. 语言研究，1996a（1）.

161. 张谊生. "不"字独用的否定功能和衔接功能［J］. 乐山师范学院学报，2004（8）.

162. 张谊生. "就是"的篇章衔接功能及其语法化历程［J］. 世界汉语教学，2002（3）.

163. 张谊生. 从否定小句到话语标记：否定功能元语化与羡余化的动因探讨［J］. 语言研究，2014（1）.

164. 张谊生. 副词的连用类别和共现顺序［J］. 烟台大学学报（哲学社会科学版），1996b（2）.

165. 张谊生. 论与汉语副词相关的虚化机制：兼论现代汉语副词的性质、分类与范围［J］. 中国语文，2000b（1）.

166. 张谊生. 试论叠加、强化的方式、类型与后果［J］. 中国语文，2012（2）.

167. 张谊生. 试论主观量标记"没""不""好"［J］. 中国语文，2006（2）.

168. 张谊生. 现代汉语副词的性质、范围与分类［J］. 语言研究，2000a（2）.

169. 张谊生. 语法化现象在不同层面中的句法表现［J］. 语文研究，2010（4）.

170. 张则顺. 合预期确信标记"当然"［J］. 世界汉语教学，2014（2）.

171. 赵旻燕. 元语言否定歧义说商榷：对以"不"为否定载体的汉语元语言否定的考察［J］. 东北师大学报（哲学社会科学版），2010（5）.

172. 郑群. 话语标记语的社会语用研究［J］. 现代外语，2014（4）.

173. 周守晋. "主观量"的语义信息特征与"就""才"的语义［J］. 北京大学学报（哲学社会科学版），2004（3）.

174. 周树江，王洪强. 论话语标记语的语法化机制［J］. 外语教学，2012（5）.

175. 朱永生，苗兴伟. 语用预设的语篇功能［J］. 外国语，2000（3）.

176. 邹海清. 量化义时间副词的语义特征和主观量化功能［J］. 乐山师范学院学报，2010（3）.

177. 邹海清. 频率副词的范围和类别［J］. 世界汉语教学，2006（3）.

178. 邹立志. 汉语儿童早期会话中关联标记"然后"的发展个案研究［J］. 首都师范大学学报（社会科学版），2018（6）.

学位论文类

1. 巴丹. 现代汉语评注性副词篇章衔接功能研究 [D]. 上海：上海师范大学，2018.

2. 柏灵. 表转折"×是"副连兼类词语研究 [D]. 上海：上海师范大学，2006.

3. 曾建松. 关联理论本土化研究 [D]. 哈尔滨：黑龙江大学，2016.

4. 褚俊海. 汉语副词的主观化历程 [D]. 长沙：湖南师范大学，2010.

5. 段轶娜. 现代汉语关联副词研究 [D]. 南京：南京师范大学，2005.

6. 黄蓓. 走向淡义语言主观性 [D]. 杭州：浙江大学，2015.

7. 李秀明. 汉语元话语标记研究 [D]. 上海：复旦大学，2006.

8. 刘丽艳. 口语交际中的话语标记 [D]. 杭州：浙江大学，2005.

9. 刘林. 现代汉语焦点标记词研究：以"是""只""就""才"为例 [D]. 上海：复旦大学，2013.

10. 刘洋."不"独用的性质、功能与演化研究 [D]. 上海：上海师范大学，2015.

11. 罗耀华. 副词性非主谓句成句问题研究 [D]. 武汉：华中师范大学，2007.

12. 毛帅梅. 现代汉语副词及类副词的功能层级研究 [D]. 上海：上海外国语大学，2012.

13. 孟丽. 汉语语法化的理论与实践视角探究 [D]. 武汉：华中师范大学，2015.

14. 潘田. 现代汉语语气副词情态类型研究 [D]. 武汉：武汉大学，2010.

15. 齐春红. 现代汉语语气副词研究 [D]. 武汉：华中师范大学，2006.

16. 邱闯仙. 现代汉语插入语研究 [D]. 天津：南开大学，2011.

17. 冉永平. Pragmatics of Discourse Markers [D]. 广州：广东外语外贸大学，2000b.

18. 施仁娟. 基于元话语能力的汉语话语标记研究 [D]. 上海：华东师范大学，2014.

19. 唐灵童. 自然口语中"没有"的话语标记功能研究 [D]. 武汉：华中师范大学，2017.

20. 王志英. 现代汉语特殊否定现象认知研究［D］. 上海：上海师范大学，2012.
21. 文桂芳. 汉语关联副词的来源及演变研究［D］. 南昌：江西师范大学，2021.
22. 薛兵. 语法与语用互动关系研究［D］. 长春：东北师范大学，2018.
23. 姚小鹏. 汉语副词连接功能研究［D］. 上海：上海师范大学，2011.
24. 姚颖. 汉语估测性话语标记研究［D］. 南京：南京师范大学，2012.
25. 于海飞. 话轮转换中的话语标记研究［D］. 济南：山东大学，2006.
26. 赵旻燕. 元语言否定的认知语用研究［D］. 杭州：浙江大学，2010.
27. 赵娜. "特别"和"尤其"的多角度考察及其在对外汉语教学课堂上的辨析［D］. 武汉：华中师范大学，2013.

辞书类

1. 北京大学中文系1955、1957级语言班. 现代汉语虚词例释［M］. 北京：商务印书馆，1982.
2. 侯学超. 现代汉语虚词词典［M］. 北京：北京大学出版社，1998.
3. 克里斯特尔. 现代语言学词典［M］. 沈家煊，译. 北京：商务印书馆，2000.
4. 吕叔湘. 现代汉语八百词（增订本）［M］. 北京：中国社会科学出版社，2007.
5. 中国社会科学院语言研究所词典编辑室. 现代汉语词典［M］. 5版. 北京：商务印书馆，2005.
6. 中国社会科学院语言研究所词典编辑室. 现代汉语词典［M］. 7版. 北京：商务印书馆，2016.

英文专著类

1. Ariel, Mira. *Pragmatics and Grammar*［M］. Cambridge：Cambridge University Press，2008.
2. Blakemore, Diane. *Relevance and Linguistic Meaning：The semantics and pragmatics of discourse markers*［M］. Cambridge：Cambridge University Press，2002.

3. Blakemore, Diane. *Semantic Constraints on Relevance*[M]. Oxford: Blackwell, 1987.

4. Blakemore, Diane. *Understanding Utterances*[M]. Oxford: Blackwell, 1992.

5. Brinton, Laurel J. *Pragmatic Markers in English: Grammaticalization and Discourse Functions*[M]. Berlin & New York: Mouton de Gruyter, 1996.

6. Brinton, Laurel J. *The Evolution of Pragmatic Markers in English: Pathways of Change*[M]. Cambridge: Cambridge University Press, 2018.

7. Brinton, Laurel J and Traugott, Elizabeth Closs. *Lexicalization and Language Change*[M]. Cambridge: Cambridge University Press, 2005.

8. Gazdar, Gerald. *Pragmatics, Implicature and Logical Form*[M]. London: Academic Press, 1979.

9. Halliday, M. A. K. *An Introduction to Functional Grammar*[M]. 2nd ed. London: Edward Arnold, 1994.

10. Heine, Bernd and Kuteva, Tania. *The Genesis of Grammar: A Reconstruction*[M]. New York: Oxford University Press Inc, 2007.

11. Hopper, Paul J and Traugott, Elizabeth Closs. *Grammaticalization*[M]. 2nd ed. Cambridge: Cambridge University Press, 2003.

12. Horn, Laurence R. and Ward, Gregory. *The Handbook of Pragmatics*[M]. Oxford: Blackwell, 2004.

13. Schiffrin, Deborah. *Discourse markers*[M]. Cambridge: Cambridge University Press, 1987.

14. Traugott, Elizabeth Closs and Dasher, Richard B. *Regularity in Semantic Change*[M]. Cambridge: Cambridge University Press, 2002.

15. Verschueren, Jef. *Understanding Pragmatics*[M]. London: Edward Arnold & New York: Oxford University Press, 1999.

英文论文类

1. Aijmer, Karin, Anne-Marie and Simon-Vandenbergen. A model and a methodology for the study of pragmatic markers: the semantic field of expectation[J]. *Journal of Pragmatics*, 2004(36).

2. Aijmer, Karin. *I think*: an English Modal Particle[M] // Toril Swan and Olaf Jansen Westvik (eds.). *Modality in Germanic Languages: Historical and Comparative Perspective*. Berlin & New York: Mouton de Gruyter, 1997.

3. Barth-Weingarten, Dagmar and Elizabeth Couper-Kuhlen. On the development of final *though*: A case of grammaticalization? [M] // Wischer, Ilse and Diewald, Gabriele (eds.). *New reflections on grammaticalization*. Amsterdam & Philadelphia: John Benjamins, 2002.

4. Blakemore, Diane. Are apposition markers discourse markers? [J]. *Journal of Linguistics*, 1996(32).

5. Brinton, Laurel J. The Development of *I mean*: Implications for the Study of Historical Pragmatics [M] // Susan M. Fitzmaurice and Irma Taavitsainen (eds.). *Methods in Historical Pragmatics*. Berlin: Mouton de Gruyter, 2010.

6. Claridge, Claudia and Leslie Arnovick. Pragmaticalisation and Discursisation [M] // Andreas H. Jucker and Irma Taavitsainen (eds.). *Historical Pragmatics* (*Handbook of Pragmatics*, Vol. 8). Berlin: De Gruyter Mouton, 2010.

7. Csilla Ilona Dér. On the status of discourse markers [J]. *Acta Linguistica Hungarica*, 2010(1).

8. Degand, Liesbeth and Jacqueline Evers-Vermeul. Grammaticalization or pragmaticalization of discourse markers? More than a terminological issue [J]. *Journal of Historical Pragmatics*, 2015(16).

9. Diewald, Gabriele. Discourse particles and modal particles as grammatical elements[M] // Fischer, Kerstin (eds.). *Approaches to discourse particles*. Amsterdam: Elsevier, 2006.

10. Diewald, Gabriele. Pragmaticalization (defined) as grammaticalization of discourse functions[J]. *Linguistics*, 2011(2).

11. Erman, Britt. Pragmatic markers revisited with a focus on *you know* in adult and adolescent talk[J]. *Journal of Pragmatics*, 2001(33).

12. Frank-Job, Barbara. A Dynamic: Interactional Approach to Discourse Markers [M] // Kerstin Fischer (ed.). *Approaches to Discourse Particles*. Amsterdam: Elsevier, 2006.

13. Fraser, Bruce. An account of discourse markers[J]. *International Review of*

Pragmatics, 2009(1).

14. Fraser, Bruce. Pragmatic markers[J]. *Pragmatics*, 1996(2).

15. Fraser, Bruce. What are discourse markers?[J]. *Journal of Pragmatics*, 1999(31).

16. Furman, Reyhan and Özyürek, Asli. Development of interactional discourse markers: Insights from Turkish children's and adults' oral narratives[J]. *Journal of Pragmatics*, 2007(39).

17. Heine, Bernd. On discourse markers: Grammaticalization, pragmaticalization, or something else?[J]. *Linguistics*, 2013(6).

18. Hopper, Paul J. On Some Principles of Grammaticization[M]//Traugott, Elizabeth Closs and Heine, B(eds.). *Approaches to Grammaticalization*(Vol. I). Amsterdam: John Benjamins, 1991.

19. Ifantidou, Elly. Sentential adverbs and relevance[J]. *Lingua*, 1993(1-2).

20. Lehmann, Christian. Grammaticalization: synchronic variation and diachronic change[J]. *Lingua E Stile*, 1985(20).

21. Lewis, Dina M. A discourse-constructional approach to the emergence of discourse markers in English[J]. *Linguistics*, 2011(2).

22. Redeker, Gisela. Ideational and pragmatic markers of discourse structure[J]. *Journal of Pragmatics*, 1990(14).

23. Redeker, Gisela. Linguistic markers of discourse structure[J]. *Linguistics*, 1991(29).

24. Rieber, Steven. Conventional implicatures as tacit performatives[J]. *Linguistics and Philosophy*, 1997(20).

25. Traugott, Elizabeth Closs. From propositional to textual and expressive meanings: Some semantic-pragmatic aspects of grammaticalization[M]//Winfred P. Lehmann and Yakov Malkiel (eds.). *Perspectives on historical linguistics*. Amsterdam: John Benjamins, 1982.

26. Traugott, Elizabeth Closs. The role of the development of discourse markers in a theory of grammaticalization[R]. Paper presented at the International Conference of Historical Linguistics XII, Manchester, 1995a.

27. Traugott, Elizabeth Closs. Subjectification in grammaticalization[M]//Susan

Wright and Dieter Stein(eds.). *Subjectivity and Subjectivisation*. Cambridge: Cambridge University Press, 1995b.

28. Traugott, Elizabeth Closs. Where subjectification, intersubjectification, and grammaticalization meet[R]. 北京大学中国语言学研究中心演讲稿,2006.8.

29. Verschueren, Jef. Notes on the role of metapragmatic awareness in language use[J]. *Pragmatics*, 2000(10).

30. WANG Yu-fang, TSAI Pi-hua and LING Meng-ying. From informational to emotive Use: meiyou (no) as a discourse marker in Taiwan Mandarin conversation[J]. *Discourse Studies*, 2007(5).

31. Wilson, Deirdre and Sperber, Dan. Linguistic Form and Relevance[J]. *Lingua*, 1993(90).

32. Wischer, Ilse. Grammaticalization versus lexicalization: Methinks there is some confusion[M] // Fischer, Olga, Rosenbach, Anette and Stein, Dieter (eds.). *Pathways of Change: Grammaticalization in English*. Amsterdam & Philadelphia: John Benjamins, 2000.